本书由上海对外经贸大学085项目（Z08512504、Z085GSGL14024）资助、
国家社科基金一般项目"国有大型企业董事会重构研究"（12BGL003）资助

THE DEVELOPMENT OF
CHINESE CITY INDUSTRY AND THE CHANGE OF
GOVERNANCE STRUCTURE

嵇尚洲 著

城市产业成长与治理结构变革

经济管理出版社
ECONOMY & MANAGEMENT PUBLISHING HOUSE

图书在版编目（CIP）数据

城市产业成长与治理结构变革/嵇尚洲著.—北京：经济管理出版社，2014.12
ISBN 978-7-5096-3444-8

Ⅰ.①城… Ⅱ.①嵇… Ⅲ.①城市经济—产业结构调整—研究—中国 Ⅳ.①F299.2

中国版本图书馆 CIP 数据核字（2014）第 247773 号

组稿编辑：贾晓建
责任编辑：贾晓建
责任印制：黄章平
责任校对：赵天宇

出版发行：经济管理出版社
（北京市海淀区北蜂窝 8 号中雅大厦 A 座 11 层　100038）

网　　址：	www.E-mp.com.cn
电　　话：	（010）51915602
印　　刷：	大恒数码印刷（北京）有限公司
经　　销：	新华书店
开　　本：	720mm×1000mm/16
印　　张：	17.75
字　　数：	328 千字
版　　次：	2014 年 12 月第 1 版　2014 年 12 月第 1 次印刷
书　　号：	ISBN 978-7-5096-3444-8
定　　价：	48.00 元

·版权所有　翻印必究·

凡购本社图书，如有印装错误，由本社读者服务部负责调换。
联系地址：北京阜外月坛北小街 2 号
电话：（010）68022974　邮编：100836

前　言

城市由于其密集的人口、大量的投资、多样化的需求成为产业发展集聚区，产业集聚有利于实现规模经济和范围经济，使得越来越多的企业向城市集中，推动城市的进一步发展。因此城市与产业是相辅相成的和谐共生关系，城市依赖于产业的支撑，而产业发展依赖于城市的要素禀赋资源、文化制度环境。

中国的城镇化水平一直滞后于工业化水平，改革开放后提升迅速。1979年城镇化率只有18.96%，2005年达到42.99%，2012年则达到52.6%，因此改革开放的35年就是城镇化与产业化交相促进的35年。改革开放以来珠三角、长三角和环渤海地区抓改革先机，促产业发展，形成了世界级的三大城市群。

长三角城市群是自发形成、自我成长的模式，由家庭作坊、社队企业形成地域性复杂生产网络，通过股份合作、股权并购，从意大利式产业集群逐步向轮轴式产业集群发展，以集体混合式产权治理为主，产业向城市集中，城市推动产业集聚。

珠三角城市群是外资驱动、内生增长模式的结合，通过引进外资带来现代产业和大规模生产组织方式，带动地方轻工产业的兴起，形成了全球价值链网络与地方乡镇集群网络相互推动，中国港澳台地区资本、地方国资、民间资本混合推动的城市发展模式。

长三角城市群则是在上海浦东开放，国际资本以及中国港澳台地区资本涌入的情形下，地方国资与国际资本合作推动，由乡镇企业转为外资主导，国资在与外资的合作中快速发展，城市由现代产业园区带动快速蔓延，劳动力、资本交错流动，形成密集的城市网络。

环渤海城市群则是在珠三角城市群、长三角城市群兴起后，依靠强大的国有经济和独特的区位优势，吸引跨国资本集聚，推动区域城镇化的快速发展，带动了民营经济的发展。

三大城市群形成了以上海、广州和深圳、北京为中心的都市圈，处于都市圈范围内的城市实际上已经与中心城市之间形成了产业分工关系，产业结构高度接近，产业链相互衔接，中心城市的制造业逐次向边缘城市、外围城市转移。由于改革自下而上的特点，微观治理对宏观治理产生重大影响，形成逆顺序，外资引进、企业成长推动城市产业空间的调整，城市在产业链中不同地位影响城市在城市群中的竞争地位和合作关系，城市群产业发展水平、产业分工合作，影响整个区域的经济治理和经济发展以及在世界经济中的地位。而城市群的发展，城市治理的不断改变，也推动不同产业集群的发展，改变企业治理环境，影响大企业集团的形成和中小企业的快速成长。

　　虽然总体上中国的工业化水平发展很快，但各城市的产业发展水平仍存在较大差异，沪京广深的三次产业结构基本都呈现三二一的格局，其人均 GDP 按照钱纳里理论早已进入后工业化阶段，但实际上四城市很多产业还停留在传统制造阶段，现代服务业的快速发展和传统制造业大量存在形成产业的错配，两者之间没有形成直接的关联关系，相反传统制造业在争夺宝贵的土地、岸线以及劳动力资源。因此四城市着重要解决的是迅速实现产业升级，摆脱传统制造业的束缚，依靠现代服务业配置制造业资源，提升制造业效率。

　　一般的城市三次产业结构基本上处于二三一的阶段，属于工业化中期，其产业发展面临的问题则是依赖于资源、国家投资、区位优势等形成的传统优势产业过于庞大，压制了其他产业的发展，而使得产业的结构发生不均衡，这种不平衡反过来又使得传统优势产业的发展难以为继，无法保持原来发展速度，甚至不断下滑。而且随着区位的转换、资源消耗的衰竭，原有的优势可能已逐渐丧失，更加重了这些城市的困难。因此对于这些城市来说最重要的是调结构，要形成各部类相对均衡的格局，要向产业链的两端延伸，从而推动整个制造业的健康发展。

　　由于不同城市发展阶段的巨大差异，导致企业治理结构呈现二元化特征，位于核心城市的大型集团企业总部与位于二三线城市的子公司有非常大的治理差异，导致企业的经营管理呈现一种复杂性。随着城镇化水平的不断提升，中小城市的文化氛围和制度环境逐步向中心城市靠近，企业的治理环境呈现新的特点，大企业将逐渐把自己的生产和销售网络向中小城市延伸，对于企业并购和产业重组都将有巨大的推动，产业结构会形成新的特点。

目 录

第一章　绪论 ··· 1
　第一节　问题提出 ··· 1
　第二节　研究思路 ··· 2
　第三节　研究方法 ··· 3

第二章　世界城市产业成长与治理结构变革 ························· 5
　第一节　美国大西洋沿岸城市群 ································· 5
　第二节　北美五大湖城市群 ·· 8
　第三节　美国企业的治理结构变革 ······························· 10
　第四节　日本城市发展与治理结构变革 ························· 16
　第五节　欧洲莱茵河流域城市群 ································· 19
　第六节　全球城市群产业结构与治理结构 ······················ 21

第三章　长三角城市群崛起与治理结构变革 ······················ 24
　第一节　苏南城镇群及乡镇企业崛起 ···························· 25
　第二节　长三角城市群与引进外资 ······························· 28
　第三节　长三角产业集聚与治理结构变革 ······················ 35
　第四节　上海自贸区推动上海及长三角与全球产业链全面对接 ········ 45

第四章　芜马巢产业选择 ·· 47
　第一节　长江经济带产业发展现状 ······························· 47
　第二节　皖江城市带产业特点 ····································· 50
　第三节　芜马巢现状 ·· 51
　第四节　产业转移理论及国际产业转移趋势 ··················· 60
　第五节　芜马巢产业集中区主导产业选择 ······················ 70
　第六节　芜马巢产业集中区产业发展战略 ······················ 92

城市产业成长与治理结构变革

第五章　珠三角城市群 … 98
第一节　珠三角发展模式与多元资本混合治理 … 98
第二节　珠三角产业集聚 … 103
第三节　珠三角发展存在的问题及需求 … 115

第六章　汕头特区产业选择 … 117
第一节　海西经济区产业发展存在的问题及需求 … 118
第二节　潮汕揭产业特点 … 120
第三节　汕头产业现状 … 123
第四节　国内民营经济发展的三种模式及转型方向 … 128
第五节　国际城市产业发展的主要模式及产业转型 … 132
第六节　汕头的产业模式选择 … 139
第七节　汕头产业转型路径 … 145

第七章　京津冀都市圈 … 185
第一节　京津冀产业现状 … 185
第二节　京津世界级城市的产业提升 … 190
第三节　河北省产业机遇与挑战 … 191
第四节　京津冀产业分工与协作 … 192
第五节　京津冀企业治理结构变革 … 193

第八章　石家庄产业选择 … 196
第一节　石家庄市产业现状 … 196
第二节　石家庄商业文化与制度环境 … 228
第三节　石家庄产业结构调整 … 232
第四节　石家庄承接产业转移 … 237
第五节　石家庄的产业定位 … 241
第六节　石家庄产业发展战略 … 261

参考文献 … 273

后记 … 277

第一章 绪 论

第一节 问题提出

改革开放后我国城镇化建设进入高潮,城镇化率从不足20%快速提升到2012年的50%左右。随着大量人口涌入城市,高等教育机构累计培养了近2000万专业人才,城市的基础设施快速改善,大量外来资本与本地资源相结合推动本地资本的快速积累,城市的要素禀赋结构发生很大改变。

中国城市的快速发展的驱动力是FDI,沿海地区是外资引进最集中的地区,为引进外资众多城市大力建设产业园区,引进产业大同小异,形成了千城一面的产业格局,产业结构雷同,恶性竞争浮现,很多城市的产业发展陷入难以抉择的困境。

在全球一体化的产业格局下,每个企业都是全球价值链中一个环节,企业在城市中发展,但企业的订单、业绩依赖于国际市场和全球产业链,而且中国企业基本都集中在装配环节,对上下游的依附程度更高,生产能力的高度集中使得企业的利润率逐步降低,企业与企业之间很难形成合作共赢关系,外资主导下的企业发展以出口为导向,脱离本地市场需求,受国外市场影响大。

随着全球经济进入新的阶段,FDI流入规模逐渐减少,部分外资企业撤离,海外市场发生变化,发达国家市场需求减少,中国的出口导向型经济面临转型,城市和产业将面临新一轮的重大重构。

在产业重构的背景下,我国业已形成的珠三角的多元治理模式、长三角国资与外资合作治理模式将面临重大挑战,在新产业革命的影响下,全球产业生产组织形式、技术创新与资本合作治理关系都在发生变化,我国的国有企业治理、民营企业治理正在酝酿重大变革,城市发展、产业革命正在催生企业新的治理模式。

在这样的背景下，我们需要重新思考区域城市之间的产业分工关系，需要对城市的产业发展路径、发展现状及存在问题进行分析，总结城市产业发展的主要驱动因素、外部产业转移的机遇和挑战，研究现有治理模式特点及变迁的路径，思考城市产业重构和治理结构变革。

第二节 研究思路

我们的研究将贯穿自下而上和自上而下两条路径：①从长三角、珠三角、环渤海三大城市区域企业成长历史着眼，分析治理结构变革对产业集聚的影响，研究区域城镇化发展历程，对三大城市群的大都会经济圈的形成、城市之间的产业分工与协作、产业集群的治理模式、面临的外部挑战进行研判，研究全球一体化条件下三大城市群在全球城市网络中的地位；②从城市群的国际地位、城市群的治理模式、区域产业集群的现状及治理特点出发，研究城市在城市群中的地位和作用、城市在外部影响下产业结构调整、城市的外部治理环境与内部治理结构改变，研究城市的产业结构调整与治理结构变革（见图1-1）。

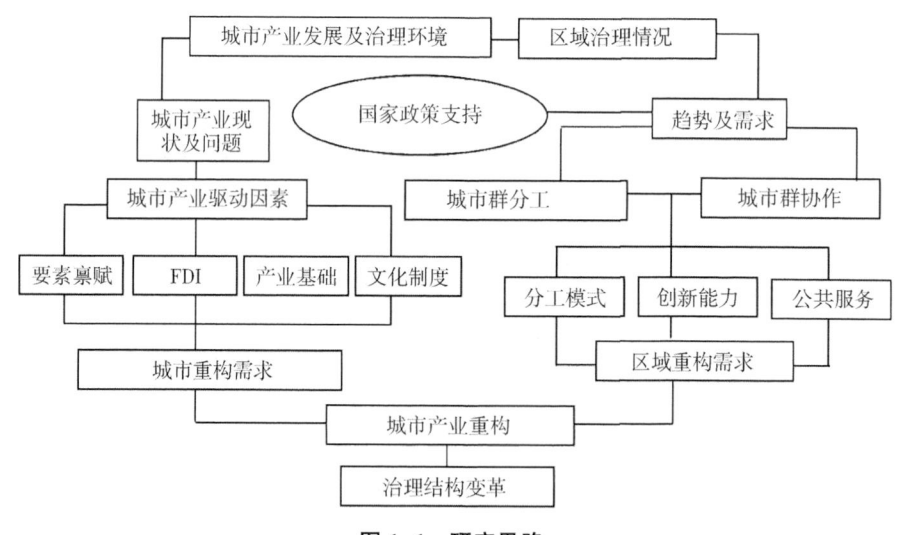

图 1-1 研究思路

（1）区域治理与城市群产业分工。城市群经济特点和都市圈产业优势：城市在城市群中的地位、区位特点，城市接受都市圈经济辐射、集聚和产业转移情况。

（2）城市的内外治理环境：市场发育状况，政企关系，处于何种发展模式，产业集群治理的现状及变革趋势，生产网络的形式及治理特点，全球价值链治理的形式及特点。城市群产业梯次转移，城市产业承接现状。

（3）城市产业重构与治理变革：从城市自身要素禀赋特点分析现有产业治理模式的变革，研究内外部治理环境变化，生产网络治理特点及全球价值链治理发展，思考城市未来产业重构与治理结构变革。

第三节 研究方法

产业经济学。我们在研究过程中通过运用产业经济学的"SCP"研究架构和波特产业发展和城市竞争的众多理论模式和方法，对城市群的经济特点、都市群的产业发展优势以及城市的产业选择进行研究。

产业集群治理理论。研究集群的主要治理模式，从等级和网络、市场两种不同类型的治理，到集群的组织管理规章制度激励和约束决策权及利益分配和外界交流合作及谈判等全部法律机构制度和文化的安排。

全球价值链理论。对全球价值链的组织结构、权力分配，以及价值链中各经济主体之间的关系协调进行研究，对价值链治理模式进行分析，研究全球价值链升级的机制、类型和路径等。

企业制度及公司治理理论。我们运用产权理论、交易成本理论、制度变迁理论以及契约理论对企业的产权关系、组织结构、交易成本和组织成本、企业权力和控制以及激励机制进行研究。研究制度成本如何推动企业不断变革，产生产业集聚和产业转移，影响到城市群的形成。

产权理论。通过对企业产权的性质与结构、产权的起源与功能以及产权制度的效率比较和产权制度的演变的分析，研究如何通过明晰、调整产权安排，以降低交易费用，提高资源配置效率。

交易成本理论。通过对如何测度企业的交易成本，企业交易成本的决定性因素，交易的契约安排，交易类型与相匹配的最经济的规制结构关系，交易费用与纵向一体化和经济组织形式的内在关系等进行研究，解释企业组织行为。

制度变迁理论。探讨制度的起源、构成和功能，影响制度变迁的主要原因，制度变迁的主体、动力、方式、过程和类型以及制度变迁的路径依赖等，说明制度因素在经济发展中的作用。

契约理论。可以分成委托代理理论和不完全合同理论两个发展阶段。委托代理理论是以信息经济学为基础,以研究制度激励约束为核心的新制度经济学中的一种较为独立的分析方法和理论。不完全合同理论主要是研究由于未来世界的不确定性、文字含义的差异以及知识分布的不对称等原因而产生的合同不完全性,以及由此引发的权力和控制的有效配置问题。

城市群及城市发展理论。城市是产业、人群、要素共同聚集在一起的空间,我们运用全球城市区域理论,分析跨国公司主导下的全球城市网络及区域协同专业化分工关系,对区域城市网络与产业的生产组织网络的相互关系进行研究。

城市进化理论。城市化的发展经历城市化、郊区化、逆城市化,再到再城市化。城市化包括了绝对集中时期和相对集中时期。

增长极核理论。1950年由佩鲁提出,城市通过极化效应、扩散效应的发展,使区域经济趋于均衡,然后进入下一轮极化、扩散的发展阶段。

经济全球化理论。经济全球化是世界经济运行机制的日益紧密运动的进程。由于货物和服务贸易的发展以及资本和技术的流动,不同国家的市场和生产日益变得更加互相依存。

全球城市理论。包括弗里德曼全球控制力理论,萨森的全球城市假说,卡斯特的全球网络节点理论,霍普金斯和沃勒斯坦、格里菲等人的全球商品链(Global Commodity Chain, GCC)理论。

第二章 世界城市产业成长与治理结构变革

在美国有纽约、芝加哥、洛杉矶等世界级大都市，这些城市依托特色产业快速崛起，同时向周边地区进行辐射，带动形成世界级的城市群：大纽约区、大芝加哥区和洛杉矶区城市群的形成。在日本同样有大东京区、坂神区、名古屋区三大城市群，欧洲有巴黎—法兰克福、米兰—都灵等城市群。这些城市群以核心城市为依托，形成了大都会经济圈。大都会经济圈具有极大的产业集聚和辐射力，成为一国经济发展的支撑，美国三大都会经济圈对全美 GDP 的贡献率已达到 67%，日本三大都会经济圈对全国 GDP 的贡献率更达到 75%（汪丽，2005）。在这些大都会经济圈中核心城市如纽约、芝加哥、巴黎、东京等成为产业驱动的内核，发挥产业集聚中心的作用，而一些中心节点城市则有效地分担了都会区经济增长的责任，成为部分产业的集中地和驱动中心，与核心城市形成有效的产业分工。这些城市的发展依托产业的集聚，而治理结构与产业结构有着非常密切的关系，城市的发展也改变了企业的外部治理环境，推动了治理结构进一步的变革。

第一节 美国大西洋沿岸城市群

美国大西洋沿岸城市群是世界上首个被认可且公认实力最强的城市群。它以纽约为中心，包含波士顿、费城、巴尔的摩和华盛顿等主要城市。含 10 万以上人口城市 40 个，大小城镇共 200 个，城市化水平达到 90% 以上。面积约 14 万平方公里，约占美国国土面积的 1.5%，但总人口超过 4500 万，约为美国人口的 16%，是美国人口最密集的地区。

纽约在 1820 年以后城市进入快速发展期，这一阶段正是美国铁路大发展时期，1830 年在纽约发行了第一只铁路股票，1850 年铁路股票达到 38 只。

1860~1870年，铁路股票在美国大量上市。交通运输业的快速发展推动纽约城市人口激增，从1820年123000人快速发展到1870年近百万人口的大城市，成为仅次于伦敦、巴黎的世界第三大城市。

依托纽交所的证券交易，纽约的金融业快速发展，开始逐步向周边地区辐射。大西洋沿岸以纽约、费城两个特大城市为核心的区域城市发展轴线形成，区域城市化水平提高。铁路带动制造业和矿业的快速发展，1895~1904年美国发生了第一次合并收购的浪潮，大工业家和金融家联合起来形成了工业托拉斯。1901年美国钢铁公司成立，这是第一次涉及10亿美元以上的重组交易，当时美国的国内生产总值仅为200亿美元，美国钢铁涉及的重组交易相当于美国经济总产出的7%。

1920年以后跨城市的产业集群开始形成，纽约金融、贸易集群，费城的交通运输产业集群，波士顿高科技产业集群、生物制药产业集群，其中，沿波士顿附近128号公路微电子集群更是成为与"硅谷"齐名的高科技聚集地。产业集群与城市群形成互动融合的发展格局。

1950年后，为满足纽约城市内金融、贸易、旅游产业集群的迅速崛起和发展，纽约不断向西扩展"势力范围"，带动了五大湖沿线制造业城镇的兴起，并且依托着广阔的内陆腹地，纽约一跃成为全美头号商业大埠和金融中心，服装业、印刷业等工业部门也有了长足发展。

与此同时，波士顿由于国外贸易受到纽约的挑战，国内贸易又受到远离西部和南部腹地的限制，商业优势不复存在，转而侧重发展自身的与纽约配套的工业集群，费城也在港口城市基础上重点打造金融业、机械制造业产业集群。由于纽约产业集群的迅速膨胀，增强了纽约城市的创新能力，改变了大西洋沿岸城市"群雄并起"的局面，其创新辐射范围以纽约为中心呈扇形向周围其他城市全面展开，并逐步形成由核心纽约，边缘中心城市费城、波士顿等及大批中小型专业化城市构成的，相互依存、有机联系的城镇体系，由于产业集群的相互管理，城市间的联系逐渐加深，城市群的雏形出现。

20世纪70年代以后，伴随着被称为"阳光带"的西部和南部等新兴地区的蓬勃发展，以及经济全球化下日本、东南亚和欧盟等地区经济实力的增强，波士华城市群内的制造业受到不同程度的冲击，一些以制造业活动为主的产业集群受到严重打击，不少企业纷纷迁移该地，经济出现下降，但同时一些以新兴经济部门如服务业或高科技行业，则迅速发展起来，商务服务业、金融保险和不动产业等生产服务业产业集群的发展又带动城市出现新一轮的增长，美国的纽约、费城、巴尔的摩、波士顿迅速发展成为波士华城市群的经济中心，并且以其巨大的技术经济能量向腹地进行辐射和扩散，形成大规模的产业集聚和城市绵延，城市群规模渐渐壮大起来。

进入20世纪90年代以来，高科技产业集群逐渐成为美国波士华城市群经济发展的新动力，高科技产业和研究机构、高校在城市群内聚集，增强了城市的科技创新能力和孵化功能，为城市群经济的持续发展提供了强大的后劲，高端的制造业和知识密集的服务业产业集群的升级和发展带动了城市产业结构不断升级换代，创新产出不断涌现，导致都市区空间范围扩大，并沿着发展轴紧密相连，大都市自身的形态演化和枢纽功能逐渐走向成熟，波士顿、纽约、费城和华盛顿四大都市群横向蔓延，相互连接，最后发展为跨越数州、具有强劲竞争实力的波士华城市群。

整个波士华城市群的形成，以其功能的整合和城市服务效率的提高，为整个美国的企业和商业繁荣，带来巨大财富。波士华城市群在世界城市中的地位以及对于世界经济的影响能力，来自于大都市圈内的区域分工格局。纽约作为全美的金融和商贸中心，有着最为发达的商业和生产服务业，为这一地区提供了多种重要的服务。波士顿集中高科技产业、金融、教育、医疗服务、建筑和运输服务业，其中高科技产业和教育是波士顿最具特色和优势的产业，20世纪50年代后，沿波士顿附近128号公路形成了与"硅谷"齐名的高科技聚集地，成为世界著名的电子、生物、宇航和国防企业中心。费城地理位置优越，经济结构比较多样化，费城港是美国最繁忙的港口之一，集装箱容量在北美各大港口中位居第二，港口发展带动了费城整个交通运输业的扩展，使费城成为纽约都市圈的交通枢纽。华盛顿市作为全美政治中心和世界大国首都，在国际经济中有着重要影响，全球性金融机构，如世界银行、国际货币银行和美洲发展银行的总部均位于华盛顿。巴尔的摩市区与华盛顿特区的接近使得它分享了很多联邦开支和政府采购合同，同时国防工业在巴尔的摩有了很大发展。

波士华城市群的空间扩张，经历了点轴扩张和联网辐射两个阶段：起初，少数经济中心集中在沿海的重要港口城市，呈斑点状分布。随着极化和扩散作用不断增强，中心港口城市的规模急剧扩大，周边地区中小城市数量也显著增加。波士华城市群中的中心城市形成了各自的都市圈。沿海主要交通干线将中心城市连接起来，都市圈沿着海岸方向扩展融合，并且在干线两侧集聚人口和各种经济要素，形成新的聚落中心。在此基础上，整个区域建立起具有密切联系的功能性网络，形成了区域发展的空间一体化。

城市产业成长与治理结构变革

第二节 北美五大湖城市群

北美五大湖城市群从芝加哥经底特律、克利夫兰，到匹兹堡和加拿大的多伦多、蒙特利尔，纵跨美国和加拿大两国边界。它的兴起得益于五大湖地区丰富的煤铁资源和便利的水运，重工业发达。

弗吉尼亚理工学院暨州立大学的大都会研究所将五大湖城市群归为美国十个主要城市群之一，认为其未来发展将超越其他大都市区，预计未来几十年全国一半的人口增长和2/3的经济增长都会来自于五大湖城市群。

附近有优质大煤田，通过大湖和内河廉价运入苏必利尔的铁矿石。又占据大湖区和大西洋沿岸中部两大制造业带之间的有利位置，发展钢铁工业条件优越。从19世纪中叶到20世纪中叶，在国内钢铁产品供应中一直处于领先地位，有"钢都"之称。在钢铁工业基础上，建立了重型机器制造、化学、原子能、电气器材、金属加工和运输机械等工业。

1836年芝加哥开凿连接密歇根湖和密西西比河的伊利诺伊—密歇根运河，运河的开凿沟通了大湖区和密西西比河谷之间的贸易，为芝加哥城市的发展提供了新的机遇。中西部的谷物、威斯康星州和密歇根州的木材、北部大湖地区的铁、东部的货物和人员等，都通过水路汇集到芝加哥。芝加哥的食品和林木加工业快速发展起来，另外，家用器皿、服装、马车、船具、农用机械设备、建材以及印刷业等早期制造业也发展起来了。

1848年芝加哥开始建设铁路，铁路将中西部生产要素连接起来，促进了芝加哥制造业的多样化，铁路铺设对钢材和铁路设备等大量需求，也为芝加哥发展钢铁业提供了广阔市场，而19世纪60年代五大湖地区铁矿、煤和石灰石等资源普遍开采，则使芝加哥钢铁业的诞生出现可能。1865年"北芝加哥罗林厂"生产出美国的第一钢轨，10年后芝加哥的钢轨产量已名列全国第一，并诞生了一批大型现代企业，如普尔曼公司等，这不仅为芝加哥的现代制造业——钢铁业奠定了基础，也奠定了芝加哥冶金中心的基础。这一阶段，芝加哥的机械制造业也得到极大发展，在农业商品化过程中，双轮机、播种机、收割机以及蒸汽机等农用机械在中西部市场需求旺盛。1870年芝加哥在农机制造业方面投资达86万美元，在各种制造业投资中占第二位，农机大王麦考密克的收割机产量1884年达到54841台。1870年，芝加哥制造业形成规模化优势，钢铁业平均雇佣工人数目相当于纽约同类行业的6倍，肉类加工业相当于纽约的23倍，制造业的繁荣使芝加哥成为中西部工业中心城市，中西部企业纷纷将总部设在芝加哥，芝加哥综合服务业逐步发展起来。

在工业化的推动下，芝加哥不断向外扩展。制造业的连续外迁使郊区出现了一批卫星城。最典型的是普尔曼工业城。在一片沼泽地上，经过专家的设计，普尔曼工厂最早将生产和生活功能结合起来而成为一个工业城。芝加哥工业向印第安纳州的扩展开始促成加里（Gary）城的形成。芝加哥外环线的修建也推动了城市的扩展。外环线在郊区将辐射状的铁路线连接起来，拥有便捷的物资和人员流通条件的埃尔金（Elgin）、乔利埃特（Joliet）、沃克根（Waukegan）、奥罗拉（Aurora）、芝加哥高地等结节点很快就形成了一批卫星城，成为芝加哥都市区不可分割的一部分。

随着中西部企业向芝加哥的集聚，芝加哥的现代服务业逐步发展起来。在芝加哥的服务业中最重要的就是金融业。虽然芝加哥商品期货交易所（CBOT）和芝加哥商品交易所（CME）早在20世纪前就已经诞生，并发展出大量标准化的交易品种，真正的金融衍生品大爆炸其实是很晚近的事情。与20世纪70年代后逐步削弱的制造业相比，金融业在同一时期，因微电子产业的发展而异军突起，成为芝加哥的支柱产业。芝加哥的金融业、银行业、证券业、保险业一应俱全，但尤以证券业中的商品、期货和期权为中心。

1972年，金融期货在CME诞生，10年后成功推出标普指数期货，20年后首先使用电子交易。芝加哥顺应潮流为电子交易提供便利，大大促进了电子交易的迅猛发展。艾伦·格林斯潘（Alan Greenspan）30年后曾对金融衍生品的出现作出如下评论："由于有了金融衍生品，金融体系更加灵活和高效，经济体本身对实体和金融冲击能更好地应对，金融体系的转变是巨大而有益的。"1971年，CME是主要交易鸡蛋和猪肉的农畜产品期货交易所，交易量在300万笔。2008年，已经合并了CBOT的CME又兼并了纽约商业交易所（NYMEX）成为美国最大的商品期货交易集团CME GROUP。2010年集团达到了31亿笔期货与期权合约的交易量，涉及总资产近1000万亿美元。至此，芝加哥已成为当仁不让的世界金融风险管理之都。

虽然现在对金融衍生品的粗放发展有诸多指责，但芝加哥却是金融工程不断推陈出新的受益者。各类金融机构和金融衍生品交易公司如雨后春笋般出现，金融服务业从业人数也达到了近30万人。可以说，没有金融业的大发展，芝加哥就不可能完成从制造业向高端服务业转型的历程。

芝加哥作为期货市场的发源地、CBOT、CME、CBOE以及芝加哥股票交易所（CHX）等期货和证券交易市场，这些期货、证券交易所完善了芝加哥金融市场体系,增加了当地税收,带动了银行、餐饮、运输、技术等行业的发展,分担了劳动力就业压力,从而促进了芝加哥及其周边城市乃至美国经济的快速发展与繁荣,使地区经济发展与全国甚至国际经济紧密地联系在一起,加速了芝加哥由一个小镇转变为国际性金融中心的步伐。美国 CME 集团的期货和期权交易汇集了全球资本,年交易总量达 1100712533 手,目前日结算资金量超过 1000 亿美元。以巨大市场规模和影响力为基础,CME 集团成为玉米、大豆等多种商品和资产国际定价中心,引导着全球商品的流动;在国际期货交易中心发展中,期货市场作为虚拟经济使得现货市场单一的市场机制得到了完善,巩固和加强了地区经济在全球经济中的地位。

芝加哥的钢铁和底特律的汽车曾经闻名全球。作为传统的制造业基地,芝加哥甚至一度有美国的心脏之称。然而随着产业结构老化、环保不力、污染严重,到了20世纪八九十年代,大工业时代的繁华,剩下的只是老旧的城市建筑和让人窒息的污浊空气。有一段时间,五大湖地区的食用鱼类几乎绝种。从那时起,经济转型、产业升级和环境重建,一直是这个老牌都市圈的发展主题。

从传统的制造业基地转变为以服务业为支柱的多元化经济,芝加哥只用了25年时间。能在这么短的时间内完成经济转型,除了传统的金融贸易、信息咨询等行业比较发达,以及美国交通运输网络中心这一优势地理位置外,更重要的是,芝加哥建立起了政府和市场、社会的协作机制。很多发展规划、建议和新技术的应用都是先由民间组织提出,再由政府推动实施。

民间组织的高度专业化,使得它们提出的建议、制定的标准既切合实际,又能引领产业发展的方向。在芝加哥,类似招商引资的工作都是由民间组织来完成,对企业需要什么样的商业环境,它们的触觉更加敏锐。

现在,芝加哥已经成为美国中西部的最佳投资地区,许多著名企业将总部设在这里,其中世界500强中就有15家,包括波音、美国联合航空、英国石油公司等。

第三节 美国企业的治理结构变革

在美国城市快速发展的同时,美国的治理结构也不断进行变革。美国从1840年开始,由于铁路的迅速延伸,出于管理上需要,第一次出现了专业的管理人员,铁路公司成为最早的现代工商企业,特别是在南北战争后,这种现代企业制度在美国得到了迅猛的发展和完善，到20世纪20年代末就已经形成并基本成熟，这种企业制度的本质内容得到确认。美国从19世纪40年代开始，由于新技术的发展，铁路运输业发展的特别快，到19世纪60年代末，美国已经有70000英里的铁路，初期由于各自为政，导致运输成本高昂。出于铁路安全运行和效率的需要，产生了美国企业管理上最初的层级制，管理成了专门的职业，第一个现代工商企业因铁路管理的需要而出现。铁路推动了美国城市的快速发展，同时催生了现代企业制度。

从19世纪70年代开始，为了应付不断加剧的竞争，许多铁路公司开始进行合作，结成同盟，并很快演变为一种新的形式——卡特尔，实现了设备和操作程序的标准化。在合作的过程中，职业经理起了关键作用，他们通过制定有关联合的战略、计划，通过有组织协调统一制定操作程序和标准，在组织和技术上进行创新和改良，从而通过管理的协调代替了市场协调，促进了现代企业发展。

始于铁路公司的这种现代企业形式和合并对其他行业产生了深远影响。企业集中和巨型化的发展迅速蔓延几乎所有经济部门，形成了各部门的垄断企业，钢铁和石油托拉斯主宰美国经济命脉。现代大型企业通过三种途径形成，分别是横向整合、纵向整合和混合重组。

（1）横向整合。从1879~1903年，先进的机器设备和社会化大生产的发展要求集中化的大资本；同时1893~1897年的经济衰退使得工业企业的竞争异常激烈，通过并购减少竞争、获取规模经济成为大企业的一条策略。资本市场的发展为并购活动提供了新的场所。美国矿业与制造业发生了1795起横向整合，其中1899年发生了1208起，使得美国产业集中度大幅提高，到1909年，产值在100万美元的大企业已增加到3000多个，占企业总数的1.1%，而它们的产值和雇员数比例则分别为43.8%和30.5%，产生了美孚石油公司和美国烟草公司。

（2）纵向整合。从1919~1930年，新技术的应用和自动化、标准化生产的推广使得对资本集中度提出了更高的要求。1890年通过的"谢尔曼反托拉斯法"对美国企业制度的演变具有重大影响，由于横向整合受到严格限制，美国企业采取垂直整合的策略。通过"向前"整合，建立全国性和世界性的销售网络，通过"向后"整合，建立原材料和物流基地。在1919~1930年，有将近12000家公司被并购。产业资本与金融资本的融合是这一时期并购的又一特色。洛克菲勒控制了美国花旗银行，摩根银行创办了美国钢铁公司，金融寡头崭露头角。

城市产业成长与治理结构变革

（3）混合重组。20 世纪 60 年代，企业从国内市场走向国际市场，关贸总协定对于削减关税的规定使得国际竞争日趋激烈，在国际市场上通过并购获取规模和资源上的优势是国际市场竞争的主要策略，横向和纵向规模上的扩张同时进行。整个 60 年代大约有 12500 家企业被并购。仅在 1967~1969 年，被并购企业就有 10858 家，而且规模较大，占并购总数 3.3%的大规模并购占了资产存量的 42.6%。企业通过三种整合的方式成长为现代企业，一大批优秀的公司脱颖而出，如杜邦公司、IBM、通用电气、宝洁等公司。这些企业都有极强的学习和组织能力，在原有分工的基础上，不断向上下游拓展，形成巨大的生产和销售服务规模，这些企业对从原材料的购买、运输，到产品生产和销售系统进行严密的组织协调，发展出一套有效的企业决策和内部组织的管理制度，奠定现代企业层级管理制度的基础。钱德勒等通过对 1888~1906 年成立的 328 家合并企业中有影响力的 156 家企业的研究总结出，合并后只有建立能协调经由生产和分配过程，从原材料供应直到最终消费者的大量物质的流动，它们才能获得成功。并且许多企业都在实行横向整合策略无法获得利润而转向纵向和集中化管理，而混合重组则使得这些企业成为全球性企业，它们需要建立全球性的组织架构，运用国际化的治理结构推动庞大组织的灵活运营。

现代股份制公司与美国现代企业制度的确立（1904~1920 年）推动了美国现代产业的出现和形成，利用股份制形式推动要素市场的形成与发展，进而推动了现代商品市场、金融市场的诞生和发展。现代企业的层级管理架构部分取代了市场，节约了交易成本，推动企业的合并与大企业集团的诞生，同时推动了市场规模的扩大，实物市场与虚拟市场的共同发展，城市集聚效应的增强。

纽约、芝加哥、洛杉矶等美国城市的兴起和现代企业制度的诞生与发展交织在一起，随着现代股份制在美国的兴起，从 19 世纪 50~60 年代起，美国的股份公司进入迅速发展时期。特别是因为股份公司这种组织形式的特点，责任有限性、筹资便利性、可转让性、稳定性、公司寿命的持续性等，使分散化的私人资本大量以股份制的形式集中起来，形成巨额资本。现代股份制使得资本市场和职业经理人取代了创业资本家，资本的配置效率更高，风险更小。使得大量的创新创业者可以将成熟的企业交给市场，不断进行新的尝试，推动整个社会的创新。

股份制公司的兴起使得股票市场在经济生活中扮演越来越重要的角色，大量的资本流入股票市场，投机者利用商业银行的储户资金从事投机套利活动，导致股市泡沫的不断膨胀，终于酿成了 1929 的大危机，迎来了股票市场规范

第二章 世界城市产业成长与治理结构变革

治理的新阶段。在大危机后美国先后出台《格拉斯—斯蒂格尔法》、《投资公司法》、《证券法》等，规定银行和证券机构分离，区别分散化基金和非分散化基金，限制了内部关联交易，保护了中小投资者利益。

美国对中小投资者的立法保护促进了公众持股的热情。1911 年，堪萨斯州通过了一部管理证券发行的综合性法律，要求证券发行人必须公布财务报告并接受银行专员检查，史称《蓝天法》。此后，各州纷纷效仿，制定了与《蓝天法》类似的法律，后来被统称为"蓝天法"。蓝天法是美国最早的保护中小投资者的法律。在"新政"时期，美国先后通过了《证券法》和《证券交易法》，开始了联邦政府对证券发行和证券交易的直接管制，进一步加强了对证券投资者的保护。《证券法》主要是管制证券发行的法律，《证券交易法》用来管制证券交易，其实质是将强制性信息披露制度引入了证券监管。这一类法律的通过，极大地刺激了美国民众投资股票的热情。

20 世纪 50 年代后，美国大型上市公司股权的分散化呈现出一种不断加速的态势。股权的分散化，导致了股东诉讼的大幅增加，股东诉讼往往伴随着强大的公众压力，为了避免被股东质询和与股东对抗。一些公司开始引入独立董事制度。随着独立董事制度越来越多地为公众所认可，1956 年，纽约证券交易所（NYSE）规定公开上市公司至少必须选任两位外部董事；在 20 世纪 70 年代，一些大的公司的董事被卷入到行贿等丑闻中，由股东提起诉讼的判决结果是法院要求这些公司改革公司机构，要求董事会必须由大部分外部董事组成，1977 年，纽约证券交易所再次要求美国的每家上市公司"在不迟于 1978 年 6 月 30 日以前设立并维持一个全部由独立董事组成的审计委员会（Audit Committee）；这些独立董事不得与管理层有任何会影响他们作为委员会成员独立判断的关系"。其后美国股票交易所（ASE）亦做了类似的决定。至此，独立董事作为美国上市公司董事会的重要组成部分，便成为一种正式制度被确定下来。

20 世纪 80 年代，美国经济迎来了其历史上第四次购并浪潮。杠杆收购（Leveraged Buyout）是这次购并浪潮的主要方式，主要指用远远大于股本比例的负债融资方式收购企业。以小购大、以弱购强的事件在资本市场上并不新鲜，用负债收购企业也是正常的，但是在垃圾债券的配合下，用几倍甚至几十倍于股本的比率负债用于收购，而且一批专业金融家依托供给充沛的垃圾债券市场来根据公司的市场价值设计制造收购事件却是 80 年代的新趋势。投资的巨额收益使杠杆收购成为 80 年代获利性最高的投资理念，它吸引了众多参与者，包括银行、保险公司、华尔街的公司、养老基金和财力雄厚的个人。杠杆收购市场出现爆炸性增长，杠杆收购市场的总规模迅速上升，1983 年完成的交易额为 45 亿美元，到 1989 年完成的交易额上升为 766 亿美元。1983 年到 1987 年完成的 20 宗最大杠杆收购交易总收购价格为 765 亿美元。

杠杆收购使得新公司的债务相对于股权来说数额巨大，给兼并后的公司带来了沉重的债务负担，损害了公司的长远发展，牺牲了原有公司的管理层、债权人以及内部员工的利益，给一些大企业所在的社区也带来了重大的影响，导致了宾西法尼亚州的公司法修正案的出台，宾西法尼亚州的公司法修正案要求董事会不仅只对于股东，还要对公司所有相关利益者都负有诚信责任，甚至允许董事会在特定条件下把其他相关利益相关者的利益放在股东利益之上。

利益相关者利益最大化使得企业利益与周边的社会利益紧密结合起来，企业不仅要关注股东利益，还需要关注社区、劳动者、供应商、消费者利益，企业与城市的发展紧密结合在一起，企业治理、产业治理与城市治理越来越具有相似的外延。

20 世纪 80 年代以来，美国上市公司股权结构的进一步演化呈现出新的特点：大型金融机构已经集中地持有了所有股份公司 50% 以上的股票。养老基金、共同基金以及保险公司成为股份公司股票的集中持有者。据纽约证交所的统计，1970 年，机构投资者的持股比例仅为 27%，1990 年，上升到 41%，而到 2001 年，这一比例上升到 47%。

共同基金和养老基金的规模迅速扩大。共同基金的资产规模从 1990 年的 10652 亿美元，增长到 1999 年的 68463 亿美元，增长将近 6 倍，并在这一年里，首次超过商业银行的总资产规模（59803 亿美元），成为美国第一大金融中介组织，共同基金中主要以股票基金增长最快，从而使共同基金成为美国资本市场主要的机构投资者之一。

养老基金的资产规模也迅速发展。随着美国养老退休制度在 20 世纪 80 年代的改革，美国私人退休养老金制度蓬勃发展，到 2000 年底，退休养老资产规模已高达 10.9 万亿美元，养老基金不但自身成为资本市场的主要投资者，同时也成为共同基金和保险基金最主要的资金来源。

20 世纪 80 年代以来，随着美国经济形势的变化，美国逐渐放松了对金融机构和金融市场的管制。1992 年，美国证券交易委员会直接规定，强化机构股东的作用，允许所有者就上市公司治理结构提供有约束力或建议性的措施，并且放松了对股东联系披露的法律限制，允许股票持有人之间的直接联系，大大降低了机构投资者参与上市公司治理的成本和潜在的法律责任。针对机构投资者行为短期化的特点，美国参议院 1989 年通过了《过度流动与投机法案》，指出"生产和创新需要长期支持"，坚决要求机构投资者改变短期心态。同年，美国劳工部和财政部发表联合声明，阐述对养老基金的指导原则，认为"重视公司的长期价值是恰当的"。劳工部还明确指出，投票权是养老基金资产的一部分，确保按养老金受益人的利益投票是养老基金的法定义务。为改变养老基金的困境，提高养老基金的收益，政府还积极推动养老基金参与上市公司治理，进行负责任的投资。

随着美国机构投资者的崛起与壮大，机构股东对公司的监督作用也发生变化。20世纪80年代后，美国的机构投资者在股市的控股比例开始上升，随之成为左右市场的关键力量。为了维持股票价格，机构投资人采取积极干预的办法，向公司董事会施加压力，迫使董事会对经营不善的公司用更换总裁的办法，改变公司的根本战略和关键人事，确保机构投资者的利益不受侵害。

最近美国的一份调查报告表明，由于机构投资者近年来的积极参与，董事会以往对总裁的无法控制约束的局面开始改变，即出现对上市公司管理硬约束的趋势。在受访的1188家公司中，1992年以来有25%的公司出现总裁的频频撤换，用美国上市公司治理结构权威、沃顿商学院教授龙西姆教授的话来说，标志美国的上市公司制度已从经理人员执掌全权的经理人资本主义，转变成了投资人对经理人实行有效控制的投资人资本主义。

2002年，世界上最为成熟的美国证券市场爆出了安然、世通等一系列大型上市公司的财务报表造假案。2002年夏，美国通过了《萨班斯—奥克斯利法案》。这部新的法律主要从六个方面来对上市公司治理进行约束，即加强高级管理人员的责任以改善上市公司治理、加强会计监管、强化公司审计的独立性、完善信息披露制度、防范舞弊以及严厉的法律制裁。法案希望通过上述六方面的共同作用来保证上市公司财务报告的真实性，以维护投资者的利益。主要内容如下：

（1）加强高级管理人员的责任。①公司定期报告的个人认证制度。明确管理层对报告的真实、全面、准确负责。且上市公司出现提交的财务报表有重大违规需要重述的情况时，CEO和CFO在违规报表公布或向SEC财务文件机构提交报表之日起12个月内获得的一切业绩报酬，包括从公司收到的所有奖金、红利或其他奖金性或权益性酬金，必须向公司返还。②明确公司管理层对公司内部控制体系设计、建立和运行有效负责。缩短公司内部人员买卖股票的申报期间。董事、管理者持有公司已发行证券的10%以上的公司内部人士，在买卖公司证券之后的第二个工作日必须向SEC申报该项交易；禁止上市公司在接受政府或司法调查期间对董事、高级经理或控股股东支付任何重大款项。③禁止公司向CEO和CFO提供贷款。规定上市公司不得直接或者通过其子公司向其董事或高级管理人员提供任何形式的新的信贷或者信贷支持。④SEC 的解职令。如果 SEC 认为上市公司董事和其他管理者存在欺诈行为或者不称职,可以有条件或无条件、暂时或者永久禁止此人在上市公司担任董事和其他管理职务。

(2)加强会计监督。SEC 设立独立的会计监督委员会来监督会计行业,通过设立统一的职业标准和道德规范,授权拥有独立的调查渎职和违规的权力。

(3)强化公司审计的独立性。①设立公司审计委员会,审计委员会必须全部由独立董事构成。②保证独立审计师的独立性,严格禁止上市公司的独立审计师同时向该上市公司提供咨询业务,并规定了独立审计师的服务年限,法案要求,审计事务所主要合伙人和初审合伙人担任该公司的外部审计师的时间不得超过 5 年。③强化外部审计的行业自律,成立了"上市公司会计监管委员会",是负责监管审计行业的准官方机构。

(4)完善信息披露制度。美国证券监管的一项重要工作就是要解决上市公司和公众投资者之间的信息不对称,上市公司的信息披露也因此成为监管的核心。公司改革法案更是将这种加强信息披露的趋势推向了一个新的高潮,要求上市公司在更加"迅速和实时的基础上"向公众披露关于公司财务状况和经营方面的重大变化。

(5)防范舞弊。要求上市公司建立反舞弊程度和控制,并进行定期评估,把高层管理人员出现任何舞弊行为判定为内部控制无效。

(6)法律制裁。对违反上述条款的高管人员可处以 100 万~500 万美元的罚款,同时可判处最高达 25 年的监禁。

从美国的经济发展历程,我们发现美国生产要素的集聚、生产规模的扩大为治理结构变革奠定了基础,而治理结构的不断变革推动了资本集聚,企业并购,产业结构的变化,从而决定了城市及城市群的发展。美国之所以在近代 100 多年的历史中快速从小城镇发展成世界级的三大城市群,与其治理结构的不断变革、企业制度环境不断因时而变是分不开的。在市场环境不断完善、治理结构不断变革的前提下,资本不断从传统产业流向新兴产业,推动美国产业结构从重工业向现代服务业和高科技制造业不断升级。

第四节 日本城市发展与治理结构变革

日本以东京、大阪、名古屋为中心形成三个城市圈,共同构成带状的太平

第二章 世界城市产业成长与治理结构变革

洋沿岸城市群。这个区域面积3.5万平方公里，占日本国土的6%；人口将近7000万，占全国总人口的61%。第二次世界大战以后，日本在美国的扶助下重建经济体系，形成了东京湾、伊势湾、大阪湾及濑户内海的"三湾一海"沿岸地区，内含京滨、名古屋、阪神、北九州四大工业区。工业产值占全国的65%，分布着全日本80%以上的金融、教育、出版、信息和研究开发机构。日本太平洋沿岸城市群的琵琶湖、濑户内海—城市圈是东京湾日本临海经济的典型代表，此外，岛内交错的内海、河流、湖泊与经济发展的关系极其密切。

东京制造业集中沿着东京湾海岸，从东京延伸到横滨，京滨工业区是日本最大的工业园区。这个地区生产的货值占全国制造业产品的1/5。制造业人员大概占东京的总劳动力的20%。这里的制造业严重依赖于进口原料，并包括钢铁厂和造船厂、炼油厂、石油化工制造厂，以及各种组装厂。有许多不同的产品，其中包括钢铁、化工、机械、木材、纺织品、数码相机及光学用品、电子设备，食品和其他消费品种类繁多。在东京的中心附近也有相当多的制造企业。在城市中心的制造业企业规模大多比较小。东京中心制造业超过40%的工人受雇于只有2~3人的工厂，另外还有近35%的工厂只有4~9名工人。在东京最大一类的制造业是印刷和出版。

20世纪五六十年代钢铁业和化工业退出了东京的主导产业，从70年代开始出版印刷、电气机械、运输机械、食品、一般机械处于东京的工业行业分布主导地位，从90年代开始，出版印刷业和电气机械业的总销售额占据东京制造业超过一半的份额。出版印刷业一直是前两位，而且比重不断加大，电气机械、运输机械的比重也在加大，而一般机械的比重在减少。2000年以后日本的创意产业异军突起，成为世界上最大的动漫制作和输出国，东京是日本创意产业发展最为发达的城市。目前有60%以上的日本动漫作品在全球播放，在欧洲播放的日本动漫甚至达到80%以上。日本以动漫、游戏等为主体的文化创意产业的快速发展，不仅使日本经济发展迅猛，同时也带动了相关产业的发展。2003年，销往美国的日本动漫片以及相关产品的总收入为43.59亿美元，是日本出口到美国的钢铁总收入的4倍。2010年，日本政府出台了一系列文化创意产业的新举措，把文化产业定为重要突破口，促进产业出口。东京的主导产业经历了轻工产业、重化工业、都市工业、现代服务业和创意产业的过程，在此过程中，工业发展经历了从初级加工、重工业、深加工到知识密集型制造业的转型。

日本的经济虽然受美国影响很大，引进了美国的股份制公司制度，但在日

城市产业成长与治理结构变革

本文化影响下形成了有日本特色的治理结构。日式治理结构主要体现为终身雇佣制度、年功序列制度、以年功序列制为基础的职务和报酬体系、终身雇佣—企业中心主义（职工中心主义），以及银行监控和企业相互持股。日本公司的股权结构分散，与美国相似，但呈现法人交叉持股和银行是主要股东的现象；融资渠道主要是主办银行贷款，与德国相近，在1971~1975年银行贷款占日本公司全部资金来源的89.5%；治理结构则与中国相当，表现为单层、双机构模式，即董事会和监事会作为公司常设治理机构处于同一层级，但几乎都由内部人组成；决策机制是在集体发展为前提下的自上而下的决策机制，即经理层主导的有一定"集体意识"（Collection Consciousness）特征的决策机制，决策的长期化特征明显，与德国模式相近；选任机制是阶梯等级制下内部提拔特征，与德国模式相近；激励机制体现为收入激励力度弱、收入差距小（20世纪90年代社长与普通员工的薪酬差距普遍仅为4~5倍），是一种通过长期雇佣和年功序列制体现出的长期激励，处于美国模式的相反一端，体现为围绕利益相关者整体长期发展的激励；监督约束机制中，对经理人的外部监督约束主要来自银行"相机治理"而非资本市场，内部监督约束主要来自声誉、自律和"集体意识"。

银行监控功能退位，企业相互持股问题凸显。第二次世界大战结束后，美国为了改变日本军国主义和财阀控制国家经济状况，采取了鼓励民间经济发展和解散财阀统治的手段，致使企业大量股票分散到社会个人股东手中，日本20世纪50年代出现了"大众投资时代"，但是60年代中期由于投资过快和经济泡沫的存在而导致了"证券危机"，大量个人投资者从证券市场上离场而去，为此日本政府采取了通过银行贷款大量购进股票并加以冻结的措施，随后当股票价格回复时，日本政府又推出了"稳定股东活动"政策，并防止外国公司通过购买股票而兼并日本企业，将大量股票出售给稳定的日本法人股东，即主要是日本的银行金融机构和企业，造成了日本企业中个人股东持股比例由69.1%下降为22.6%，而法人股东持股比例则由15.5%上升为72%。日本法人股东持股的另一大特征为企业相互持股。据日本商事法务研究会1990年的一项调查，在日本的实业法人中，存在相互持股关系的公司占92%，其中，相互持股率达到10%以上的公司占70.2%。这种银行、商社、企业、科研等相互之间建立起的资金和经营关系，逐渐形成了一个以原财阀关系为基础的集团，如"三菱"系列、"住友"系列等"企业集团"的相互持股关系，使资金、技术、商业、生产更加高度集中，充分发挥了各不同类行业部门的功能。日本在第二次世界大战后的经济高速发展时期，日本银行业对企业的关系相当密切，发挥着两种重要作用：一是担任着向企业融资的作用，称为"融资执行者"；二是由于拥有大量企业的股份，银行直接介入企业治理结构——实行"主银行制"，行使对企业经营监督和咨询指导作用，又被称为企业经营活动的"监视执行者"。但是当20世纪90年代日本泡沫经济粉碎之后，日本金融机构由于大量不良债权而导致资金不足，对企业融资不断收紧，并不断出售自己所拥有的企业股份来充实和改善自身财务状况，因而对融资企业的治理监管机能也就相对薄弱，许多企业转向直接向社会筹集资金。随着银行对企业的持股减少，日本社会经济结构的一大特征——银行与企业相互持股的关系在不断削减。由于银行对企业的大量持股减少，股票的很大部分为具有经营关系的其他企业所购买和持有，造成了关系企业之间相互持股现象相当严重。另外，企业为了达到互有商业关系的企业之间的稳定关系而加强了企业间的相互持股，即通过建立母子公司、系列公司等形式，达到相互持股企业之间的信息交流、技术沟通、生产协作，增大企业对外的竞争力和抵御力，并逐步形成一种对外竞争环境的"命运共同体"。此外，还有一部分股票则由日本国内外投资机构为追求高额回报而购买和持有。法人企业间的相互持股使日本企业的经营者成了"虚拟投资者"、"事实上的大股东"。虚拟股东的身份使经营者既是本企业的经营者，又代表本企业做其他与自己有相互持股关系的企业的"股东"。

日式治理结构使得日本在重化工业发展阶段能够快速崛起，银行资金、上下游产业资本互相交融，但是外部市场发育的相对滞后，产业资本主导的治理格局，使得日本资本不愿轻易放弃成熟产业，新兴产业难以获得大量资本集聚，导致日本在产业创新方面落后于美国，日本城市发展在20世纪70~80年代快速崛起成为世界级城市群后地位逐步下降。

第五节 欧洲莱茵河流域城市群

莱茵河经济带是国际上流域经济开发最成功的经济带，成功的核心经验一般认为是建设内河航运体系（陈修颖，陆林，2004）。莱茵河通过支流开凿了连接邻近河流的运河体系，使莱茵河成为欧洲大陆内河水运网的中心，欧洲运河网使得莱茵河具有通达北海、黑海、地中海、波罗的海的枢纽地位。莱茵河鲁尔工业区，依托丰富的矿产资源和廉价的内河水运，为整个欧洲工业提供原材料和动力，成为欧洲工业的心脏，形成了以鲁尔为中心的结构合理、相互支撑的流域产业带。

城市产业成长与治理结构变革

莱茵河流域是世界钢铁、石化、电力、建材、机械电子等产业的中心,集聚了近1亿人口,是世界著名城市密集带,如巴塞尔、美因茨、法兰克福、科隆、鹿特丹等,十余个不同国家的城市由于布局合理、城市定位和发展方向各有侧重,不仅没有成为恶性竞争的对手反而互为补充形成了世界上最发达的四大城市群之一。如荷兰的鹿特丹为航运中枢,德国的科隆为欧洲的传媒之都,法兰克福定位为欧洲的区域金融中心和欧洲空中航运中心。其中鹿特丹发挥河海交接点的优势,以综合服务功能带动辐射了莱茵河流域经济,发展成为欧洲门户,并且在政府结构调整中发挥着不可替代的作用。

莱茵河经济带原来是欧洲钢铁、石化制造中心,被称为"欧洲工业的心脏"。但是20世纪60年代大批企业设备老化,技术陈旧,加上中东廉价石油的开采带来的石油时代,对鲁尔区以煤为基础的单一重型经济结构造成了巨大的冲击。莱茵河畔特别是鲁尔区企业面临着结构调整、经济转型的巨大压力。最直观的表现就是失业率骤升,那段时间,仅4972平方公里、总人口500万人的鲁尔区就有70万人失去了工作。

政府对新兴产业起着倡导和推动的作用。政府通过支助研究中心、大学,为企业提供科研、金融的支持。比如政府发起北威州数字化项目,不仅提供资金,还提出理念、概念,社区网络的场地,调动企业和创业者的积极性。政府支持杜伊斯堡港做物流,并且提供场地、港口,吸引物流进来,增强企业的竞争力。

目前,多特蒙德市拥有550家计算机公司,成了IT研发中心;埃森、波鸿拥有包括中药在内的133家医药研究机构,尽管企业数只占当地的7%,却创造了地区效益的45%。科隆是德国最大的电视节目制作中心;杜伊斯堡、多特蒙德利用港口优势发展物流。此外,40%的德国大型国际商贸和技术展览会均在北威州举办,展览业堪称世界第一。杜塞尔多夫证券交易所跻身欧洲四大证券交易所,莱茵河经济带成了欧洲各大银行、保险、金融交易中心。

在过去的一二百年间,莱茵河经济带不断进行结构调整和产业升级,使莱茵河畔22.4万平方公里的流域面积内,以大企业为核心,形成了重化工业完整优质的产业链和产业带。在下游,以世界第一大港、"欧洲门户"鹿特丹为中心,壳牌、英国石油BP、ESSO、海湾石油等世界跨国石油垄断公司,绵延50公里,形成石化产业的高端制造基地;在中游,以拜耳、巴斯夫、赫希斯特三大化工巨头为骨干,形成沿莱茵河干支流化工产业带;在上游,瑞士地巴塞尔的桑多兹公司大本营都是国际重要的石化和化工生产基地。而钢铁、冶金、机械等制造产业带,则密集于鲁尔重型工业区,这里还有欧洲最大的公共交通车辆制造基地曼海姆、世界驰名的奔驰汽车公司制造基地斯图加特。据相关资料，莱茵河经济带年产值占德国经济总量的50%以上，是德国工业体系的支柱和脊梁，也是德国出口产品和技术的强项，代表着世界经济技术的发展水平。

德国公司的治理结构为特殊的双层董事会制度，即管理委员会和监事会。管理委员会由内部高级管理层构成，负责公司的日常经营管理；监事会由股东和职工代表共同组成，负责任命管理委员会的成员和审批公司的重大决策并监督其行为，但不履行具体的管理职能。德国经理人员的报酬不像美国那样与公司的盈利、股价直接挂钩，股票期权在德国几乎不存在。在德国，法律对银行持有非金融企业股份没有什么限制，因此德国银行不仅是大型非金融企业的贷款提供者，而且也是这些公司的主要股东，通常四五家银行就能有效控制生产性公司的决策权。同时，由于企业和管理部门有长期合同，即使一个入侵者能得到一家公司的控制性所有权，但这些合同也能阻止其对管理部门的迅速改组，而职工代表出任监事和限制个人股东投票数量等制度安排，使通过接管来更换管理人员的可能性很小。因此，在德国的公司治理结构中，接管对管理者的威胁相对于英国和美国的公司而言要小得多。德国企业的职工通过选举职工代表参与监事会和职工委员会来实现他们参与企业管理的"共同决定权"，这种公司内部的"劳资共决制"是德国公司治理结构的一个重要特点。

德国上市公司股权结构中，个人持股的比重传统上一直较小，而以银行为代表的金融机构持股比重（1996年占20.9%）和非金融公司交叉持股比重（1996年占37.4%）很大。1994年，德国前100家大公司中，Allianz（20）、Deutsch Bank（11）分别是最大的股东。在股票总市值中，Allianz和Deutsch Bank分别占4.87%和3.43%。大的金融机构在德国的银行与企业的关系网络中，通过资本纽带，居于核心地位（Prigge，1997）。德国式治理结构与现代利益相关者理论相吻合，使德国企业相对比较稳定。

第六节　全球城市群产业结构与治理结构

从全球城市群的发展历程分析，我们发现不同城市群形成了不同的产业结构，同时也各有自己的治理特色，城市的产业特色与其治理结构相得益彰。美国企业在城市发展过程中股权日益分散、资本日益多元，多方的资本汇聚、完全市场化的投融资方式，使得美国企业可以募集巨量资本，进行大规模产业并购，并在市场控制权收购的压力下不断创新升级，从而催生一大批世界级企业，推动了美国快速涌现纽约、芝加哥等全球中心城市。欧洲莱茵河流域企业资本主要来源于银行，来源相对单一，稳定的资本结构削弱了企业创新升级的压力，企业发展相对平稳，但也使得城市的发展相对滞后于美国。日本企业股权相对集中，主银行制使得企业对银行过度依赖，市场化程度相对落后同样使得日本城市创新能力滞后。因此全球城市群的产业特征与城市治理环境和企业治理特征是相吻合的。

（1）城市群中城市产业分工与城市治理环境相适应。全球四大城市群中核心城市的产业都集中在金融、会计、法律、广告等生产性服务业，这些核心城市从纽约、芝加哥，到东京、法兰克福，每一个城市都拥有全球或区域性的资本市场，建立了相对完善的制度体系，集聚了各方资本，多元性的资本构成使得城市的发展充满活力，高端服务业集聚，形成对周边城市的辐射，中心城市通过服务机构的跨国服务网络而连接在一起形成全球城市网络，城市群内核心城市之间形成专业化分工。

城市群内非核心城市治理环境也是各有特点，在城市群内的产业分工也各不相同。在美国大西洋沿岸城市群，费城集聚了较多传统制造产业资本，形成城市群内的钢铁炼油造船中心；而波士顿则由于众多一流大学集聚大量智力资本，吸引风险投资等专业投资资本汇聚，发展成为城市群高新技术产业中心；华盛顿是美国政府和世界银行所在地，重大政策发布地，吸引全球金融研究机构进驻，形成城市群金融信息中心，以及都市制造业如印刷业等；巴尔的摩则依托纽约的金融市场获得专业领域产业资本支持，形成城市群内有色金属冶炼中心。城市群内即使部分城市的产业基本相似，也会因为外部治理环境的差异而导致重点不一。在东京城市群中神奈川和千叶有机械和化工工业，但神奈川还是以机械业尤为突出，而千叶则以化工见长。

（2）治理结构变革驱动科技创新，金融创新推动区域产业升级。全球城市群的产业结构也在不断调整，不断更新升级。莱茵河流域的鲁尔区各大城市都是钢铁、石化等重石化工业基地，芝加哥也曾是美国的制造中心，但随着企业从一般性企业，逐渐建立两权分离的现代企业制度，发展到在全球资本市场上市募集资本，外部市场的压力驱动企业不断创新，在全球寻找新产业方向，不断实施并购，企业的创新驱动城市产业的升级，金融业的发展使得企业的治理结构不断变革，杠杆收购、风险资本、私募股权基金等新型资本的不断涌现，使得企业股权结构日益多元化，资本的配置效率不断增长，城市在原有产业基础上不断进行产业升级，从传统制造业到现代制造业，再转向科技制造和现代服务业。

（3）城市群产业结构呈现横向集聚分类、纵向链化分层的特征①。全球城市群的产业结构各具特色，随着核心城市的主导产业不同而形成了不同的产业集群，相同的产业集群内不同层级的城市产业分工又有所不同。以最典型的日本太平洋沿岸城市群为例：以东京为中心的东京城市群，利用资本市场优势，其主要制造业为机械业和石化业。东京核心区集聚管理、信息、金融等服务业，工业制造则主要分布在神奈川区和千叶区域，多摩地区为高新技术区，多研发机构和高等学府。主要工业区神奈川和千叶的产业重心也有不同，神奈川地区机械业更突出，而千叶地区化工业比例更重。以京都、大阪、神户为中心的京阪神城市群的主要制造业为钢铁、造船和纺织。其中传统的纺织业则在京都集聚并在其周围的各个小城镇形成了产业供应链。以名古屋为核心的中京城市群的核心产业是汽车业，群内丰田市及周边地区就形成了很好的汽车产业链，而濑户和四日市也发展差别产业而成为了"陶都"和"炼油中心"。

（4）城市群经济以强大的交通运输业为根基。分析全球城市群产业，我们不难发现，城市能够得以发展并最终形成城市群，良好的区位优势和发达便利的交通条件是必不可少的发展基础。世界五大城市群几乎占尽了各国以及各地区地理条件最优良、配套设施最先进的港口、交通枢纽和国际空港。如美国大西洋沿岸城市群（纽约港、费城港）、五大湖城市群（五大湖水运便利、多伦多港及空港）、日本太平洋沿岸城市群（成田、羽田、关西空港，东京湾港口群，名古屋港）、欧洲西北部城市群（世界第一大港鹿特丹）、英国中南部城市群（伦敦空港、利物浦港）等。如果没有如此立体和完善的交通体系，难以想象城市群这一庞大的资源和产品集散地内的要素该如何运转和流通。城市群的港口、空港和陆地运输的吞吐能力和规模设施也能在一定程度上从侧面反映其经济和制造实力。

---

① 郭亚丽. 国外五大城市群的产业结构特点 [J]. 合作经济与科技, 2008 (7) 上.

第三章　长三角城市群崛起与治理结构变革

长三角城市群已经跻身全球六大城市群。长三角城市群从原先的10个城市（1982年），扩大为16个城市（1992），现在则覆盖江浙沪全境和安徽的部分城市共30个城市，未来预期将覆盖沪苏浙皖全境40个城市。32年间空间范围扩大两倍。与此同时长三角16个城市的经济总量从2006年的3.9万亿元，发展到2012年的9万亿元，已经跻身全球第六大城市群。发达国家拥有世界五大城市群，分别分布在美、日、英、法等国。以上海为中心的长三角城市群，在经济规模、城市化水平等方面与上述五大城市群存在一定差距。

多层次立体交运网络。随着高铁、高速公路、跨海和跨江大桥的建成，一个海江空铁陆多层次立体交通网络已经形成，长三角的可达性不断提升，从20世纪90年代的3小时经济圈（16城市），到2000年的2小时经济圈（16城市），再到2010年的1小时经济圈（16城市），预计2020年整个沪苏浙皖40个城市将全部进入2小时经济圈。交运网络的快速形成使得长三角经济一体化程度大幅提升。

多中心网络化格局。长三角在核心城市带动下经济一体化程度不断提升，从GDP规模分析2013年超万亿元的城市有2个，超5000亿元的城市有5个，而在2006年超万亿元的城市只有1个，超5000亿元的城市为零，苏州最接近上海只有4800亿元左右。苏州、南京、无锡的工业总产值已经逼近上海，以昆山、江阴为代表的一批县级市GDP突破2000亿元。长三角16个城市经济发展差异急速减小，外围24个城市与16个城市快速靠近，各城市之间发展差距逐步收敛。长三角城市群空间由单中心、纵向单项联系向多中心、网络化方向发展。长三角正在逐渐打破行政区划界限，行政地位主导、等级分明的空间结构体系正被弱化和扁平化。

区域共同市场逐步形成。长三角区域市场在长三角三个层次三个会议的推动下，即江浙沪省（市）长座谈会、三省（市）省（市）长"经济协调会"

以及"协作办主任会议",逐渐呈现一体化特征,16个城市市场价格差异逐步收敛,商贸企业的经营网络实现跨区全覆盖,金融机构相互投资、跨区经营已成常态。

产业一体化程度持续提升。长三角的经济一体化程度越来越高,工业园区的跨省市的园区共建和区区合作越来越多,上海与安徽、苏南与苏北、浙北与浙南联动不断提升,形成区域金融服务、商业贸易、钢铁、石化、汽车、船舶、生物医药等经营网络。在一体化程度加深的同时,长三角的产业分工逐步细化,形成高端服务业向上海集聚,苏州、无锡为高科技研发制造基地,南通为海洋工程基地,南京为电子信息产业基地等区域专业化分工。

长三角城市群由苏南城镇群、浙北城镇群演化而来,在上海的强力辐射带动下,从家庭作坊、社队企业起步,与国有企业之间形成生产组织网络,随着外资的引入,长三角形成了以装备制造业、纺织服装业、电子信息业为主的产业集群,逐步形成有序分工的自组织城市网络,形成FDI与民资、国资的多元复合治理结构。

第一节 苏南城镇群及乡镇企业崛起

苏南地区自古人口稠密、城镇众多,在清光绪年间苏南地区的市镇总数在600个以上,平均每29平方公里就有一个市镇,从乾隆年间到光绪、宣统年间,苏南地区的市镇总数增加了一倍。1949年后商业渠道的统一国营化引起了小城镇的巨大变化,设置行政机构的小城镇,依托国营的流通渠道,成为区域的物资批转中心,城镇规模保持不变,而那些没有设置行政机构的小城镇则面临被合并、逐渐衰败的命运(费孝通,1983)。

在改革开放初期,随着农业生产承包责任制对劳动生产力的解放,苏南的乡镇企业蓬勃发展起来,并推动着苏南城镇化的快速推进。乡镇企业从社队合作基础上脱胎,以股份合作制为主要产权形式,在乡镇政府的支持下以乡镇企业家为核心,通过与国有企业的竞争,获得市场空间,并进而成为地区经济的主要动力,推动苏南地区迅速涌现一批中小城市。

乡镇企业的前身是农村人民公社和生产大队两级集体经济创办的社队企业,起源于20世纪50年代。1979年,中共十一届四中全会上通过的《中共中央关于加快农业发展若干问题的决定》正式确立了社队企业在中国经济中的地位。江苏社队企业在有关政策的支持下得到了进一步的发展。1980年,江苏社队企业总产值突破百亿元大关，达109.33亿元，比上年增长45.21%。

周耀庭、吴仁宝、蒋锡培、徐文荣等是乡镇企业家代表，他们不仅是企业经营者，而且是制度创新者，他们最初通过承包经营国营小厂起步，在拥有一定积累后开始向"社团所有制"（周其仁，1997）等创新制度过渡，"社团所有制模式"反映了乡镇企业的两大基本特征：第一，企业既不归政府所有，也不被政府控制；第二，全部企业资产没有被量化到个人。它不同于国有制是因为它不是在一国范围内实行的、由中央政府控制和管理的公有制；它不同于集体所有制是因为它的所有者既不是仅仅由社区内"本地人"组成的"集体"，也不是由乡镇政府控制和管理。乡镇企业所有制与一切传统公有制的根本区别是它达到"政企完全分开"。同时，社团所有制也区别于公有制在改革中的其他类型，如股份制或股份合作制，因为它没有股权形式表现的个人产权。以"剩余索取权"激励企业的管理者，通过考察各种投入来替代考察各种人力资本在团队总产出中的贡献份额，从而有效地节约了团队生产中的测量费用。以部分利润分享权和全部企业控制权回报企业家对企业提供的决策性判断的贡献，以此激励企业家对企业投资发展决策负最终责任和对企业管理负最终责任。在这里，企业家付出的努力和贡献与以控制权为主的总回报相对称。因而在中国"控制权激励"在某种程度上比"股权激励"更为有效，周其仁认为企业家本人可能不接受以"股权"替代"控制权"的安排，因为"控制权"是积极货币的持有权，资本化的股权持有的却是消极货币。周其仁进一步分析"因为控制权包含着创造更大剩余的机会，而与控制分离的股权却只能依赖别的在位企业家的本事和运气"。但如何解决企业家身后的利益分配，产权安排有效地解决了这一问题，而中国的很多创业企业家选择的是让自己的子女继承自己"控制权"的方式，延续自己的"控制权激励"，徐文荣也是这样选择的。

股份合作制是一种股份制和合作制结合的公有制实现形式。通过售股、配股，使得职工、经营者各得其所，初步解决了乡镇企业内部产权不明晰的问题，也使得企业资产通过售股集资的方式得到了有效扩大。参加合作的职工既是企业的投资者，又是劳动者，在收益分配上，实行在按劳分配基础上和按资分配相结合的双重分配方式。这一产权制度曾被认为是能避免两极分化、有利于吸引职工对改革给予广泛支持、有利于企业解决资本要素短缺、有利于保障产权改革结果的公平和企业职工就业安全的重要措施。从而，将乡村集体企业改制成"股份合作制"企业的乡镇企业产权改革目标模式，得到中央和地方政府的广泛提倡，甚至一度被中央政府视为城市集体和小型国有企业产权改革的首选模式。但是,股份合作制中保留的一大块集体股,以及对个人股参与分红的限制,使得存量资产中的集体份额不断增大,以致明晰的产权很快又变得越来越不明晰。到20世纪90年代末这一模式被经理人员控制——"经理(层)持大股"所取代。于是,20世纪90年代末各地乡镇企业又开始了第三轮改革,取消集体股,实行更彻底的股份制。

乡镇企业与国有企业利益交织,形成复合的产销网络。在利益机制驱动下,部分原先在国有、集体企业就业的购销人员,凭借他们灵敏的市场嗅觉和持续稳固的购销渠道,相继离厂独创企业,一些赴外地的务工人员在掌握了基本技能和销售渠道后回乡办厂,于是,在当地孵化和衍生出许多与原来所在企业同质的新企业。乡镇企业是国家放开销售市场后诞生的最早的市场化生产主体,在市场流通渠道逐步放开后,苏南地区利用社队企业基础,依托国有企业的生产和技术资源,从为国有企业加工配套发展到开发生产自己的系列产品。

苏南地区采取以乡镇政府为主组织资源方式。政府出面组织土地、资本和劳动力等生产资料,出资办企业,并由政府指派所谓的能人来担任企业负责人。这种组织方式将能人(企业家)和社会闲散资本结合起来,很快跨越资本原始积累阶段,实现了苏南乡镇企业在全国的领先发展。"苏南模式"的特征可以概括为"三为主、两协调、一共同"。所谓"三为主":一是以集体所有制为主。苏南大部分乡镇企业的创业资本源自社区范围内的集体投入,其所有制的基本属性是以社区政府为代表的集体经济。二是以乡镇企业为主,包括村办企业。三是以基层政府行政推动为主,经济运行机制以市场导向为主。苏南乡镇企业是由镇、村两级党政组织直接策划和创办的,并根据市场导向进行商品生产。所谓"两协调":一是城乡协调,乡镇企业的发展为农村发展奠定了物质基础,乡镇工业实施"以工补农、以工建农"的方针,使农业社会服务体系建立起来,促进了农业快速发展,有利于城乡协调发展。二是经济和社会协调。乡镇企业的发展,提高了劳动力素质,有利于农民向市民转化,有利于物质文明与精神文明协调发展;在经济发展的同时,投资教育、环境与福利,苏南教育发达、环境优美,社会保障健全,经济与社会协调发展。所谓"一共同":以先富带后富,实现共同富裕。实行集体所有制,发展乡镇企业,人们的生活水平得到了快速提高,城乡居民收入差距减少,有利于实现共同富裕。

乡镇企业的发展极大地带动了苏南小城镇的发展,以苏州市为例,1984~1991年苏州市建制镇数量由18个增至88个,建制镇占乡镇总数由9.95%增至41.5%,建制镇人口占地区总城镇人口的比例为23.76%,占乡村总人口的比例为13.26%，建制镇非农人口占全地区非农人口的29.36%。这种农村工业化主导的"离土不离乡，进厂不进城"的城镇化在学术界被称为"自下而上"的城镇化①，或自发的城市化。

我们认为1992年前的苏南处于以小城镇为核心的发展阶段，一方面在于乡镇企业还处于逐步发展阶段，规模较小，分散在苏南的各个小城镇上；另一方面，乡镇企业的发展建立起的是中小城镇与大城市之间的联系，本质上是农村与城市的联系，打破了农村和城市的二元经济结构，人流、物流、资金流、信息流在农村和城市间开始自由流动，使得城市富余的技术、设备资源和乡镇的剩余劳动力形成了新的生产能力，工业化发展推动小城镇的快速壮大。

第二节 长三角城市群与引进外资

在改革开放初期，广东福建地区吸收大量港澳台地区的资本，除地域相邻外，主要原因就在于语言相通、文化同宗，大量侨胞循着同乡、亲友关系，以个人社会关系网络为半径，在国内选定投资区域和合作伙伴。2000年后，随着中国加入世界贸易组织（WTO），欧美资本开始大量进入以上海为核心的长三角地区，广东、福建等地的中国港澳台资本也开始向以上海为中心的长三角地区转移，而且中国港澳台商的聚居地也向长三角转移，反映出长三角的区域文化与外商的源文化以及商业需求更加融合，对比广东、福建，长三角地区的历史文化沉淀更深，商业伦理更为市场化，因此才有长三角吸引外资后来居上的现象。

苏州市1984年首次引进外资，到2003年累计批准外商投资企业已有10446家，累计合同外资533亿美元，累计实际利用外资326亿美元，分别占全国的2.3%、6.1%、6.7%②，2004年以后实际利用外资长期保持全国第一位。苏州市拥有苏州工业园区、苏州国家高新技术产业开发区、张家港保税区、昆山经济技术开发区和苏州太湖国家旅游度假区5个国家级开发区和11个省级开发区。这些开发区基础设施完备，功能定位合理，市场化的运行机制比较完善，成为吸引外资和发展高新技术产业的主要载体。截至2012年苏州

---

① Ma L. J. C., Fan M. Urbanization from Below: the Growth of Towns in Jiangsu, China [J]. Urban Studies, 1994 (31).
② 苏州市统计年鉴。

累计有来自世界 116 个国家和地区的投资,实际运营的外资企业超过 1.6 万家,累计实际利用外资总体规模达 1000 亿美元,约占全国实际利用外资的一成,规模位居全国各大中城市前列。全市约七成工业产值、四成国地税收入、八成对外贸易额均来自外商投资企业的贡献①。外资引进带动经济的快速发展,在全国百强市中,江苏占了十五席,全国前十位中苏南占了六席,分别是昆山、江阴、张家港、常熟、太仓、吴江。

自 2000 年以来,苏南地区整体的经济与城市化水平得到了空前发展,开发区在这一过程中起到了主导性的关键作用。经过十多年的发展,苏南地区已经初步建立起了以开发区为主导带动区域整体发展的城市化模式:即在区域整体城镇格局之中,以若干经济增长点的形式强力推动周围地域城市化发展的模式。依靠外向型经济的带动,昆山迅速实现了经济总量的扩张和产业结构的升级,从一个传统的农业县一跃成为经济繁荣、生活宽裕、环境优美的新兴工商城市。昆山经济技术开发区是昆山发展的主要动力,推动昆山达到"三个一"的纪录,平均每天合同利用外资 1000 万美元,平均每天出口 1000 万美元,平均每天财政收入 1000 多万元人民币,在全国 32 个国家级开发区综合评估中名列前五名。

苏南开发区在外资大量涌入下所发生的快速城市化呈现紧密依托现有城镇体系关系,大、中、小城镇齐头并进、协调发展的态势。同时,开发区的兴建加剧了苏南地区本来就十分密集的城镇密集度,使区域内城市网络的形成由此进入加速阶段。虽然苏南城市沿沪宁线主要交通轴呈带状分布,但在整体区域范围内可以认为苏南地区已发展成为较为典型的网络状城镇群结构模式。

从人口城市化的角度观察,苏南地区由于各开发区的兴建而创造了大量的就业机会,不但缓解了当地农村剩余劳动力转化的问题,还吸收了大量区外、省外的自发性迁移人口,使这部分人不但改变了职业而且离开了农村,是离土又离乡的转变,构成了当今中国城市化过程中一个十分重要的组成部分。

进入 20 世纪 90 年代,苏南各地以建立开发区、工业小区和促进企业间兼并、横向联合等途径培养骨干企业,优化组合社会资源,提高企业竞争能力。1994 年,中新合作的苏州工业园区启动建设,苏州高新区、张家港保税区、昆山出口加工区、无锡高新区等一批有一定影响力和知名度的开发园区也相继建成启动后,很快进入收获期。这样,苏南以开发区为依托,外贸引外资、外资促外贸,外资与外贸带外经,"引进来"与"走出去"并举,全面介入经济

---

① 苏州市商务局。

全球化进程。

如今,江苏聚集了近百个工业产值超过100亿元的产业园区和数千家巨型企业,已经成为跨国公司在中国投资的主要集聚地区之一。

长三角从中小城市密布,区内只有上海、南京、杭州等少数大城市,发展到上海为特大城市,南京、杭州、苏州、无锡等众多城市全部跻身大城市行列,成为世界六大城市群。其中利用外资、融入全球产业链是长三角城市快速发展的最重要动力。长三角引进外资推动城市基础设施建设,城市的发展吸引了更多的外部资金。与外资的引进规模相对应的长三角的城镇化呈现出以下三个阶段的特征。

第一阶段,1979~1991年(改革初期),FDI区位选择更为关注语言相通和地域相邻,FDI主要来自港澳台地区,在这一阶段广东引进的外资规模遥遥领先于上海和江苏(见图3-1),而同时广东的GDP增长速度也明显高于上海(见图3-2),广东的经济增长最快。

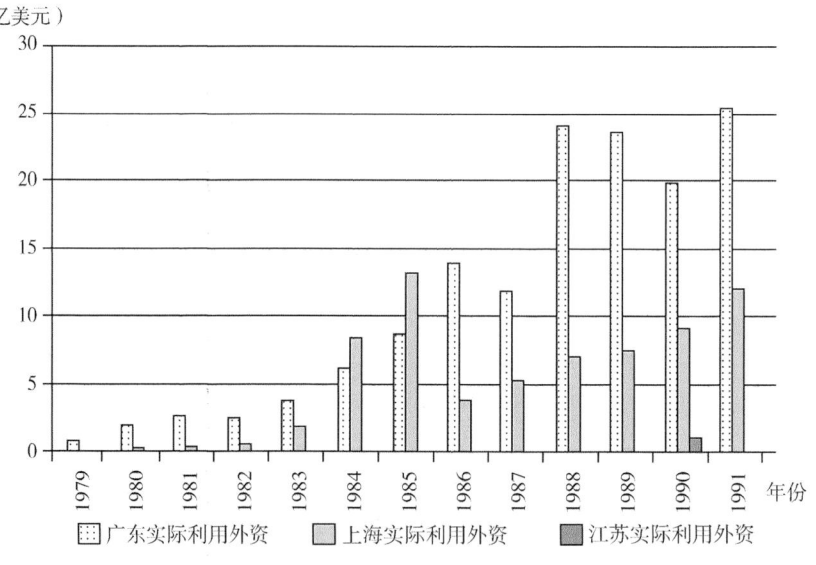

图3-1　1979~1991年广东与上海、江苏引进外资比较

与此同时,江苏的城镇化发展,从低位开始启动,但提升速度不快(见图3-3),乡镇企业还难以吸引大量的农村剩余劳动力,而引进外资规模还非常低。

第三章　长三角城市群崛起与治理结构变革

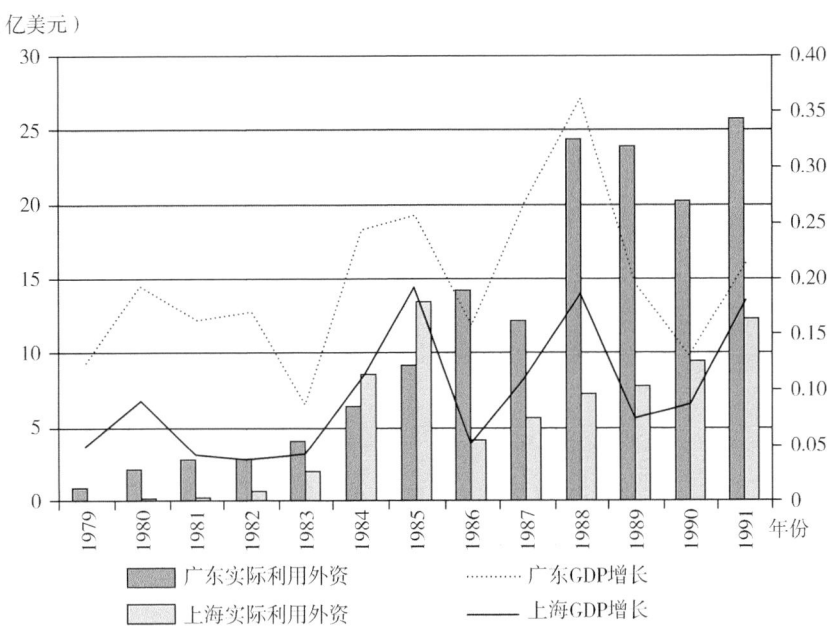

图 3-2　1979~1991 年广东与上海引进外资与 GDP 增速

资料来源：上海、广东统计年鉴。

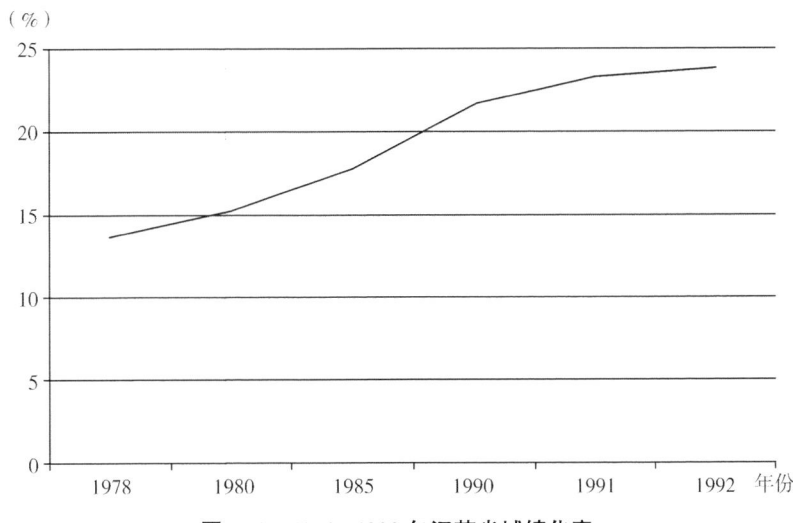

图 3-3　1978~1992 年江苏省城镇化率

资料来源：江苏省统计年鉴。

第二阶段，1992~2000年（改革中期），FDI区位选择更为关注政策优势、商业氛围，长三角以其悠久的工商传统、良好的社会秩序、政府强力引资的优越政策吸引了的更多的海外投资（见图3-4），成为FDI首选地区。

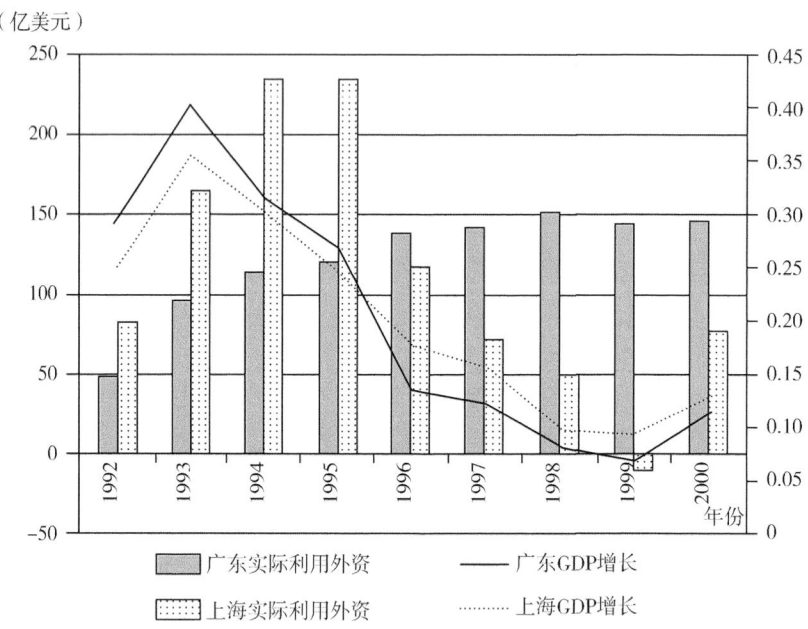

图3-4　1992~2000年广东与上海引进外资与GDP增速

资料来源：广东、上海统计年鉴。

1992年后，改革开放进入一个新的阶段，对外开放的政策向纵深推进，以浦东为龙头的6个沿江城市、以珲春为代表的13个延边城市和以太原、兰州为代表的13个内陆省会城市开放，以全球500强为代表的大型跨国公司纷纷来华投资，外商直接投资开始大量涌入中国。仅在1992年当年就比1991年增加一倍以上，超过了100亿美元。到1996年，更是突破了400亿美元大关。伴随着各种投资软硬环境的不断改善，来自欧美等发达国家的直接投资有了显著的增加。这一阶段虽然外资流入的规模和目标地区不断扩大，但主要目的地仍然是广东及长三角地区，而且影响外资流入的最主要因素是投资环境，尤其是政策因素（鲁明泓等，2002）。

在这一阶段，长三角各城市依靠地方政府创造性的工作方式，吸引了越来越多的外资，工业进入快速发展阶段，大量的农村人口进入城市，城镇化水平上升很快（见图3-5）。

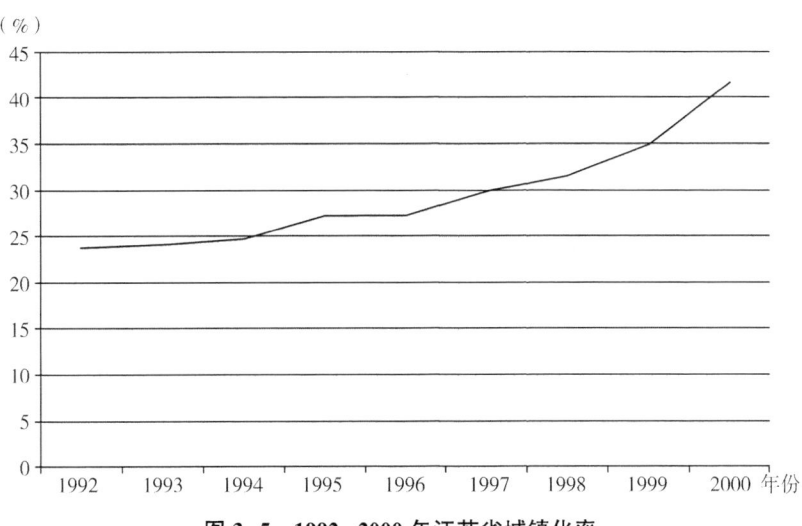

图3-5　1992~2000年江苏省城镇化率

资料来源：江苏省统计年鉴。

第三阶段，改革中后期（2001年至今），FDI区位选择更为关注人文精神和商业伦理，FDI流入规模与当地深层次的文化基因和市场理念密切相关，FDI是GDP增长的重要推动因素（见图3-6）。

2000年后，中国加入WTO，对外开放的程度进一步加深，外资在华投资也进入了一个稳定发展阶段。在这一阶段最显著的特点是外资来源的多元化和形式的多样化，长三角地区吸引的外商投资赶上和超过了珠三角地区。中国的市场和法律环境进一步提升，外资的规模和质量水平也不断提高，并购成为外资切入中国市场的主导形式，研发和服务业成为外商投资的重点领域。越来越多的外籍专业人士来到中国，对于人文环境和商业文化的需求逐渐成为区域选择最重要的因素。

与此同时，长三角城市群快速崛起，城镇化率快速提升（见图3-7），城市之间通过高铁、高速公路、长江航运、航空构建一个密集的城市网络，长三角核心15个城市全部进入上海1小时经济圈。

长三角城市群现已包括沪苏浙皖的30座城市，覆盖江浙沪全境，并正在向安徽全境扩张，所有中小城市全部纳入距离上海"2小时经济圈"，是我国经济总量规模最大的经济区。长三角城市群，一个占全国1/50陆地面积、1/10

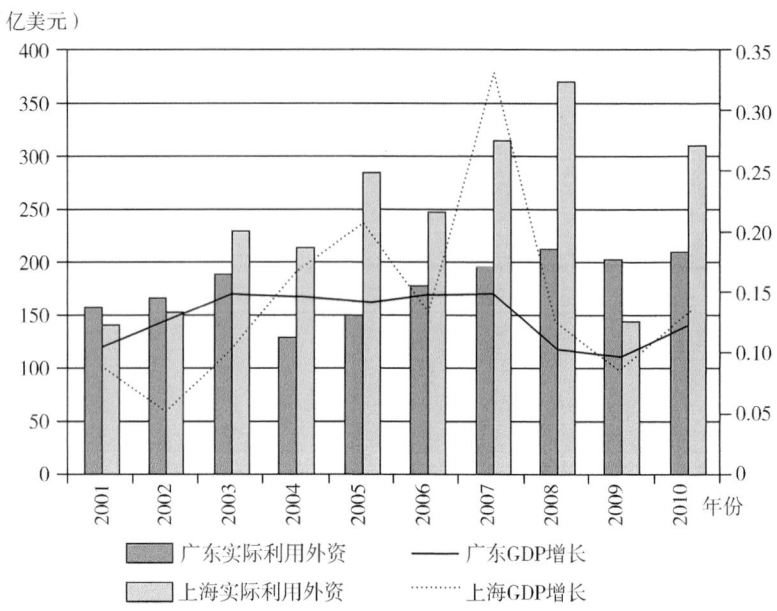

图 3-6　2001~2010 年广东与上海引进外资及 GDP 增速

资料来源：广东和上海统计年鉴。

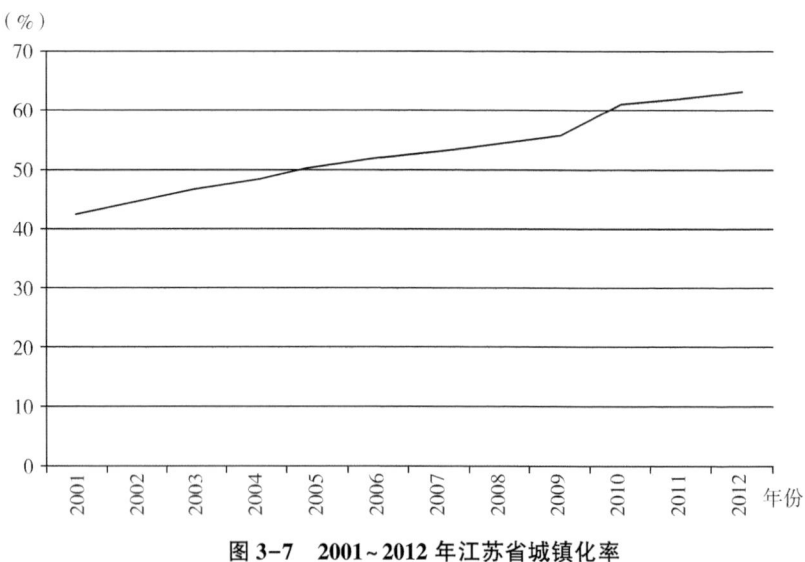

图 3-7　2001~2012 年江苏省城镇化率

资料来源：江苏省统计年鉴。

人口的地方，创造出了占全国 1/5 的国内生产总值、1/4 的财政收入和进出口总额。长江三角洲城市群是我国乃至世界经济增长最迅速、城市化进程最快的地区之一，人口数量已超越北美、西欧、日本的世界级城市群，达到 1.57 亿，并有可能突破 2 亿。目前城市化率已达到 63.7%，人均 GDP 超过 15000 美元（以上为 2011 年国家统计局数据）。

第三节 长三角产业集聚与治理结构变革

依靠外资的引进、大量富余的农村劳动力，长三角的工业快速发展（见表3-1），推动了 GDP 的快速增长（见图3-8），形成了产业的快速集聚，长三角形成了多个产业集群。

表 3-1 长三角 2004~2010 年主要城市规模以上工业增长速度

单位：%

年份城市	2004	2005	2006	2007	2008	2009	2010
上海	24.58	22.37	17.79	19.85	12.85	-4.10	25.00
南京	25.67	28.86	15.49	23.34	14.64	2.47	26.61
苏州	46.84	35.59	26.54	26.88	17.10	8.88	21.53
无锡	35.96	29.01	25.64	94.57	15.11	5.35	15.00
常州	67.42	17.72	31.53	29.15	22.24	15.06	23.62
镇江	25.46	24.07	22.34	31.68	29.64	16.54	29.33
南通	42.30	34.02	37.61	36.61	28.12	18.06	21.14
扬州	31.16	31.94	30.58	36.95	35.77	26.80	31.67
泰州	35.39	22.00	36.80	36.77	29.57	28.13	30.07
杭州	29.56	31.14	28.20	19.73	12.31	0.12	18.00
宁波	45.04	28.20	26.52	22.50	15.39	-5.41	31.19
嘉兴	37.40	24.92	23.41	24.14	11.99	4.80	30.26
湖州	33.60	0.00	34.34	71.00	-39.85	98.13	27.55
绍兴	27.90	32.62	-11.47	71.07	10.93	2.18	23.17
舟山	44.95	27.70	29.78	31.40	39.08	20.12	21.31
台州	41.54	28.44	13.98	50.62	-3.53	-0.27	26.51

资料来源：长三角 16 个城市统计年鉴。

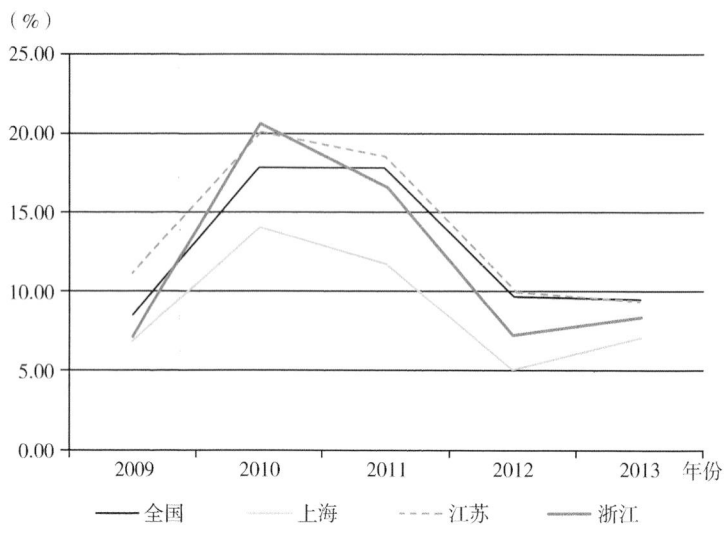

图 3-8　长三角 GDP 增速

资料来源：国家、上海、江苏、浙江统计年鉴。

长三角现已形成规模以上总产值超 4.4 万亿元的电子信息产业集群（2012年规模以上），约占全国电子信息产业总产值的 1/3。拥有包括上海贝尔、华虹集团、中芯国际等集成电路研发制造企业，以南京熊猫为代表的液晶显示、终端设备，以烽火通信为代表的光通信产业，以网新科技、阿里巴巴等为代表的软件与信息服务业。

长三角的装备制造业最为成熟，产业分工体系最为复杂，已形成以汽车、船舶、精密机械、通用设备、专用设备为代表的先进制造业体系，装备制造业 2012 年规模以上产值达到 3 万亿元，占全国该产业总产值约 24%，企业单位数占全国约 35%。反映了长三角在装备制造业领域的强大配套能力。

长三角汽车业技术领先，拥有上海大众、上海通用、上海华普、浙江吉利、南京依维柯、江苏亚星等多个品牌，已经形成以上海为核心的中高档乘用车、以江苏为核心的多功能商用车、以浙江为核心的零配件配套的产业格局。上市公司 2013 年总收入达到 7100 亿元，约占全部汽车业上市公司的 60%。

长三角纺织业（包括纺织和纺织服装业）集聚程度最高，长三角两省一市纺织业总产值占全国总产值 37%，企业单位数占全国单位数 40%。长三角纺织业已开始向北部东部沿海和中部地区转移。

长三角钢铁产业位于国内第一方阵，依靠沿海优势，下游庞大的汽车和船

第三章 长三角城市群崛起与治理结构变革

舶产业,产业链优势显著,在行业中处于高端位置。随着全球增长方式转变和国内经济转型,钢铁产业的整体产能过剩将严重影响钢铁企业的发展,提升产业层次,全球产业布局将成为钢铁企业转型发展的主要思路。

外商在长三角的投资方式随时间在不断变化,在 1979~1982 年,合作经营占据 45.6%,合作开发占据 42.6%,两者合计占 88.2%。到 1991 年合资经营占到 52.6%,合作经营占到 17.5%,两者合计占到 70.1%。随着改革开放的进一步深入,投资环境的不断改善,外商直接投资进一步增加,1997 年,独资经营占到了 35.8%,1999 年又上升到了 38.6%。2001 年外商直接投资为 468.8 亿美元,占 47.1%,2002 年外商直接投资为 527.4 亿美元,占 41.1%[①],直接投资成为了主要的投资方式,合作经营比重不断减少,合作开发已经很少采用。

随着外资的不断进入,生产经营外部环境发生变化,苏南乡镇企业从与国有企业建立产品配套关系,形成区域经营网络,逐步转换为与外资企业建立产品配套关系,产品逐渐转向海外市场,原有的发展模式"苏南模式"受到挑战。外商的合资企业和外商独资企业规范的治理结构推动乡镇企业的治理结构不断变革。苏南模式是以政府推动、乡镇企业以及集体经济性质为特征的。在特定历史阶段,政府推动对苏南乡镇企业发展所起的作用是巨大的。政府推动,使社会上的人力、物力、财力等生产要素组织起来,迅速形成生产力;政府推动,使得城镇的基础设施和公用事业得以较好发展,促进了社区繁荣。但是在"苏南模式"中,政府始终处于资源配置的核心位置,导致政府与快速发展的市场之间形成了冲突,政府已经影响到市场中心作用的发挥,2000 年以后苏南加快了政府机制改革,推动企业股份制改造,减少政府干预,突出企业的主体作用。苏南乡镇企业走上了自我创新、自我发展的道路。

红豆集团在 1993 年初步完成了以集体经济为主的乡镇企业向股份制企业的转型,通过员工持股,政府退出大股东地位,由乡镇企业向现代股份制公司过渡,形成新苏南模式。

1993~1999 年这 7 年间,无锡逐渐形成了以红豆为代表的锡山乡镇企业群和以阳光、海澜为代表的江阴乡镇企业群。地方政府的组织和引导功能发挥得淋漓尽致,到 1999 年,仅江阴就拥有企业集团 150 多家,有 12 家大集团利税超亿元。

2000 年以后,以红豆集团为代表的长三角企业纷纷上市,通过资本市场

---

① 张永军,谢毅. 开发区时代引进外资的制度变迁分析 [J]. 生产力研究,2005 (12).

规范企业治理结构，掀起新一轮上市高潮。长三角拥有689家上市公司，占全部上市公司总数的27%，形成中国资本市场中最大的一个区域板块。仅江阴一县就拥有上市公司30家（2011年数据），积极利用资本市场，使得长三角可以集聚全国资本，快速建立覆盖全国的经销网络。

政府的作用在转型，但长三角企业治理中仍离不开政府引导作用的发挥，亲商是苏州各级政府部门服务外资企业的一个形象说法。过去是靠"管"后来靠"服务"，现在不仅要服务，而且要"满意服务"。亲商是从商务的角度来思考政府的执法公共行为，包括创造一些公共的平台，为企业提供升值服务。"需求未到、基础先行"，"超前谋划、规划第一"，可以说是"亲商"工作的核心理念。伴随着开发区竞争的不断升级，区域服务功能的价值逐步凸显。过去，园区亲商通过基础设施到位、优惠政策配套、政府服务高效、产业链不断完善来体现。现在亲商理念更多的是与优化投资环境相结合，通过发展现代服务业来为企业发展提供需要的物流、信息流、资金流和人才流，从而达到亲商、安商、富商、便商的目的。

外资通过独资、合资、合作、股份制投资长三角，在20世纪80年代和90年代初期主要采取合资经营和合作经营的方式，外资与国有资本、民营资本在合作中共同成长，外资的规范和契约意识对国有股权和民营股权治理能力的提升，具有极大的作用。如法国达能收购娃哈哈51%股权，在1996年合资起初只有不足2000名员工，年销售规模10亿元，年利润2亿元，通过与国际饮料巨头合作，得到了资金、技术、管理上的帮助，建立全球领先的生产线，迅速扩大规模，提高了核心竞争力，加快了发展速度，到2007年娃哈哈实现收入258亿元，利税50亿元，总资产达到178亿元。从娃哈哈的发展历史看，正是在与法国达能合资后，开展了大规模的兼并扩张，先后在湖北宜昌和红安、四川广元、吉林靖宇及沈阳、长沙、天津、河北高碑店、安徽巢湖等26个省市建立了40余家控股子公司，成功开发出"非常可乐"等产品。娃哈哈的成功与创业企业家宗庆后的创业精神分不开，但达能进驻后引导建立的现代企业制度，规范的董事会决策流程，使得娃哈哈迅速从"草根"式个人风格企业转变为一个现代化企业。虽然最后达能与娃哈哈的合作不欢而散，但是从达能与宗庆后的合作10年的争吵中，娃哈哈受到现代企业制度的深刻影响，在治理结构上上升到新的阶段，董事会在重大投资方面经过多轮讨论、决策，虽然有些议案最终被否决后宗庆后通过体外公司成功实施，但董事会的讨论为方案的实施奠定了很好的基础，防范了项目实施过程中的各种风险，娃哈哈在董事会的引导下在国内快速扩张，建立了覆盖全国的生产经营网络，并且能够稳定地控制和管理，成功规避了其他国内企业快速扩展期管理失控的惨痛教训。

阿尔卡特与上海贝尔的合资是另一个典型案例，阿尔卡特持有上海贝尔的股份为50%+1%股，中方国有资本持有50%-1%股；中外双方的股份基本相等，因此双方遵循"出资者按投入公司的资本额享有所有者的资产收益、重大决策和选择管理者等权利"的原则，实施共同管理。中外方各有四人进入董事会。上海贝尔按照国际化标准不断实践、完善了高效的企业法人治理架构，形成了由股东大会、董事会、监事会和董事会下属三个专业委员会（战略发展/人力资源/内部审计）以及公司执行委员会组成的法人治理结构，董事会研究公司中长期发展的战略规划、业务架构、经营方针；改进公司薪酬体系与高管人员的考核聘任制度；加强审计流程，完善了风险控制体系。上海贝尔作为中国通信领域及高新技术领域的第一家中外合资企业，克服了国际上对中国的技术封锁，国内相关市场尚未形成等众多困难，充分发挥现代企业治理结构的作用，外资和国资按照出资比例，通过董事会发挥正确的决策和监督作用，引导企业制定了切实可行的企业经营战略及投资战略，选配优秀的干部人才队伍，实施强有力的内部审计监督，确立了上海贝尔在国内电信设备制造行业的领先地位。

上海贝尔通过特殊治理结构的设置，使得企业的产品、技术完全融入到阿尔卡特全球生产销售网络和技术库，纳入阿尔卡特的全球外包加工业务的策略体系，经过数年发展，上海贝尔成为了阿尔卡特朗讯全球最大的生产制造、采购供货和物流服务中心之一。

外资进入中国开始主要集中在制造业，从轻工业到装备制造、重化工工业，2000年以后逐步转向服务业（尤其是银行业和公用事业），如美国新桥并购深发展，法国通用水务并购上海自来水浦东有限责任公司等。

外资进入中国从合资、合股逐渐到独资经营，从分散的单个产品或部分零配件的生产，发展到在工业园区的集聚，形成较为完整的电子信息、机械设备的装配产业链。从而在长三角形成外资、国资、民资三类资本的大产业集群，三类资本通过产品市场链接在一起，通过金融要素市场形成对治理结构的相互影响，外资引领长三角形成与全球主要产业链的链接。外资在治理结构、技术、品牌等各个方面为国内资本树立了标杆，长三角的国内企业在外资的引领下快速与国际接轨，市场的国际化程度大大增强，外资银行、投资机构、财务公司进驻长三角，为长三角带来资金和现代管理理念，长三角企业也在积极开拓海外市场，从产品出口，到资本出口，在海外设立分子公司，直接投资和并购海外企业，长三角企业越来越多地与海外市场联系在一起。

外资在长三角的集中投资使得长三角成为全球生产制造中心，由于外资在长三角各城市产业的均值化布局，使得长三角城市群的产业结构高度相似（见表3-2）。长三角地区外商投资分布呈现出以上海为中心，沿着沪宁线和沪杭线向南北梯度递减的分布特征。带动长三角的工业结构也呈现沿沪宁线、沪杭线因邻近上海而与上海相似性更强，逐渐向边缘城市扩散的格局，距离上海最近的苏州、无锡相似程度要比其他城市高一些，当然区域中心城市南京、杭州与上海的工业相似程度一直较高。

表3-2 长三角主要城市与上海的工业相似系数

年份 城市	2004	2005	2006	2007	2008	2009	2010	2011
南京	0.880324	0.901567	0.904355	0.876778	0.882344	0.886251	0.869938	0.885000
苏州	0.829593	0.880557	0.900415	0.887245	0.900445	0.885861	0.845440	0.841527
无锡	0.812717	0.782414	0.796239	0.798517	0.824590	0.798813	0.785594	0.803632
杭州	0.780565	0.830952	0.841809	0.873304	0.793190	0.777987	0.743327	0.759496
宁波	0.733267	0.679438	0.681929	0.713048	0.789211	0.795643	0.763624	0.759682
湖州	0.329753	0.333397	0.355706	0.368489	0.431611	0.069386	0.457580	0.466245
绍兴	0.298209	0.250345	0.278373	0.294375	0.305277	0.324131	0.329786	0.343606
舟山	0.292812	0.241258	0.210949	0.314149	0.343865	0.415097	0.415097	0.415097
南通	0.512325	0.512425	0.510398	0.517439	0.526081	0.584599	0.621851	0.629696
扬州	0.580197	0.597768	0.585624	0.638998	0.658555	0.685725	0.727265	0.730375
泰州	0.629990	0.593462	0.595077	0.615564	0.669389	0.710279	0.745609	0.752193
嘉兴	0.507540	0.367023	0.422939	0.428476	0.442963	0.473693	0.470880	0.477891

资料来源：长三角核心城市2004~2011年的统计年鉴。

长三角外资集中布局制造业，制造业中电子及通信设备制造业位居外商投资行业的首位，占了外商投资制造业总量的15.4%，化学原料及制品制造业、交通运输设备制造业、电气机械及器材制造业、普通机械制造业等行业投资量之和所占份额为35.5%[①]。而这些产业都成长为长三角各城市的支柱产业。

---

① 王方，全伟.长三角地区外商投资的区域分布及产业结构分析[J].华东经济管理，2004（2）.

2000年以后随着外资对长三角投资加速，16个城市工业发展进入快速轨道，产业的趋同有日益加深的趋势，李清娟（2006）指出长三角城市中选择汽车为主导产业的有11个城市，选择石化的有8个城市，选择通信产业的有12个城市，伴随着集聚效应，产业开始向中小城市转移，大城市间的产业相似度有所下降，而中小城市与大城市的产业相似度有所上升。根据我们的测算，长三角主要城市工业同构程度—相似系数有收敛的趋势，如上海与南京、苏州、无锡、杭州和宁波之间的工业相似系数有收敛的趋势；中小城市则有持续上升的趋势，南通、扬州、泰州、嘉兴、绍兴和舟山的工业结构与上海的相似系数越来越高。

由外资引导长三角顺利融入全球产业链，成为全球产业链中的重要节点。与此同时，外资在长三角的投资呈现差异化，2004年以后上海凭借与全球城市网络密切联系的优势成为跨国公司区域总部和生产性服务业基地，而制造环节则向长三角其他城市梯次转移。如上海的漕河泾开发区从微电子工业区、出口加工基地逐步转型为多功能综合科技产业园，实现从制造基地向总部基地、研究中心的转型。与此同时，漕河泾通过园区共建、区区合作、飞地经济等方式，引导国际产业资本与长三角其他地区的土地和人力有效结合，与江苏共建两个分区，把制造部分转向分区。长三角形成以上海为高层次生产服务中心，苏州无锡为高科技服务和制造中心，苏中、苏北地区为制造中心的经营网络，在高铁、高速公路、江海运河等交通网络的基础上，长三角的经济一体化程度越来越高，工业结构的相似程度越来越高，产业联系越来越紧密，形成区域金融服务、商业贸易、钢铁、石化、汽车、船舶、生物医药等经营网络。

长三角的社会消费品零售总额保持在全国15%左右规模（见表3-3），以上海、南京、杭州为中心的商业贸易中心城市对周边城市形成较强辐射，长三角拥有浙江物产集团唯一商贸领域的世界500强，商贸服务领域的专业化和集聚程度还有待加强。

表3-3　长三角进出口贸易与社会消费品零售总额

单位：亿元

	社会消费品零售总额	海关进口总额	海关出口总额
全国2012年	210307	18184.1	20487.1
长三角2012年	31533.25	5215.59	6980.38
长三角比重（%）	14.99	28.68	34.07

续表

	社会消费品零售总额	海关进口总额	海关出口总额
全国2011年	183919	17434.8	18983.8
长三角2011年	27738.76	5329.34	6874.62
长三角比重（%）	15.08	30.57	36.21

资料来源：国家、上海、江苏、浙江统计年鉴。

长三角的商业贸易网络形成以上海、杭州、南京为中心的多中心网络格局（见图3-9），但是网络相对松散，南京和杭州跨区的商业联系较少，商贸一体化服务还有待加强。

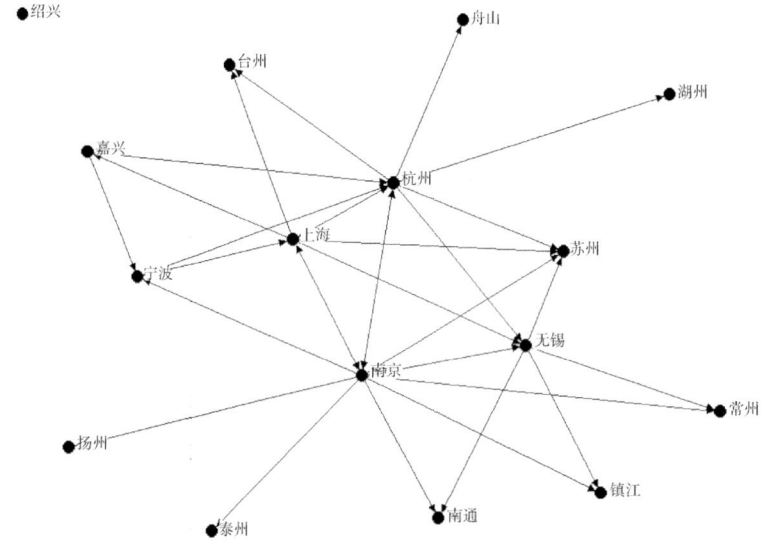

图3-9 长三角商业贸易网络

资料来源：长三角16个城市商业零售上市公司年报。

长三角银行服务网络较为密集，形成以上海为中心，杭州、南京和宁波为分中心的网络架构（见图3-10），但目前实现跨区服务的主要是交通银行、浦发银行以及浙江的中小民营银行，大量的城市和农村商业银行则缺少跨区服务的渠道，金融资源区域沉淀。

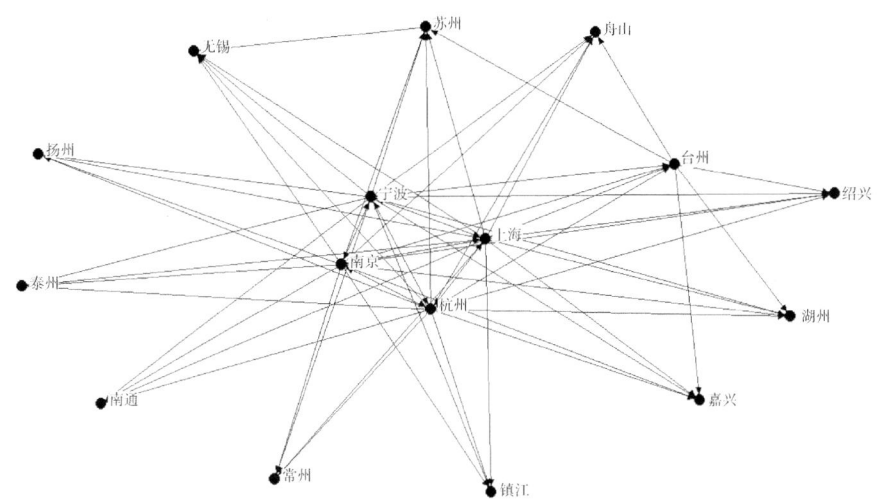

图 3-10　长三角银行服务网络

资料来源：长三角 16 个城市上市银行年报。

长三角拥有全国最为密集的证券服务网络，区域内拥有 29 家证券公司，还有大量的国内外证券机构的分、子机构，已经形成以上海为中心，南京、杭州、苏州、无锡为重要节点的网络架构（见图 3-11），正在形成以上海为中心的综合证券服务，其他节点城市向专业服务方向发展的趋势。

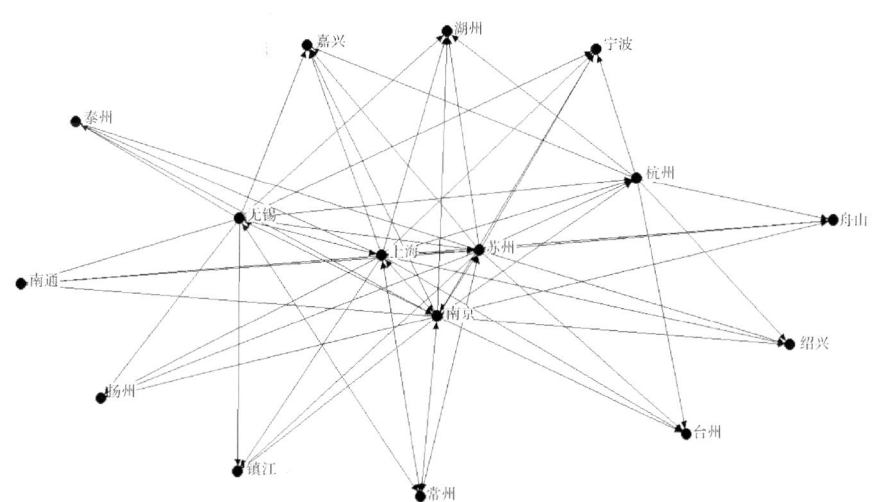

图 3-11　长三角证券服务网络

资料来源：证券业协会网站数据。

长三角的协同创新网络。长三角有多种类型的创新模式，有科技与金融相结合的张江模式，有市场导向与外源技术导向相结合的浙江模式，也有FDI外溢导向的江苏模式。以生物医药产业为例，随着生物技术的快速发展以及与制药技术的融合，制药工业的知识密集度大幅提高，新药研发的难度越来越大，企业开始转向更多依赖外部增长动力，通过并购和联盟获取新技术平台，并购和联盟成为技术创新的主要途径，推动长三角形成以上海、南京、杭州为中心的协同创新网络（见图3-12）。

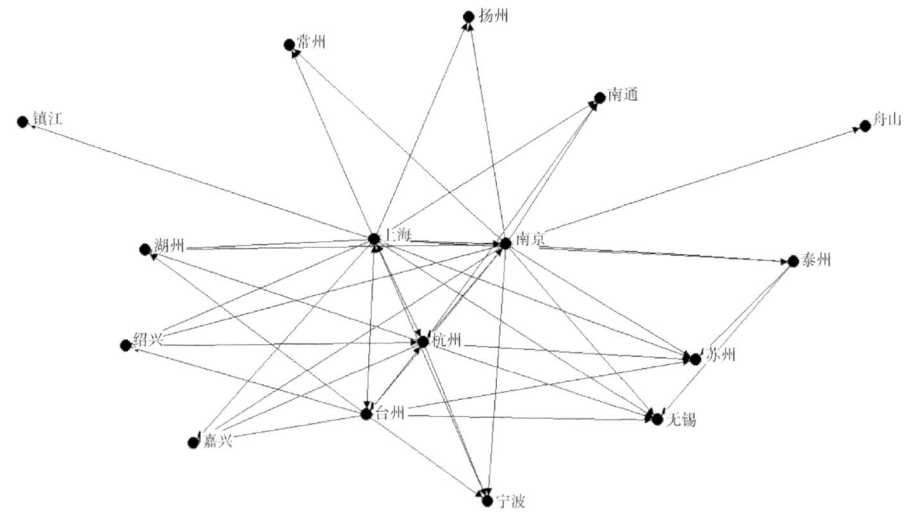

图3-12 长三角生物医药协同创新网络

资料来源：长三角16个城市上市医药企业年报。

长三角拥有全国最具规模的医药工业企业上药集团、扬子江药业，也有恒瑞制药、正大天晴等创新能力突出、处于特色专科领域的制药企业，还有上海医药工业研究院这样的综合研发机构。区域内创新主体各具特点，形成多个不同特色板块，如浙江台州的化学原料药板块、江苏泰州的中成药板块、江苏连云港的化学药板块、杭州和南京的注射剂板块等。长三角已经形成上海张江高科技园区、无锡马山国家生命科学园等研发代理产业集聚区，其中药明康德是全球唯一一家拥有从药物发现到临床试验的全新药物研发链的企业，也是中国目前规模最大、发展最快、盈利能力最强的医药研发企业。长三角正在深化区内的同类资源整合，推动企业增强竞争力，向专利药方向发展，走向国际市场。

长三角已经拥有比较成功的研发型企业与制造型企业的战略联盟,如上海医药工业研究院与海正、华海、恒瑞、浙江医药的合作,复旦张江与南京医药的合作更深入一步,通过产权关系构筑稳定的联盟关系。因此长三角未来可以以研发型企业为核心构筑紧密型战略同盟,通过研发型企业与生产制造型企业合作关系的深入发展,逐步形成产权投资关系,整合具有优势互补效应的研发和制造营销资源,打造有核心竞争实力的现代医药产业集团。

第四节　上海自贸区推动上海及长三角与全球产业链全面对接

上海自贸区全面改善贸易便利化问题,并带动离岸金融、货币自由结算、利率市场化等一系列改革,这些改革将有利于推动上海全面提升以航运金融为代表的航运综合服务,汽车金融为代表的汽车综合服务,钢铁、石化为代表的大宗商品综合服务,全面融入全球产业链。

自贸区将提升航运金融、航运保险等为代表的各项航运综合配套服务,推动长三角企业打造全球供应链。上海港的经济腹地主要在长三角地区,主要的集疏运方式是公路运输,在上海港的集装箱吞吐量中长三角的箱量占85%~90%,其中一半为本地需求,一半来自江浙地区。但上海港仍然以满足国内航运需求为主,以物流服务为主,与国际航运中心鹿特丹、新加坡、伦敦相比,上海港在国际化和综合航运服务方面还有很大欠缺(见表3-4)。自贸区政策将直接推动上海港扩大开放,发展离岸贸易和转口贸易,推动跨国航运公司建立亚太地区总部,建立整合贸易、物流、结算等功能的营运中心。

表3-4　上海与鹿特丹、新加坡、伦敦航运金融对比

港口	航运公司	辅助企业	金融机构
鹿特丹	180家国际公司	3500家	900家金融、保险、电信、法律公司
新加坡	200家国际公司		德意志银行等船舶融资银行、信托基金
伦敦		1750家航运服务企业	50多家海运专业投资银行,193家海上保险公司,劳氏、经纪、保险机构

续表

港口	航运公司	辅助企业	金融机构
上海	中海集团、中远集运和上海国际港务（集团）股份有限公司的总部	2000余家航运物流类企业	

资料来源：王战等．互补·协调·联动（迟晓英等．推进长三角物流产业链一体化）[M]．南京：江苏人民出版社，2009．

自贸区将推动以汽车金融、汽车物流为代表的汽车综合服务业发展。自贸区的退税、高效率运转等制度变革将逐步向长三角扩展，推动汽车企业的进出口业务更加便利化。上汽集团已经将上海汽车国际商贸有限公司、上海汽车进出口有限公司转移到自贸区，作为上汽进口业务和海外出口业务的主要载体，充分享受自贸区的优惠政策。自贸区还将推动融国际融资、结算、仓储和航运等为一体的物流综合服务，上汽集团在自贸区正在建设汽车散件运作中心，准备把当前承载上海汽车物流业务的安吉物流整合进自贸区，打造上汽集团的"国际商贸平台"和"非制造类的海外区域营销投资平台"。自贸区还将为汽车金融的发展提供基础，推动汽车金融从消费信贷领域延伸到采购、生产制造等各个领域，为国际供应商、零配件经销商、生产厂商提供国际融资、结算、投资等方面的增值服务。

自贸区将推动钢铁、石化等大宗商品定价和综合服务能力的快速提升，我国的铁矿石和原油等大宗商品拥有全球最大需求量，但是却没有国际定价权，根源在于没有建立面向国际的交易平台，难以吸收境外企业参与商品期货交易，自贸区为探索设立国际大宗商品交易和资源配置平台奠定基础，推动钢铁、石化、有色、农产品等交易平台的建设，如宝钢集团拟在自贸区搭建铁矿石交易中心，上海钢联拟设大宗商品交易中心，上海有色网拟建有色金属交易中心，迈科金融拟建有色金融交易中心，北京全国棉花交易市场拟建棉花交易中心，易贸集团拟建液化工品交易中心，上海石油交易所拟建石油天然气交易中心，上海华通铂银交易市场拟建白银交易中心等。

自贸区改革将推动上海金融市场全面融入全球市场，上海金融市场虽然在规模上已经排列国际前列，但由于资本项目暂不开放，国际资金只有通过QFII和RQFII渠道进入，上海证券指数尚未纳入国际指数系列（如MSCI等），上海金融市场仍是一个相对封闭的市场。沪港通的实施将使得上海金融市场的开放更进一步，未来自贸区政策向上海浦东乃至全境推广，上海金融市场直接与国际市场接轨，将提升金融服务业的规模和效率，改善金融机构治理水平，带动长三角及长江经济带产业调整升级，融入全球产业分工体系。

第四章 羌马巢产业选择

第一节 长江经济带产业发展现状

根据国家计委有关文件划定，长江经济带横跨七省二市，包括了东起上海西到攀枝花的41个地市，长江经济带总面积约为148.23万平方公里，占全国总面积的15.44%；人口约为4.86亿，占全国总人口的37.18%；地区生产总值81201.78亿元，占全国生产总值的46%。

长江经济带中四座中心城市上海、南京、武汉、重庆生产总值占七省二市生产总值的1/4，第二产业增加值占七省二市增加值的24%，第三产业增加值占七省二市增加值的32%，发挥了区域增长极的作用。[①]

四座中心城市，重庆、武汉、南京、上海沿长江流向第一产业比例逐步下降，第三产业比例逐步上升，第二产业比例保持稳定（见图4-1）。重庆以汽车为代表的装备制造业占工业总产值的48%；武汉装备制造业同样占据第一，占工业总产值比重为37%；南京装备制造占比18%，电子信息占比27%；上海装备制造业占比为34%，电子信息则高达29%。[②]

四座中心城市产业同构性较强，重庆和武汉都是以交通运输设备作为第一工业，上海排第二，而南京排第五。钢铁同样是沿江城市共同的选择，钢铁行业重庆、武汉、南京、上海四市工业排名分列第五、第二、第三、第六。化学原料及化学制品在重庆、南京、上海分列工业行业第二、第二、第四位。

通过比较四座中心城市产业结构发现，重庆的产业差异度较大，主要依赖于交通运输设备产业；南京和上海则差异度较小，产业分布较为均匀。重庆和

[①] 长江经济带七省二市统计年鉴数据计算。
[②] 四座中心城市2009年统计年鉴。

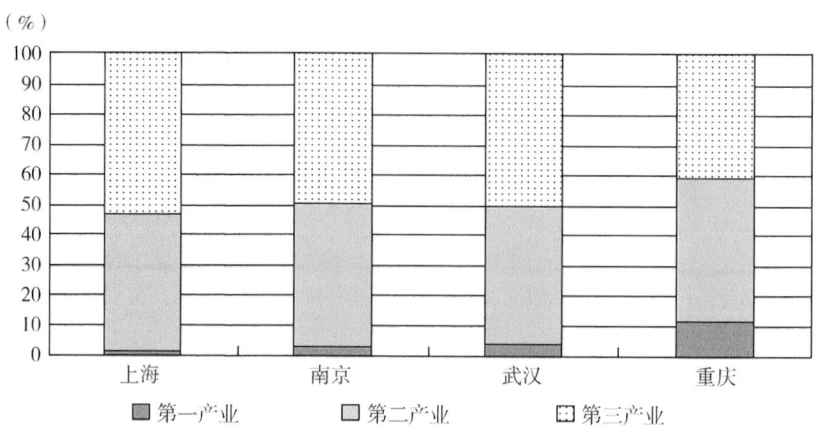

图4-1 四座中心城市三次产业结构

资料来源：上海、南京、武汉、重庆2009年统计年鉴。

武汉基础能源—电力工业排在第四和第三，而南京和上海则位置明显后移。重庆和武汉电子信息产业比重不大，而南京和上海电子信息都是第一产业。通过对四座中心城市合计数据进行分析，我们发现电子信息、交通运输设备、钢铁冶炼、化工及通用设备等产业是规模最大的行业。区位商较高的是交通运输设备、电子信息、通用设备和化工。

沿长江形成中国的装备制造业走廊，七省二市交通运输设备占全国总产值的37.06%，其中江苏、上海、湖北、重庆分列第一、第五、第六、第九名；四座中心城市，重庆、武汉、南京、上海的交通运输设备制造业占全国总产值比重达18.8%（见图4-2）。江苏沿江八大城市装备制造业占江苏省装备制造业总产值比重达90%以上。①

沿长江形成中国的电子信息产业发展轴，七省二市通信设备计算机及其他制造业占全国总产值的38.68%，其中江苏、上海、四川、湖北分列第二、第三、第九、第十一名；四座中心城市，重庆、武汉、南京、上海的通信设备计算机及其他制造业占全国总产值比重达16.2%（见图4-3），并沿长江流向呈快速上升趋势。江苏沿江八大城市通信设备计算机及其他制造业占江苏省总产值比重达96%。②

---

①② 长江经济带七省二市2009年统计年鉴。

第四章 芜马巢产业选择

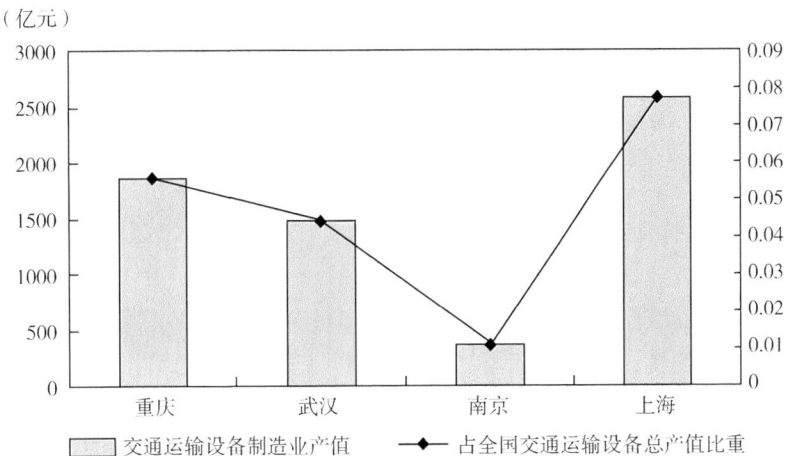

图 4-2　长江经济带四座中心城市交通运输产业产值及占全国比重

资料来源：根据国家以及四城市统计年鉴计算。

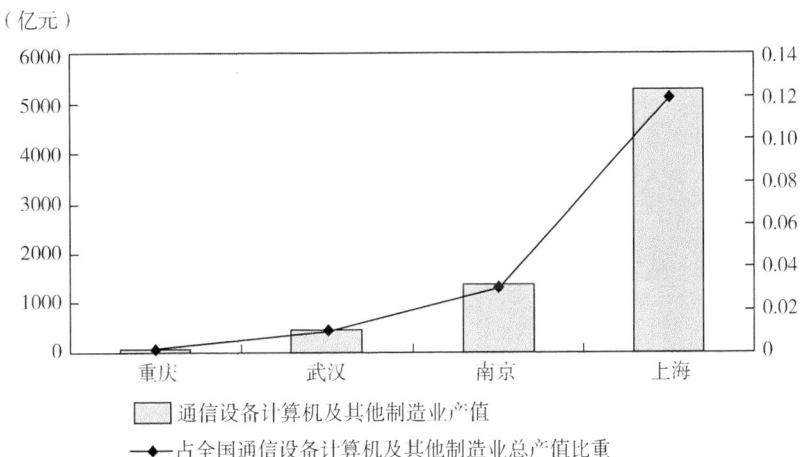

图 4-3　长江经济带四座中心城市通信设备计算机及其他制造产业产值及占全国比重

资料来源：《国家统计年鉴》（2009）及四城市 2009 年统计年鉴。

皖江经济带正处于长江经济带的中枢环节，承东启西，地理位置非常优越。皖江经济带可以成为东部沿海向内产业转移的第一站，也可以成为中西部地区与东部沿海经济接轨的桥头堡。

皖江经济带可以成为长三角的"凤尾"，也可以成为中西部的"牛头"。长三角的先进制造经验和中西部丰富的要素资源禀赋将在皖江集聚升华。

第二节 皖江城市带产业特点

皖江城市带是安徽重要的能源和原材料基地,城市带九市人均 GDP 基本超过 1 万元,马鞍山、铜陵、芜湖居全省前三,工业化水平较高,工业化系数(工业增加值/农业增加值)均超过 4。

皖江城市带沿江六市占到安徽省总人口的 32%,生产总值的 54%,第二产业增加值的 61%,第三产业增加值的 53%。

两座矿藏市和两个农业市及两个综合工业市。沿江六市在产业上各具特点,其中铜陵和马鞍山的工业比重最大,以钢铁和铜加工为主导的第二产业分别占到生产总值的 67% 和 68%。巢湖和池州的第一产业比重最大,分别占到生产总值的 21% 和 20%(见图 4-4)。反映出这些城市主要依赖自然资源和原材料加工。

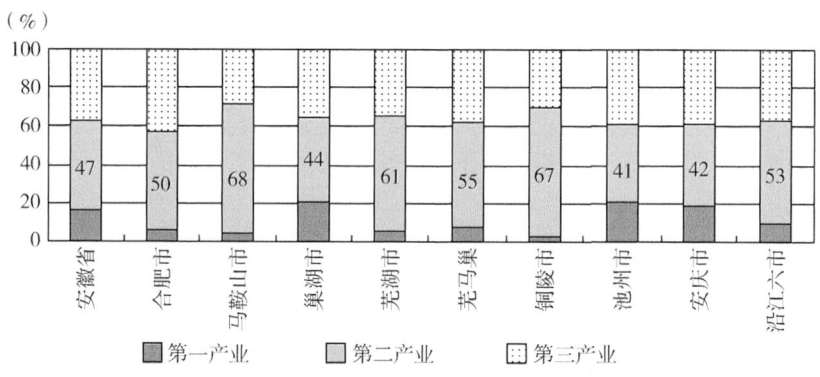

图 4-4 合肥及沿江六市三次产业结构

资料来源:《安徽省统计年鉴》(2008)。

皖江城市带沿江六市处于长江装备制造产业带上,有发展装备制造业的良好基础,在芜湖发展自主品牌乘用车,合肥发展商用汽车优势的基础上,带动周边整条产业链的发展,汽车、工程机械、电气设备等产业在全国具有一定的优势;从现有产业链来看,沿江六市拥有在装备制造业的上游优势产业(石化工业、钢铁行业、有色金属行业等),下游产业(房地产业、电信投资业、基础设施建设等)发展也紧跟其后。以巢湖和芜湖相接的芜马巢产业集中区贯通两大整车企业奇瑞和江淮的产业扩张,形成装备制造业沿江发展轴和合杭发展轴的交汇。

第三节 芜马巢现状

芜马巢产业集中区处于合肥市都市圈、马鞍山经济圈、芜湖市经济圈覆盖范围内,其中合肥将对集中区形成直接辐射,芜湖和马鞍山则与直管区形成产业共生生态系统。

合芜马巢四市生产总值共占安徽省近40%,金融业、第二产业分别占安徽省金融业、第二产业增加值的52%和47%。

四城市中巢湖市工业基础最为薄弱,第二产业比例低于45%;马鞍山市工业比重最高,达68%;合肥市第三产业比重最高,接近45%;所有城市的第二产业近三年比重持续增长,合芜马巢第二产业平均比重超过50%。

一、芜湖产业特点

芜湖是皖江城市带的双核之一,工业基础较为发达。从三次产业结构分析,芜湖的第二产业比重一直在50%以上,还在不断增强,而第三产业和第一产业的比重都在不断减少,显示城市处于工业化中期(见图4-5)。2008年芜湖的人均生产总值为33026元,按照钱纳里模型(见表4-1),芜湖人均GDP为3993美元,应处于工业化的高级阶段,综合考虑芜湖应该处于工业化中后阶段。

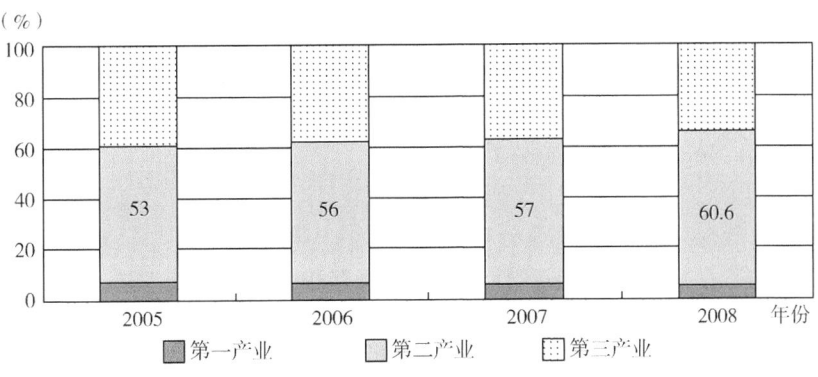

图4-5 芜湖市三次产业结构

资料来源:芜湖市统计年鉴(2006~2009)。

表 4-1 钱纳里模型

时期	人均 GDP（1982 年美元）	经济发展阶段	
1	364~728	初级产品生产阶段	
2	728~1456	初级阶段	工业化阶段
3	1456~2912	中级阶段	
4	2912~5460	高级阶段	
5	5460~8736	初级阶段	发达经济阶段
6	8736~13104	高级阶段	

芜湖三大支柱产业对经济贡献巨大，汽车及零部件、新型材料、电子电器三大支柱产业对规模以上工业产值贡献率高达80%左右。芜湖第三产业以物流业为主（见图4-6），但优势并不突出，第三产业总体发展滞后。

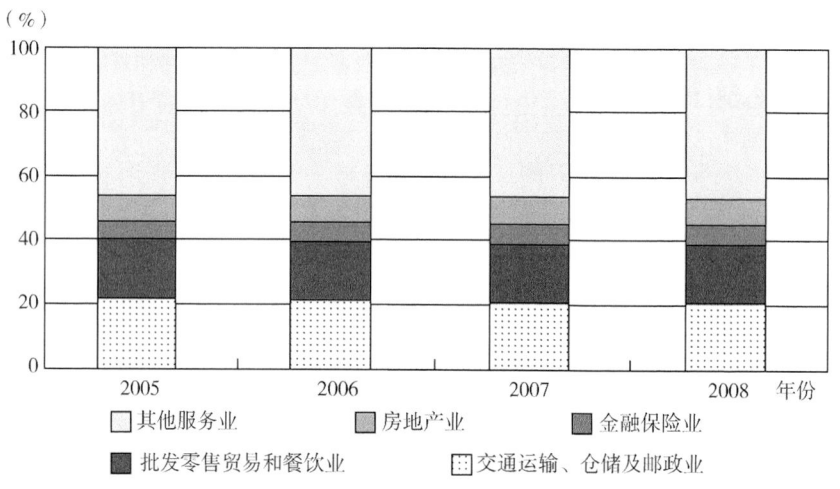

图 4-6 芜湖第三产业构成

资料来源：芜湖市统计年鉴（2006~2009）。

芜湖从规模以上工业企业分析，有11个产业的区位商大于1。全国比较优势明显的有交通运输设备、塑料制品、电气机械、有色金属压延；安徽省比较优势明显的有交通运输设备、仪器仪表、塑料制品、燃气生产（见图4-7）。

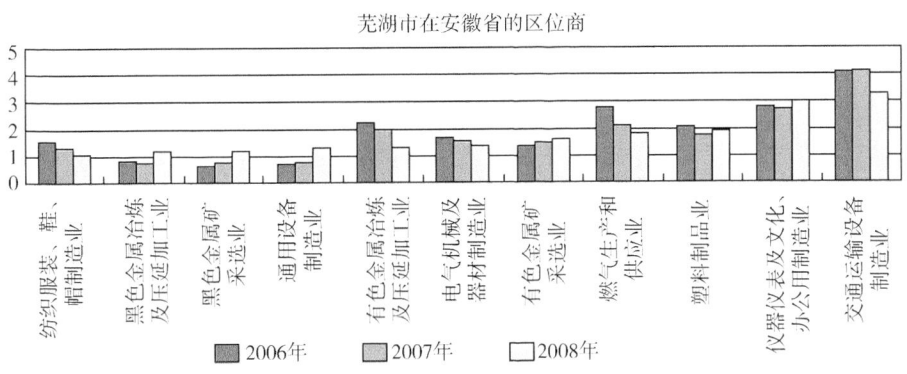

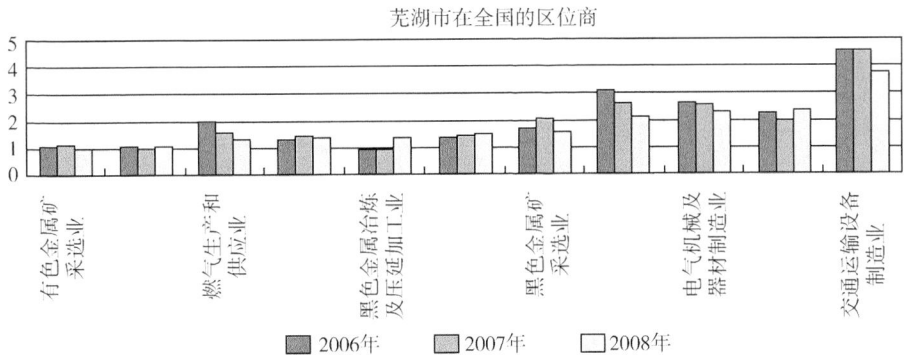

图 4-7 芜湖市主要工业部门在安徽省和全国的区位商

资料来源:根据国家、安徽省及芜湖市 2006~2008 年统计年鉴计算。

从芜湖主要工业产业区位商的分析中我们发现,交通运输设备、电气机械、有色金属、纺织服装等产业部门都出现了明显的区位商逐年下降。尤其对于芜湖的支柱产业汽车,由于近年来遭遇到激烈的竞争,奇瑞在全国的排名、市场份额、产值规模等均出现不同程度下滑,芜湖极需要借助外力进一步推动汽车产业的发展,快速提高竞争地位,谋取更大发展。

芜湖汽车产业链后端缺失,中端制造环节发动机、汽车电子和高端零部件同样缺失,芜湖汽车业需要补充产业链关键环节。

二、马鞍山产业现状

马鞍山是典型的工业城市,第二产业比例一直高于60%,第一产业比例在5%以下（见图4-8）。人均GDP长期处于安徽省第一，按照钱纳里模型2008年马鞍山人均GDP6034美元，应该已经进入工业化阶段后期，但马鞍山完全依赖于马钢，钢铁产值占全部工业总产值的68%以上，因此城市的工业生态非常脆弱。除了钢铁产业外，马鞍山在钢铁产业下游交通运输设备等产业也有一定的基础。食品产业通过引进蒙牛、雨润、达利、青岛啤酒等知名品牌，形成一定的区域规模优势。

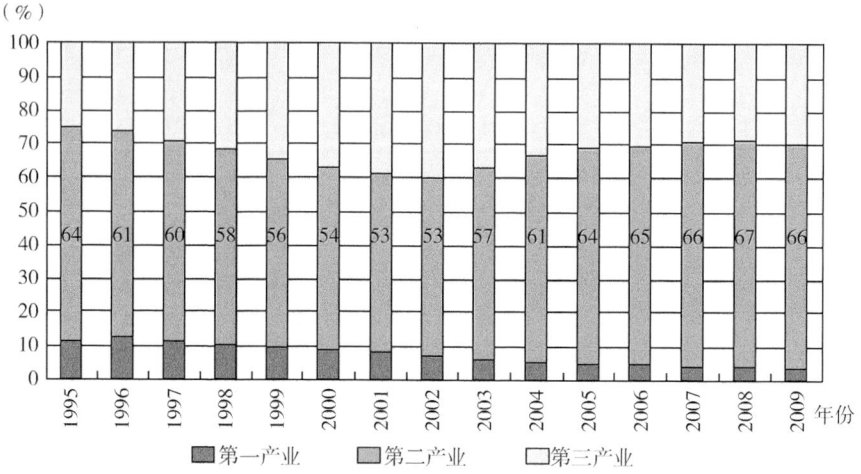

图4-8 马鞍山三次产业结构

资料来源：马鞍山市统计年鉴（1996～2010）。

从区位商比较可以看出，马鞍山除和钢铁直接相关的采选、冶炼和废弃物回收有突出的比较优势外，其他产业区位商都较低，只有金属制品、造纸和食品有一定的比较优势（见图4-9）。

马钢是世界第二、亚洲第一的火车轮生产商，占据国内铁路客车轮市场的90%，在铁路货车轮市场的占有率也超过50%，拥有国内最先进的热轧H型钢生产线和我国最大的车轮轮箍生产线，及高速线材、棒材等15条国际标准的生产线。

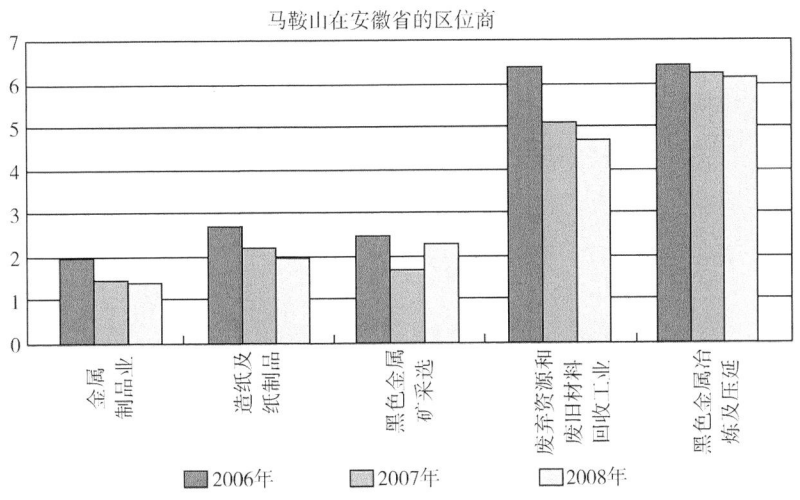

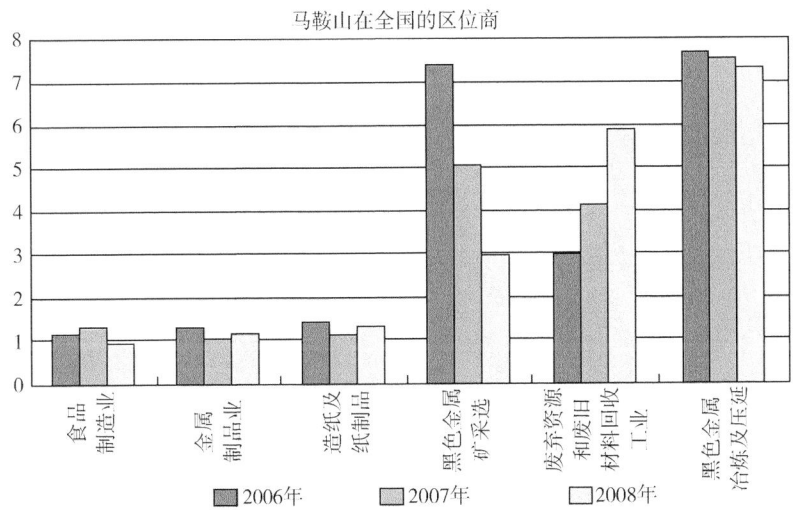

图4-9 马鞍山主要工业在安徽省和全国的区位商

资料来源：根据《马鞍山市统计年鉴》(2007~2009)数据计算。

火车轮市场份额虽高但营收占比小（见图4-10），且盈利少。近年来，马钢通过积极调整产业布局，新上冷轧薄板工程、干熄焦工程、彩涂板等生产项目，使得其产品逐步向高端钢铁产品靠拢，现已向包括奇瑞在内的国内各大汽车厂商提供汽车薄板。

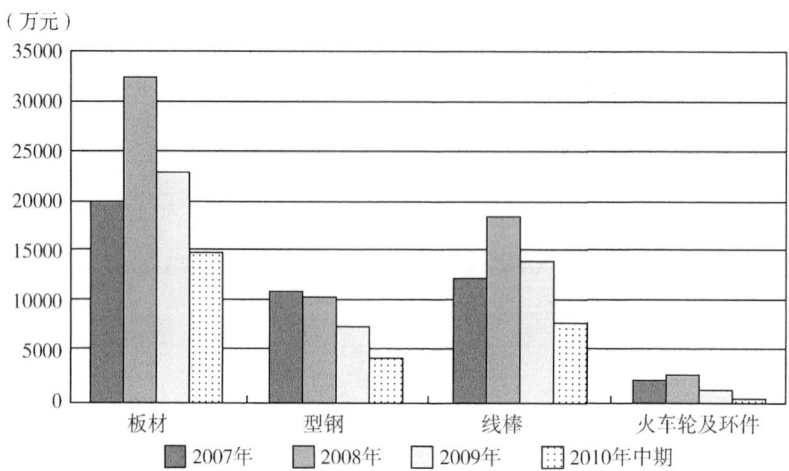

图 4-10　马钢股份 2007~2010 年中期主要产品销售收入及占比

资料来源：马钢股份 2007 年、2008 年、2009 年年报以及 2010 年中报。

三、巢湖产业现状

巢湖是农业大市，在皖江经济带沿江六市中第一产业规模仅次于安庆，三次产业比重非常接近，二次产业比重虽一直增长，但还没有到 50%（见图 4-11）。巢湖的人均 GDP 按照钱纳里模型换算成美元为 1406 美元，还处于工业化的初级阶段。近年来随着巢湖承接产业转移政策力度加大，华谊集团煤化工基地落地巢湖，直接带动巢湖的工业发展。

从区位商比较可以看出，巢湖的主要产业区位商接近，只有化纤制造业异军突起，这主要是因为承接产业转移的原因。其他具有比较优势的产业电气机械、金属制品、通用设备等都是与芜湖整机厂配套发展起来的，非金属矿制品是海螺水泥产能布局的结果（见图 4-12）。

第四章 芜马巢产业选择

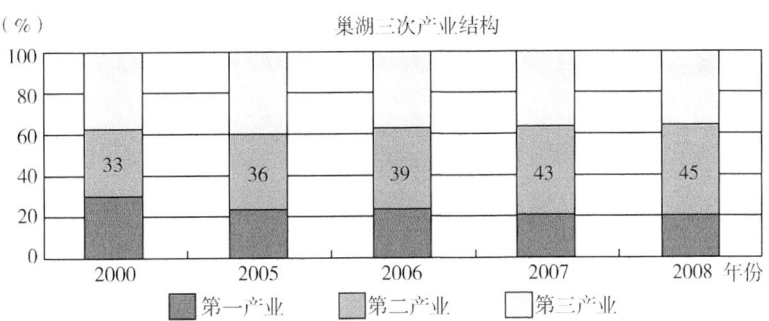

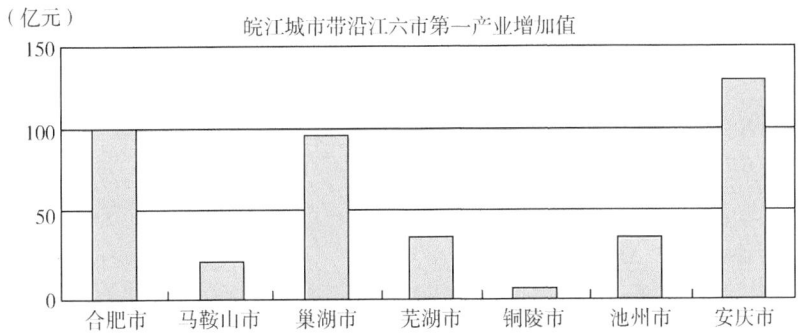

图 4-11 巢湖三次产业结构及第一产业增加值与沿江六市比较

资料来源:《巢湖统计年鉴》(2001~2009)和皖江六市 2009 年统计年鉴。

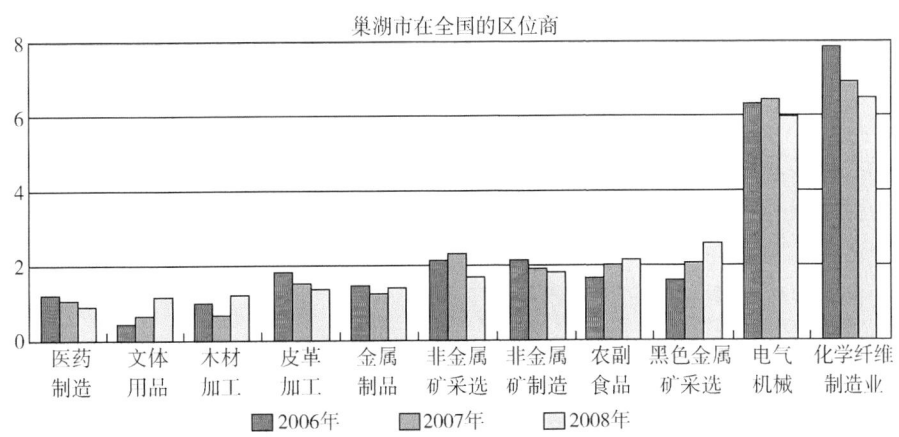

图 4-12 巢湖主要工业产业在安徽省和全国的区位商

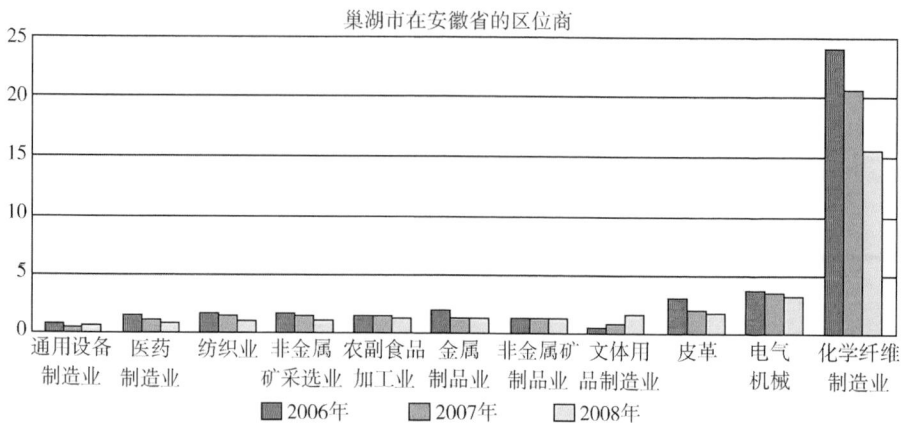

图4-12 巢湖主要工业产业在安徽省和全国的区位商（续）

资料来源：根据国家、安徽省及巢湖市2007~2009年统计年鉴计算。

四、芜马巢产业总体状况

芜马巢地域相邻，共同享有宝贵的长江沿线资源，2008年芜马巢三市总人口815.7万人，占安徽省总人口12%，GDP1865.2亿元，占安徽省GDP的21%，人均GDP为22866元，按照1982年美元汇率折算为2765美元，整体处于工业化中期阶段。

芜马巢第二产业和第三产业在全省的比例稳步提升，三次产业中第二产业对安徽省贡献最大，2008年达到安徽省第二产业增加值的26%，其中芜湖和马鞍山第二产业占到芜马巢第二产业增加值总和的81%，第三产业占到芜马巢第三产业增加值的72%。

芜马巢三市产业上各有特点，除马鞍山外芜湖和巢湖每市都有比较优势产业十多个，但从芜马巢总体分析，则优势产业数目锐减，主要集中在钢铁、废弃物回收、铁矿石、造纸及金属制品五个行业（见图4-13），除废弃物回收外其余产业的比较优势都有缩小的趋势，尤其是铁矿石采选业，显示芜马巢必须要从依赖自然资源的产业中转型出来，汽车等产业总量规模不大比较优势不明显，表明还需要加大芜马巢这些区域特色产业。

第四章 芜马巢产业选择

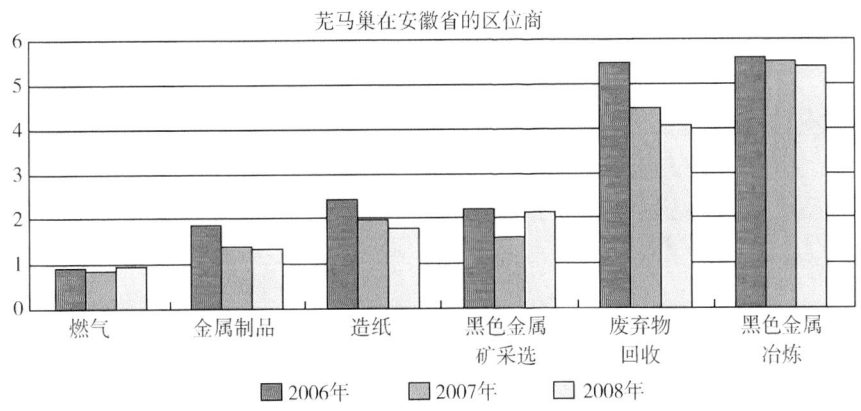

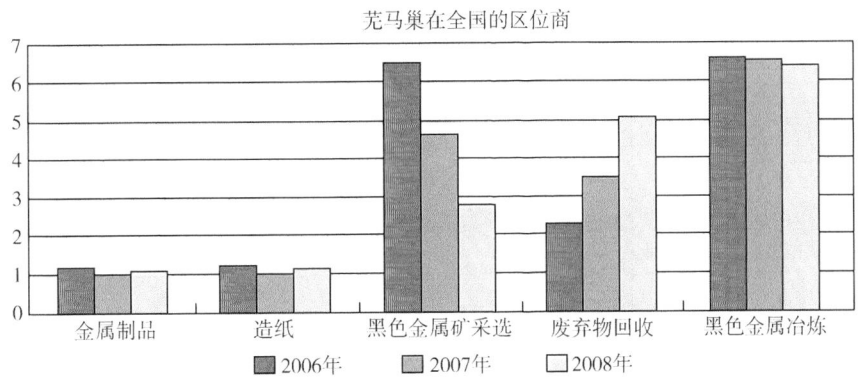

图 4-13 芜马巢 2006~2008 年主要产业区位商

资料来源：根据芜湖、马鞍山、巢湖 2007~2009 年统计年鉴计算。

芜湖和马鞍山沿江（江南）一线已密布各类产业开发区。马鞍山的当涂经济开发区、花山经济开发区、龙山产业示范园区主要发展装备制造业，芜湖长江大桥经济开发区、南陵经济开发区、繁昌经济开发区、孙村经济开发区，构建特色优势产业板块，重点承接发展化工业。

江北有巢湖二坝产业示范园区（无为经济开发区）重点发展煤化工，芜马巢产业集中区所在地拥有23.8公里优质长江岸线资源，目前有少量汽车零配件、船舶等产业。

我们通过对芜马巢三市主要产业的梯度系数进行计算（见表4-2），发现最有承接产业转移优势的产业主要为：钢铁、电力、造纸、金属制品、食品制造、通用设备、有色加工、非金属制品、交通运输设备、纺织服装、专用设备、电气机械、农副食品加工。

表4-2 芜马巢三市主要产业的梯度系数

主要行业	2006年梯度	2007年梯度	2008年梯度
交通运输设备制造业	6.923347	6.478869	4.221761
纺织服装、鞋、帽制造业	2.975615	1.256087	6.611097
黑色金属矿采选业	30.664490	15.440170	7.655058
非金属矿物制品业	10.633590	2.889440	7.699806
化学原料及化学制品制造业	6.787338	3.816699	8.002696
燃气生产和供应业	8.180794	5.202660	8.476402
有色金属矿采选业	5.683617	0.145727	8.525994
通用设备制造业	6.898623	9.713274	14.574040
金属制品业	70.060290	28.205090	56.535340
造纸及纸制品业	434.442900	35.388470	67.667710
食品制造业	62.165950	116.305100	80.824190
电力、热力的生产和供应业	511.188100	182.147200	109.424100
黑色金属冶炼及压延加工业	3257.603000	372.127300	535.662500

资料来源：根据芜湖、马鞍山、巢湖三市统计年鉴计算。

梯度系数根据陈蕊、熊必琳（2007）[①] 使用的方法，采用芜湖、马鞍山和巢湖三个城市的规模以上工业总产值的叠加值进行计算。

第四节 产业转移理论及国际产业转移趋势

一、产业转移理论

最早涉及产业分工和转移的是新古典经济学理论下的古典贸易理论，亚当·斯密在《国富论》中提出绝对利益理论，用以解释国际分工产生的原因、方式及其效果。大卫·李嘉图提出比较成本理论，认为每个国家不仅可以生产

---

① 陈蕊，熊必琳.基于改进产业梯度系数的中国区域产业转移战略构想[J].科技论坛，2007（3）.

具有绝对优势的产品,而且可以生产具有相对优势的产品,通过贸易双方仍能获利。赫克歇尔和俄林以现代比较优势原理为基础,以生产要素比例和生产要素密度为出发点,提出了按要素丰裕程度进行国际分工的要素禀赋学说。涉及产业转移的理论主要有以下几类:

(1) 生产折衷理论。国际生产折衷论的原意在于解释企业跨国直接投资的动因(邓宁,1977)。实际上,企业跨国直接投资行为的宏观化就是产业的跨国转移。因此,该理论可以认为是从企业跨区域投资的角度考察产业转移问题,是产业转移的微观解释。其基本观点是,产业组织决定的所有权优势、交易成本决定的内部化优势和区域要素禀赋结构决定的区位优势是决定企业对外直接投资和跨国经营的主要原因。

(2) 产品生命周期理论。弗农提出的"产品循环说"以发达国家为视角,阐述了产业如何由发达国家逐渐向发展中国家转移的过程。弗农将产品生命周期划分为新产品阶段、成熟阶段、标准化阶段三个不同阶段,产业转移开始于产品和技术完全标准化、国内市场基本饱和的产品成熟期,而到了标准化阶段,技术发明国的生产和出口竞争优势受到技术模仿国的劳动成本优势和其他成本优势的重大挑战,技术发明国将大规模进行产业转移。弗农认为发达国家向发展中国家转移产业的原因在于企业为了顺应产品生命周期的变化,回避某些产品在生产上的劣势。

产品生命周期理论是对美国跨国公司对外投资活动的总结,该理论将比较优势从国际贸易领域延伸到对外直接投资,引入了动态的区位条件分析,对区域间或国际间产业与产品的周期性发展进程以及由此导致的产业和产品转移作出了系统描述和理论总结。但是弗农的学说主要是针对第二次世界大战之后美国的对外直接投资模式而创立的,是一种被动性产业转移行为,而随着许多主动性产业转移行为的出现,该理论无法解释存在于经济发达国家之间的投资行为以及没有技术优势的发展中国家的对外投资。

(3) 劳动力要素理论。刘易斯(W. Arthur Lewis)认为,引起20世纪60年代非熟练劳动密集型产业由发达国家转移至发展中国家的主要因素,是第二次世界大战后发达国家人口的增长几乎为零,而工业的增长速度又前所未有引致的非熟练劳动力的不足(阿瑟·刘易斯,1984)。刘易斯的观点,实际上是建立在赫克歇尔—俄林的要素禀赋理论基础之上的。由于当时国际产业转移主要发生在劳动密集型产业方面,因而影响转移的因素主要是上述两类不同国家间在非熟练劳动力丰裕程度方面的差别。

(4) 移入需求论。劳尔·普雷维什以发展中国家为视角考察产业转移。

他认为,发展中国家迫于发展的压力而实行的进口替代战略,是产业转移发生的根源。因为正是进口替代战略为发达国家产业向发展中国家转移打开了大门。在此,普雷维什强调发展中国家被迫性的产业移入需求对产业转移的重要作用。

(5)梯度转移理论。梯度转移理论是区域经济学家在区域生命周期理论和产品生命周期理论基础上提出来的。该理论认为,区域经济的盛衰主要决定于区域产业结构的优势,后者又取决于区域主导部门在生命周期中所处的阶段。如果主导部门处于创新和发展阶段前期,则该区域为高梯度地区。高梯度地区是产业创新活动集中的区域,以后,随着时间的流逝和主导部门生命周期阶段的变化,区域主导部门趋于衰退并逐步由高梯度地区向低梯度地区转移。

(6)产品成长、竞争论。20世纪70年代,小岛清(Kojima)把新古典经济学原理引入到产业转移分析中,将雁行模式和产品生命周期理论结合起来,改造成为"小岛清模式"。小岛清根据日本对外直接投资的实践,在比较优势原理的基础上提出了"边际产业转移扩张理论",该理论认为"对外直接投资应从本国(投资国)已经处于或即将陷于比较劣势的产业,可以称为边际产业(这也是对方国家具有显在潜在比较优势的产业)依次进行",通过产业的空间移动,以回避产业劣势或者说扩张边际产业,显现其潜在的比较优势。小岛清的理论反映了经济发达国家对发展中国家进行直接投资的动机与形式,他以日本为研究对象,为日本的对外产业转移方式进行了辩护,并借此说明了东亚的雁行模式机理。但该理论以投资国为主体而不是以企业为主体,很少考虑企业本身的因素对投资的影响,在某种程度上抹杀了企业的个性。此外,小岛清的学说所能解释的时空范围很小,仅从经济发达国家向发展中国家方向进行解释,而且时间范围局限在日本的20世纪70年代,不能解释发展中国家逆贸易导向型直接投资。

卢根鑫较早地研究了产业转移问题,他认为国际产业贸易与国际产业投资所形成的重合产业是国际产业转移的基础条件。所谓重合产业,是指发达国家和欠发达国家在一定时期内,使用相似的机器设备或生产线,运用相似的技术工艺,需要相似比例的生产资料和劳动力,生产相似的商品。张可云在《区域大战与区域经济关系》中,特别提到了"区际产业转移"的概念,认为区际产业转移的基础建立在两个重要推论之中:一是经济与技术发展的区域梯度差异是客观存在的;二是产业与技术存在着由高梯度地区向低梯度地区扩散和转移的趋势。有学者从产业演化的空间形态角度考察产业转移并认为,产业转

第四章　芜马巢产业选择

移有扩张性转移和撤退性转移之分，前者是区域成长性产业出于占领外部市场、扩大产业规模的动机而进行的主动的空间移动，后者是区域衰退性产业迫于外部竞争与内部调整压力而进行的战略性的空间迁移。从产业发展角度看，产业转移是区域间产业竞争优势消长转换而导致的产业区位重新选择的结果，是产业发展过程在空间上的表现形式，即产业演化的空间形态。

（7）集成经济。石奇（2004）用集成经济的原理解释产业转移的微观机理。他认为，产业转移是企业实现市场集成的手段。所谓集成经济，是指企业通过市场重组和集成的方式对产业链中不同价值环节的最优利用而实现的经济。从微观层面上看，产业转移服务于企业寻求集成经济的目的，所以，这一过程以产业中较少要求人力资本要素的生产职能转移、分销职能转移以及物流服务职能转移为主，并且总是从加工装配开始，经过资本、技术、管理经验等的积累，最终过渡到零部件和原材料的本地化生产并实现产业转移。因此，产业转移是企业在技术手段之外通过对市场的重组和集成实现经济性的结果。

（8）全球价值链理论。当代产业转移除了表现为一些产业的整体转移，新型的产业转移以产品价值链为纽带，产业价值链的不同环节的转移正逐渐成为一种新的趋势。以价值链为纽带，分析各个生产环节在全球的布局及各国在国际分工中的地位问题，使得产业转移不再是某一产业的整体转移，而是产业链、供应链的区位中心转移，产业转移的环节越来越细化和分散化，最后形成涵盖产供销等全部产业链的企业集群式、组团型转移。产业转移理论不再仅仅局限于研究发达国家向发展中国家的产业转移，而且也研究发达国家之间、发展中国家之间的产业转移，以及发展中国家向发达国家的产业逆向转移问题。因此，有关产业价值链的研究是产业转移理论研究的又一新方向。

我们对上述理论进行总结，发现总体上可以从产业转移的特性来分为扩张性转移理论和撤退性转移理论，从理论的基础来看主要集中在三个方面，即比较优势理论、市场扩张理论和产业集聚理论（见图4-14）。

全球产业转移对于转出方追求的是比较优势、市场扩张和产业集聚，因此对于产业承接地区要求有五个方面的基本要求，即要素禀赋富裕、市场需求旺盛、区位优势突出、商务成本低廉和产业配套完整，芜马巢产业集中区需要从芜马巢整体来考虑哪些产业具有上述五个方面优势，可以优先承接长三角转移产业，通过对芜马巢产业进行梳理我们发现汽车、化工、钢铁是最具有承接条件的产业。

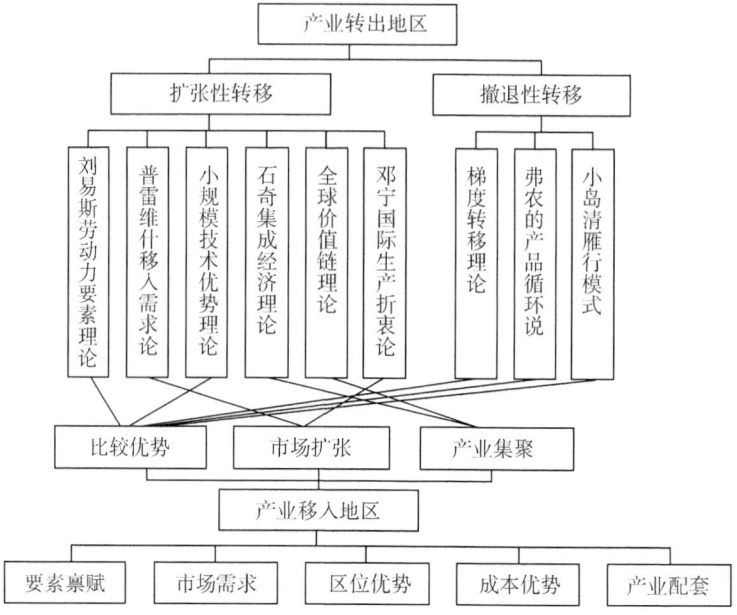

图4-14 产业转移理论分析框架

二、国际产业转移趋势

第二次世界大战以来,国际产业转移在全球范围内完成了三次大的浪潮。

第一次是20世纪50~60年代,产业转移的路径是从美国向日本和联邦德国转移。美国将钢铁、纺织等传统产业转移到日本和联邦德国。

第二次是20世纪70~80年代,日本将纺织业、钢铁、化工和造船等产业转移到东亚"四小龙";1985年"广场协议"之后,转移的产业扩展到包括汽车、电子等在内的已经实现了技术标准化的资本密集型和部分技术密集型产业。

第三次国际产业转移从20世纪90年代开始,产业从美国、日本、亚洲"四小龙"转出,主要向中国内地和东盟四国等区域转移。

国内的产业转移体现为从长三角和珠三角向中西部地区转移。长三角和珠三角经过早期的产业扩张后,要素禀赋结构发生改变,产业结构亟待调整,产业需要创新升级,腾笼换鸟,产业转移的要求非常迫切。

长三角和珠三角的产业转移以撤退性产业转移为主,转移的产业主要是劳动密集型产业，大部分是近距离的，以省内和邻近地区为主，如珠三角向粤北的转移，苏南向苏北的转移。

长三角、珠三角部分资本密集型产业从区域布局和劳动成本的角度也积极向中西部转移，这种转移往往跨越距离较远。

三、长三角产业转移

长三角江浙沪两省一市以不到全国10%的人口，创造了全国22%的GDP，第二产业增加值占到全国的24%，第三产业增加值占到全国的23%（2008年数据）。核心圈包括江苏省的沿江八市和浙江沿海七市以及上海。长三角的发展主要得益于引进跨国公司，承接国际产业转移。其主要工业集中在电子信息、机械装备、化工电力纺织等原材料加工部门。

2008年两省一市通信设备及计算机产业合计占全国的38.49%，交通运输设备合计占全国的26.39%。从长三角2006~2008年的主要产业可以看出，电子信息产业在工业总产值的比重不断加大，机械装备（包括电气机械、通用设备、交通运输设备、金属制品等）产业一直处于前九大行业，而且比重也呈不断增加的趋势。纺织业比重明显不断下降，从2006年的第二大产业下滑到2008年的第五大产业。长三角的产业明显呈现信息化不断增强、劳动密集型产业不断走弱、基础能源性产业相对稳定的格局。

长三角16个城市的优势产业不断转换，其中可以看出产业在长三角内部转移的规律。电子信息产业从上海—苏州—南京不断转移，交通运输设备从上海—台州转移，通用设备从常州—台州转移，电气机械从宁波—扬州转移，化工从苏南—苏北转移，总体呈现以上海为中心向外进行制造业扩散，从南向北转移重化工业（见表4-3）。

表4-3　2006~2008年长三角主要城市区位商变化

行业	2006年 区位商>1.5	2006年 1<区位商<1.5	2007年 区位商>1.5	2007年 1<区位商<1.5	2008年 区位商>1.5	2008年 1<区位商<1.5
电子信息	上海、苏州、南京		苏州	上海、南京	苏州、南京	上海
交通运输设备	上海、台州、舟山	杭州、南京、扬州、泰州	舟山、台州、上海、泰州	杭州	舟山、台州、泰州、扬州	上海、杭州

续表

行业	2006年 区位商>1.5	2006年 1<区位商<1.5	2007年 区位商>1.5	2007年 1<区位商<1.5	2008年 区位商>1.5	2008年 1<区位商<1.5
通用设备制造业	常州	杭州、宁波、绍兴、台州、上海	台州	泰州、镇江、常州、南通、扬州、杭州	台州	上海、泰州、南通、镇江、常州、宁波、绍兴
纺织业	嘉兴、湖州、绍兴、南通	杭州、苏州、无锡、常州	绍兴、南通、湖州、嘉兴	杭州、常州、苏州、无锡	绍兴、湖州、南通、嘉兴	杭州、常州、苏州、无锡
电气机械及器材	宁波、扬州、泰州	杭州、湖州、台州、上海、苏州	扬州、泰州	宁波、镇江、常州、无锡、台州	扬州	常州、镇江、宁波、泰州、湖州、南通
化学原料及化学制品	南京、常州、镇江	杭州、无锡、南通、泰州	南京、镇江	泰州、南通、扬州	南京、镇江、扬州	常州、泰州、南通、舟山
黑色金属冶炼及压延	无锡、常州	上海、苏州、南京	无锡、常州	苏州、南京	无锡、常州	苏州、南京、湖州

资料来源：根据长三角16个城市2006~2008年统计年鉴和全国统计年鉴数据计算。

我们从长三角16个城市产业的比较优势变化来分析哪些产业在迅速失去比较优势。

上海集中在石化、交通运输设备、医药、钢铁、化纤等产业部门。

南京集中在石化、非金属制品、交通运输设备、农副食品加工、钢铁、专用设备等行业。

苏州集中在家具、纺织服装、仪器仪表、有色金属、造纸、食品制造等行业。

无锡集中在化学原料及化学制品、有色金属冶炼及压延等。

常州集中在通用设备制造等产业。

长三角16个城市比较优势快速下降的产业中重合度较高的是非金属制品、石化、交通运输设备、医药、纺织、钢铁、造纸、化纤、木材加工等产业部门。这些产业向外转移的可能性最大。

长三角比较优势下降较快的都是传统制造业以及部分先进制造业的传统制造部分，这些产业占据了长三角最重要的土地、人力、岸线资源，割裂了现代服务业与现代制造业直接对接，都是长三角最急于转出的产业。

第四章 芜马巢产业选择

（一）长三角制造业处于接受国际产业转移，创新升级阶段

长三角先进制造业已具有国际一流生产工艺水平，接受国际高端产业转移。浙江华海药业是世界普利类和沙坦类原料药的最大供应商，由于成本控制原因，国际制药巨头纷纷寻求降低采购成本的途径，而将制造业转移至低成本和有质量保证的国家或地区。华海药业是国内为数极少的获得美国 FDA 原料药认证、FDA 仿制药 ANDA 认证、EHS 认证和 cGMP 认证的企业。同时华海药业目前业务范围达到 25 个国家，在国际上具有一定的网络优势和品牌优势。因此，华海药业自然就成为了国际企业巨头寻求的产业转移合作对象。目前已有包括诺华制药、勃林格英格翰、阿斯利康、默克等知名企业具有合作意向或已有签订合作意向。

长三角制造业产能跨区扩张，推进专业分工，产业升级明显。上海通用汽车位于上海金桥出口加工区，年产能 32 万辆整车，10 万台变速箱，20 万台发动机；随着上海通用在中国业务的快速发展，产品线逐步趋于完善，迫切需要建立新的工厂扩充产能。2003 年，在烟台成立了通用东岳，年产能 12 万辆，生产雪佛兰景程和雪佛兰赛欧。2004 年，又在沈阳成立了通用北盛，年产 4 万辆，生产 GL8 商务车。上海的金桥基地逐渐向研发和总装转型，上海通用将逐渐形成从制造基地向研发中心和品牌创新基地的转变。

长三角正在从产业发展向产城融合，制造、研发、销售和体验一体化方向发展。上海国际汽车城从上海大众安亭生产基地的角色转型成为上海汽车制造、汽车研发、汽车贸易、汽车文化、汽车博览等综合型的汽车城市。

（二）长三角转型升级过程就是传统制造部分不断转出的过程

1. 长三角工业园区案例——上海国际汽车城

（1）上海国际汽车城位于安亭地区，占地 68 平方公里，自 2001 年 9 月 28 日以来，上海国际汽车城开发建设在历届市委、市政府的领导下，市区联手合力推进，至 2004 年取得了重要的阶段性成果。集制造、研发、贸易、博览、运动、旅游等多功能于一体的综合性汽车产业基地初具雏形，它与东部的微电子产业基地、南部的石油化工基地、北部的精品钢铁基地共同构成上海"东南西北"四大产业基地。

（2）上海国际汽车城主要依托上海大众发展起来，1960 年上海汽车制造厂迁入安亭，建成连续生产流水线。1962 年，各种汽车生产突破千辆。1969 年，上海汽车发动机厂迁入安亭后，初步形成配套生产。1977 年上海汽车制造厂投资6000万元,建成建筑面积15万平方米的新厂区和12条轿车生产流水线,达到年产上海牌轿车5000辆的能力。

(3) 1983年开始试装桑塔纳轿车。1985年正式与联邦德国合资创办上海大众汽车有限公司,到1990年累计生产桑塔纳轿车71631辆。

(4) 现在生产规模:①整车。2008年整车产量49.4万辆,占上海整车总产量的8%。②零配件。吸引国内外零部件企业进驻,建成国内最大的零配件工业园;入驻企业达198家,其中世界500强投资企业14家;2008年汽车零部件生产企业总产值224.76亿元,占上海汽车总零部件产值的34%。③汽车贸易。建成二手车交易中心、汽车展示贸易街、上海国际汽车零部件采购中心、保税仓库等基础设施,二手车市场优势凸显,2008年销售到达4.65万辆,占上海市二手车销售总量的22%。④研发。为同济汽车学院无偿提供750亩、低价提供750亩建设用地,同济汽车学院、汽车质检中心、燃料电池汽车研发、风洞实验室项目成为促进汽车科教研发迅速发展的强力支柱。

(5) 上海国际汽车城成功的原因。

1) 产业链完整。①汽车制造,以上海大众的整车制造为核心汇聚了大量的零部件制造商。②汽车贸易,建有上海二手车交易市场、核心贸易区景观步行街、上海国际汽车零部件采购中心、保税仓库等基础设施。③汽车研发,以同济大学嘉定校区为核心,以上海地面交通工具风洞中心、高速磁悬浮试验线路、国家机动车质监检验中心为基础。④汽车文化,F1赛事和汽车主题公园。

2) 交通便捷。①空港交通,建立了连接虹桥国际机场和上海浦东国际机场的快速通道。②高速公路,建成的沪嘉浏高速、沪宁高速、嘉金高速、郊区环线、312国道、204国道、宝安公路、嘉安公路等快速干道穿越园区,通往长三角。③轨道交通,轨道交通11号线连接安亭镇与市中心城区,使交通通勤更为快捷。④铁路交通,京沪铁路、沪宁城际铁路和沪通铁路在安亭均设有站点。

3) 平台领先。①国内最先进的汽车研发、试验、检测平台,如风洞试验室。②集聚国内外技术先进的配件企业,如舍弗勒。③同济大学是汽车与轨道交通工业高级技术与管理人才的培养基地。

2. 长三角工业园区案例——昆山经济技术开发区

(1) 昆山经济技术开发区的发展历程。①1985年创办;②1991年1月被江苏省人民政府列为省重点开发区;③1992年8月经国务院批准成为国家级开发区。

(2) 规划。①起步区:3.75平方公里;②建成区:6.18平方公里;③扩

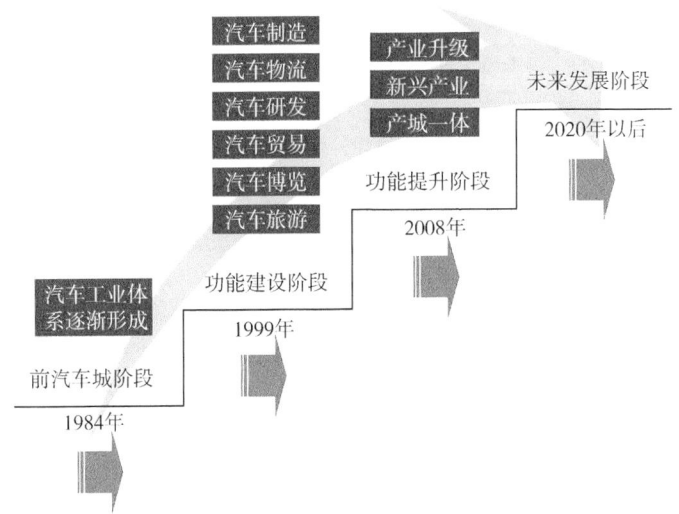

图 4-15 上海国际汽车发展历程

展区：20 平方公里；④规划区：115 平方公里。

（3）引资。①引进 43 个国家和地区客商投资的 1564 个项目；②合同外资 135 亿美元，实际到账资金 76 亿美元；③投资额超过 1000 万美元的项目有 485 个；④上亿美元的项目有 38 个；⑤世界 500 强 54 家；⑥台资企业占 65%以上。

（4）昆山经济技术开发区的成功经验。①制度创新。昆山开发区的制度创新行为最初是在未被"权力中心"授权和接受的情况下进行的，地方政府所承担"政治企业家"的角色，需要勇气和魄力。②依托上海。昆山在引进台资企业的时候，借助上海整个硬环境。利用自己较低的要素成本，距离上海市中心一个小时车程，到虹桥机场只有 40 公里的优势，将关注上海的台商吸引到昆山。③以商引商。1990 年 10 月，昆山首家台资企业顺昌纺织有限公司正式投产，不久，顺隆、顺丰、顺进、顺发等"顺"字台资企业先后诞生。1992 年沪士电子有限公司的到来，引来大量欧美企业。④高品规划。昆山坚持"富规划、穷开发"，牢固把握未来产业方向，最终形成电子信息、精密机械、民生用品等三大先进制造产业。⑤科技创新。昆山支持企业科技创新，2009 年新认证国家级实验室 2 个，新增研发机构 20 家，组织申报科技项目 34 类 235 项。

第五节　芜马巢产业集中区主导产业选择

一、中后端制造业

（一）中国制造业的产业链中后端优势

20世纪90年代后，中国制造业日益成为国际制造业的重要一环，凭借的就是产业链中后端核心制造的优势，从汽车到船舶以及电子信息多条制造业产业链均呈现这一特点。

全球汽车业的八大跨国集团均在中国设立整车制造厂，利用中国的要素禀赋、低成本的比较优势，强化产品在全球的竞争力。

全球船舶产能正在向中国集中，中国大型成套装备装配的能力成为"国际船舶中国造"最重要的保障。

电子信息产业前端半导体产能高度集中，核心技术掌握在西方大型企业手中，产业链中后端的封装测试正是中国核心竞争力所在，中国电子信息企业基本集中在封装测试和更后端的设备装配。

芜马巢中后端产业欠缺。芜马巢优势产业集中在钢铁、水泥等原材料制造环节，汽车、电子等产业规模不大，优势不明显，中后端产业的欠缺形成制造业发展的短板。

（二）制造业终端化的未来趋势

全球市场的多样化、个性化特征越来越明显，服务在价值链中比重越来越大，这些都要求未来的制造模式要体现多品种、质量高、成本低、研发期短、服务至上、生产柔性、环境友好的特点。因此制造业产业链中与客户直接接触的中后端制造越来越重要，中后端制造与服务业的联系越来越密切，正在从生产型制造向服务型制造转变。

（三）芜马巢产业集中区的中后端制造定位

芜马巢产业集中区顺应全球制造业发展趋势，利用产业链中后端的"中国优势"，承接长三角先进制造产业，弥补自身制造业发展短板，构造产业均衡发展的格局。

二、汽车产业

(一) 汽车产业是芜马巢最具有承接优势的产业

从要素禀赋角度分析，芜湖较为领先的汽车产业为直管区提供了较为丰富的劳动力储备。据统计，芜湖2009年汽车产业工人有5.5万人，各类汽车职业学校每年培养学生近万人。芜马巢产业集中区拥有23公里的沿江岸线是非常稀缺的要素资源，江苏省紧紧围绕800公里长江岸线集中布局汽车等沿江产业，取得了显著的经济效益，沿江八市装备制造业占全省90%以上。

从市场需求分析，安徽及周边江西、湖南、湖北、山西、河南六省共有人口3.6亿，是中国人口最稠密地区之一。由于人均收入偏低，这部分人口现在千人汽车保有量低于全国平均水平，未来随着人均收入的提高，汽车消费将承接珠三角和长三角形成快速增长的局面。

从区位优势分析，芜马巢产业集中区靠江临港，未来有城际快速通道与长三角相通，有高速公路网和长江水运与中西部相连，是东部发达地区和中西部欠发达地区相通的中枢节点，是东部汽车制造与中西部汽车消费沟通的桥梁，地理位置十分优越。

从成本优势分析，芜湖的汽车产业工人人均工资为3.4万元/年，比上海的4.5万元低三成。芜马巢产业集中区土地价格只有上海土地价格的1/8，南京土地价格的1/5。

从配套产业分析，芜马巢产业集中区邻近芜湖，接受合肥都市圈辐射，在乘用车、商用车以及零部件配套等方面已经形成较为完整的产业链体系，芜湖拥有6家研发机构、1家整车企业、300余家零部件供应商，产业配套相对完整，如果芜马巢产业集中区引进高端零部件和中高层品牌车就可以和芜湖形成优势互补的格局。

(二) 汽车产业是长三角优先转出产业

汽车产业，尤其是整车制造和零部件加工产业近年来在长三角优势不断下滑，在长三角核心城市逐渐丧失比较优势。从承接产业转移角度看，汽车产业是唯一从长三角优先转出，芜马巢有承接优势，同时符合先进制造业方向的选择。以上海国际汽车城为代表的长三角汽车制造中心都面临着从制造基地向研发和营销总部的转型,制造环节需要向中西部地区转移(见图4-16)。

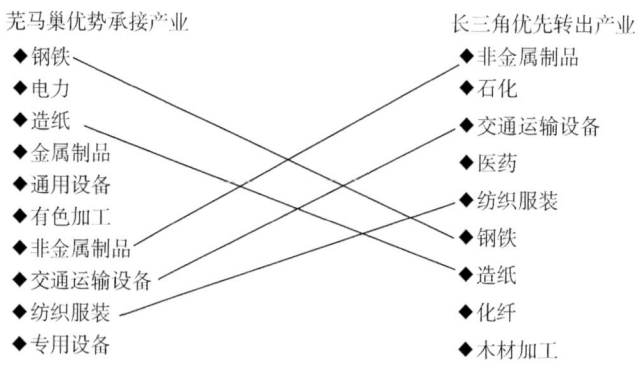

图4-16 芜马巢优势承接产业与长三角优先转出产业的对接

(三)汽车产业是进入壁垒适度的产业[①]

从产业进入限制角度,芜马巢产业集中区应选择有一定产业壁垒、能充分发挥现有要素资源禀赋的产业,但产业的门槛也不宜过高,过高的门槛会导致建设周期拉长,国家审批困难,以及产业的严格管制等问题。

产业由于产品的技术特性和消费者需求的特点以及外部的政策法律环境产生了规模经济、产品差别化、绝对成本优势等壁垒,以及行政性的市场准入制度、规制政策壁垒、法律壁垒(专利法)等。

从规模经济壁垒分析,黑色金属冶炼及压延加工业、有色金属冶炼及压延加工业、交通运输设备制造业、通信设备计算机及其他电子设备制造业等具有较高的规模经济壁垒,这些都是需要较高投资形成规模化经营才可以获得较高收益的产业。其中唯有交通运输设备和电子信息制造属于中后端制造。

从产品差异性分析,烟草制造业,饮料制造业,交通运输设备制造业,电气机械及器材制造业,医药制造业,通信设备,计算机及其他电子设备制造业等产业的产品差别壁垒最高,产品差别壁垒越高,产品的可替代性越弱,整体市场增长的空间越大(见图4-17)。

从企业对资源、专利技术等稀缺资源占有角度分析,黑色金属冶炼及压延加工业、有色金属冶炼及压延加工业、医药制造业、化学纤维制造业、化学材

---

① 李平,于雷.我国制造业进入壁垒分析[J].经济与管理研究,2007(11).

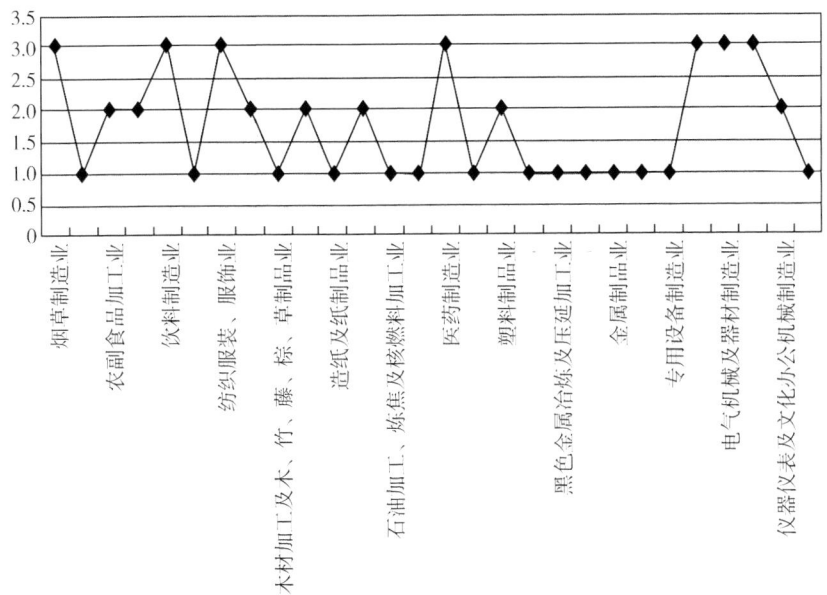

图 4-17 制造业差别壁垒分析

料及化学制品制造业等产业对稀缺资源的依赖最强;通信设备计算机及其他电子设备制造业、交通运输设备制造业也对资源有一定要求。

从产业对技术先进性要求角度分析,核工业、医药制造业、医疗仪器设备及器械制造、航空航天器制造、通信设备、计算机及其他电子设备制造业、软件服务是对技术先进性要求最高的产业,是国家鼓励发展的高新技术产业。

从政府管制角度分析,我国对产业发展控制较严。其中烟草制造是管制最严的行业,军工、电网电力、石油石化、电信、煤炭、航空运输、航运等属于国家严格管制的行业。

汽车工业长期存在市场准入限制,包括严格投资审批制度、严格的目录管理制度,只有政府部门认可的特定企业和特定产品才能开工生产和销售,同时生产企业开发新产品也受到严格的限制。

汽车业投资门槛(2009 年工信部、发改委 10 号令)

专用汽车生产企业注册资本不得低于 2000 万元人民币,要具备产品开发的能力和条件。

跨产品类别生产其他类汽车整车产品的投资项目,项目投资总额(含利用原有固定资产和无形资产等）不得低于15亿元人民币，企业资产负债率在50%之内，银行信用等级AAA。

跨产品类别生产轿车类、其他乘用车类产品的汽车生产企业应具备批量生产汽车产品的业绩，近三年税后利润累计在10亿元以上（具有税务证明）；企业资产负债率在50%之内，银行信用等级AAA。

新建汽车生产企业的投资项目，项目投资总额不得低于20亿元人民币，其中自有资金不得低于8亿元人民币，要建立产品研究开发机构，且投资不得低于5亿元人民币。新建乘用车、重型载货车生产企业投资项目应包括为整车配套的发动机生产。

新建车用发动机生产企业的投资项目，项目投资总额不得低于15亿元人民币，其中自有资金不得低于5亿元人民币，要建立研究开发机构，产品水平要满足不断提高的国家技术规范的强制性要求的要求。

新建下列投资项目的生产规模不得低于：

重型载货车10000辆；

乘用车：装载4缸发动机50000辆；装载6缸发动机30000辆。

医药制造业由于非常高的质量要求，国家通过GMP认证等制度进行管制。

综合分析，我国制造业进入壁垒偏高的部门多为原材料工业和对某些技术要求较高的制造品生产产业，包括：烟草制造业、化学纤维制造业、石油加工炼焦及核燃料加工业、黑色金属冶炼及压延加工业、通信设备计算机及其他电子设备制造业、有色金属冶炼及压延加工业、医药制造业7个部门。烟草制造业和化学纤维制造业是高进入壁垒产业的制造业代表，它们的特点一是企业数目较少，二是大企业所占比重较高。

在中国进入壁垒最主要影响因素是政策性限制，政策性限制或者制度性壁垒决定了产业总的进入壁垒高度。烟草制造业的制度性壁垒非常高，潜在进入企业很难有机会进入。

从芜马巢产业现状分析，其优势产业中钢铁产业受到严重管制，汽车产业受到一定管制，从产业壁垒角度分析直管区应选择汽车产业。从长三角优先转移产业分析，汽车、电子信息、医药是进入门槛适度，最具有发展前景的行业。

（四）芜马巢产业集中区是安徽省振兴汽车产业最佳实施区域

1. 品牌集聚

安徽有全国一流品牌两个，但两家企业散落在合肥和芜湖，没有形成汽车城的优势。芜马巢产业集中区正好位于合肥和芜湖两大汽车制造城市中间,在直管区建设汽车基地,将打通两大品牌联系,形成品牌集聚优势。

2. 提升层次

安徽的汽车没有进入全国第一集团军。在汽车细分市场只有江淮的MPV获得第一,在规模最大的乘用车和轻卡市场距离第一都有较大差距(见表4-4)。近年来在市场竞争加剧的情形下,安徽的汽车市场有下滑的趋势,需要注入新的力量发展壮大。国家近年来加强对汽车产业的整合力度,明确要求各省市企业产业要规划化、集约化发展,对于100万辆产能以下的汽车企业进行大规模兼并重组,安徽汽车企业产能远远低于100万辆,必须要借助兼并重组,迅速扩张产能,而芜马巢产业集中区沿江靠港正是产业扩张的最佳实施区域。

表4-4 江淮汽车和奇瑞汽车各细分市场份额和排名

	2009上半年市场份额(%)	名次	2008年上半年市场份额(%)	名次
奇 瑞				
基本乘用车	5.85	5	6.24	3
MPV	11.10	5	9.10	5
交叉型乘用车	21.26	1	18.50	1
SUV	3.92	6	4.06	6
江 淮				
重型载货车(总量)	7.29	5	10.61	4
中型载货车(总量)	15.86	3	11.89	5
轻型载货车(总量)	9.85	2	10.81	2

资料来源:中国汽车工业协会统计数据。

3. 产业带动

汽车是产业带动能力很强的产业,汽车业的加速发展向上可以带动钢铁产业向精品钢、橡胶化工方向发展,中间可以带动装备制造业的层级提升,向下可以带动石化、物流、金融、现代服务业的发展。而芜马巢一带在安徽最具有汽车配套环境,具有发展汽车的良好基础。

4. 芜马巢产业集中区与芜湖联动发展

芜湖的汽车业已经积累了较好的基础,初步形成了覆盖乘用车和商用车的较为完整的产业体系。但芜湖沿江工业用地基本开发殆尽,汽车产能扩张受到很大限制。芜马巢产业集中区则具有丰富的岸线资源，能容纳大汽车工业的丰富的土地资源，因此未来构筑以芜马巢产业集中区为汽车制造中心，芜湖为汽车服务和研发中心，马鞍山为原材料中心的大汽车产业格局，将带动安徽省汽车产业跻身全国第一集团军。

5. 芜马巢与合肥错位发展

合肥以江淮为代表的汽车业集中在商用车和工程专用车领域，在乘用车领域江淮刚刚涉足，仅在 MPV 产品形成突破。而中国未来汽车业主要集中在乘用车领域，商用车领域中国传统的一汽、东方占据绝对领先地位。合肥没有沿江资源，距离长三角中国最大的汽车消费市场较远，距离马鞍山等原材料供应商也较远。合肥宜定位为中部商用车和工程专用车之都，芜马巢定位为中部大汽车城市群，形成错位发展，打造安徽大汽车产业链。

（五）汽车产业未来市场前景广阔

从产业结构分析，中国乘用车现在稳定在汽车总量的54%左右（见图4-18）。欧美成熟市场乘用车占比一般稳定在70%，市场还有很大的空间。

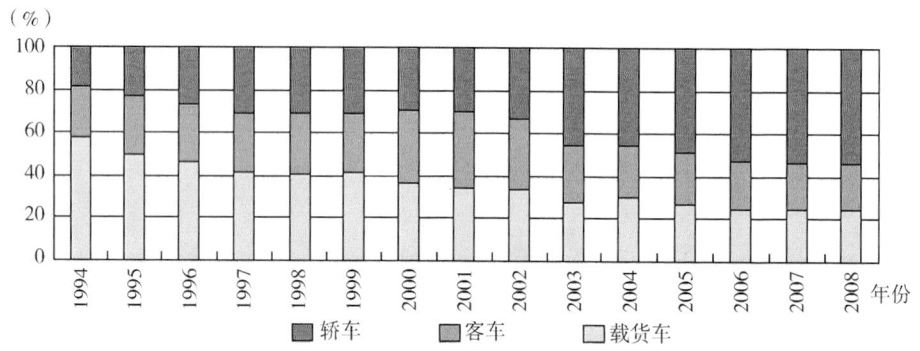

图 4-18 中国汽车产业历年产量结构

资料来源：中国汽车工业协会统计资料。

Chinfographics 预测，到 2015 年，中国千人汽车保有量将达到 100 辆，而这个数字到 2020 年将增长到 150 辆。而 2008 年，中国千人汽车保有量仅为 37 辆。

第四章 芜马巢产业选择

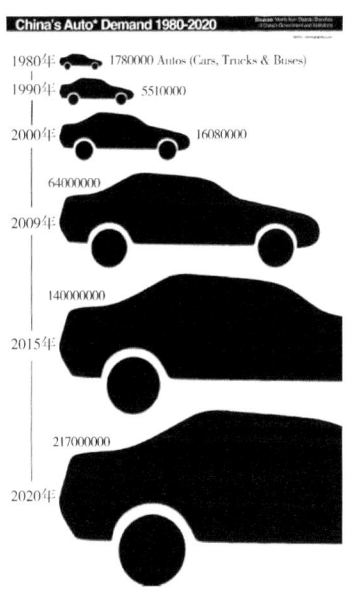

2009年1月起,自主品牌轿车市场占有率连续稳居第一。中国汽车市场已经朝着自主品牌的方向发展,奇瑞在自主品牌方面有独特的地位,芜马巢在培养自主品牌方面有较深积累(见图4-19)。

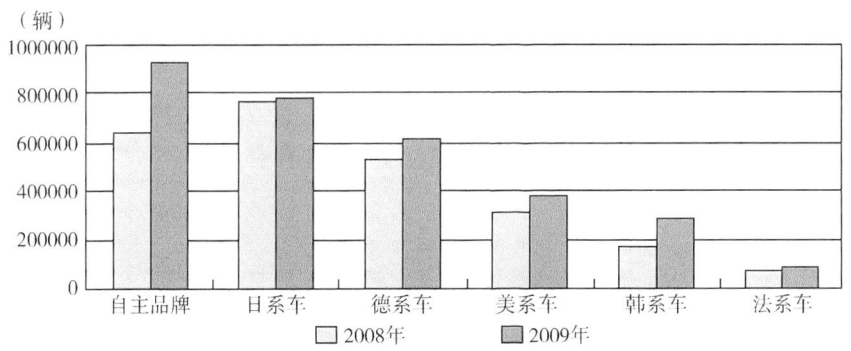

图4-19 2008~2009年上半年基本乘用车品牌销量

(六)产业升级带来新机遇

全球汽车产业经历三次产业升级,中国汽车业整体上落后世界汽车20年,在以化石能源为代表的传统汽车制造时代,我们无法抗衡西方成熟的汽车制造产业。但自2008年开始的新能源汽车革命给我们带来一次平等竞争的机会，我们与世界同步，中国的新能源汽车研发可以排列全球前三，我们应毫不犹豫地抓住这次机遇，壮大中国的民族汽车产业。

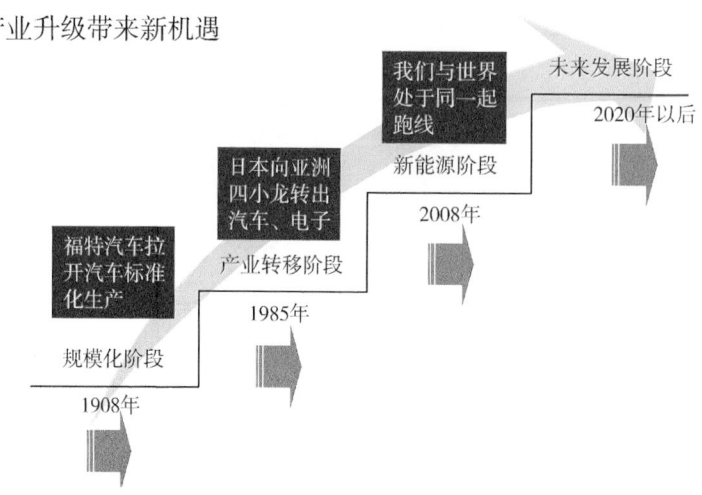

产业升级带来新机遇

（七）芜马巢产业集中区面临的挑战

国内的主要汽车产业基地集中在上海国际汽车城、长春汽车开发区、上海金桥开发区、武汉经济技术开发区、广州花都汽车产业基地，这些汽车产业基地在研发、零配件、整车制造、汽车贸易和售后服务方面各有特色，长春汽车产业开发区表现在整车制造规模优势，上海国际汽车城则体现为售后服务领先（见表4-5）。

表4-5 国内主要汽车生产基地的价值链竞争优势比较

汽车城	汽车行业价值链				
	研发	零配件	整车制造	贸易	售后服务
上海国际汽车城	++	+++	++	+	+
长春汽车产业开发区	++	++	+++		
金桥开发区	+	+	++		

续表

汽车行业价值链					
汽车城	研发	零配件	整车制造	贸易	售后服务
武汉经济技术开发区 WEDZ	++	+	++		
中国广州花都汽车产业基地		+	+	+	
CHERY 芜马巢汽车基地		+	+	+	

资料来源：根据中国汽车工业协会统计资料整理。

芜马巢整体的汽车制造业距离全国主要的汽车产业集中区还有明显的差距，无论从产业链的完整性，还是从生产制造的规模，以及企业在行业中地位等各方面都落后于主要竞争对手，芜马巢要发挥后发优势，还需要从各个方面全面引进和学习，创造性进行继承和发扬。

（八）中国汽车产能与需求

中国工信部官员认为国内汽车产能扩张过速，产能有过剩的危险。根据各大汽车企业产能扩张状况，2015 年汽车产能可能达到 3400 万辆，2020 年中国汽车保有量可能达到 2 亿辆。但 2009 年全世界汽车销量只有 6000 万辆。

与此同时，美国诺贝尔经济学奖获得者 Edward Prescott 教授提出 2010 年中国汽车产量可能达到 1300 万辆，2020 年汽车产量可能达到 1500 万辆，2030 年汽车产量可能达到 7500 万辆，2030 年汽车保有量可能达到 12 亿辆。中国千人汽车保有量 2009 年只有 45 辆，未来 20 年会一直增长，达到千人 800 辆的水平。

根据 Edward Prescott 教授的推断，未来 20 年中国汽车将保持年复合增长率 9.2%，是为数不多的高增长行业之一。中国未来五年形成的 3400 万辆产能在短期确实存在过剩的风险，但从长期看产能还需要持续扩张。

（九）安徽具备比较完整的汽车教研体系

合肥工业大学号称"中国汽车工业的黄埔军校"，培养一大批汽车工业的领军人物，合肥工业大学、安徽工程大学、安徽农业大学以及安徽科技学院一起构筑了安徽汽车、机械制造的大规模学科群，形成了多层次的科研教学体系。

合肥工业大学培养了东风汽车公司总经理徐平,奇瑞汽车有限公司党委书记、董事长兼总经理尹同耀,江淮汽车集团有限公司董事长左延安,郑州日产董事长朱福寿等一大批汽车工业领军人才。

合肥工业大学拥有全国一流的汽车教研基础。拥有 863 重大项目 10 个,省部级以上科研项目 150 余项,省级以上重点实验室 5 个。安徽工程大学也拥有 863 重大项目 5 个,省部级以上科研项目 61 项,安徽农业大学以及安徽科技学院同样在汽车教学领域有一定的团队基础。

(十) 芜马巢汽车产业定位

以整车和关键零部件制造为核心,以新能源汽车为方向,重点发展乘用车、重卡、微客、专用车,打造汽车研发、贸易、物流、展示等产业集聚地

整车和关键零部件是园区发展的基础	乘用车、重卡、微客、专用车是主导方向	大力发展新能源汽车	汽车研发、贸易、物流、展示综合集群
·通过内引外联集聚整车厂家 —与急于扩张的跨国公司合作 —吸引国内优秀品牌 ·引进国际零配件优秀企业	·乘用车结构比例还将上升,未来需求旺盛,面临产业升级的机遇 ·在宏观经济高速增长前提下,重卡需求保持高速增长 ·微客覆盖城乡潜力巨大 ·专用车亟待升级,需求巨大	·电动汽车将成为未来主流汽车 ·国家政策强力支持	·产业链的覆盖将提升园区整体定位 ·产业集聚提升整车和零部件制造竞争力

三、电子信息产业

电子信息产业是安徽相对落后的产业短板,产业补缺,互补共赢。

2006~2008 年连续三年安徽省的通信设备与计算机及其他设备制造业都是区位商排名垫底(见图 4-20)。电子信息产业的滞后已经严重影响安徽省制造业的效率提升和产业升级。合肥和芜马巢是安徽省电子信息产业相对发达地区,尤其是芜湖的汽车电子和电子视听设备有一定基础,安徽应抓住全球电子信息产业布局调整和国家确定皖江经济示范区整体对接长三角的机遇,发展电

子信息产业。

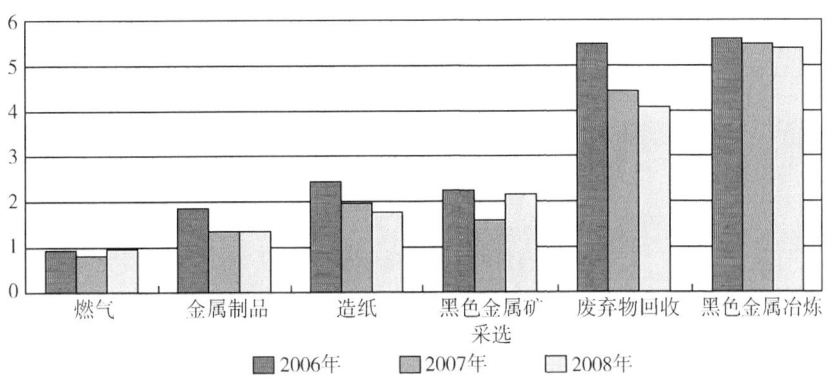

图 4-20 芜马巢在安徽省的区位商

资料来源：根据 2006~2008 年安徽省及芜湖、马鞍山、巢湖统计年鉴计算。

（一）电子信息产业跨国公司正在全国调整布局

富士康 1988 年在深圳地区建厂，向佛山、中山、东莞等地辐射扩展产能；深圳龙华科技园被确立为全球运筹暨制造总部，园区转型为新产品研发与设计中心、关键制造技术研发中心。

1998 年，惠普在上海建设中国第一个综合性的生产基地，主要生产商涉及家用台式机、个人工作站、笔记本电脑和工业标准服务器。2010 年第二个综合性生产基地在重庆正式启动。

2003 年，诺基亚星网工业园在北京经济技术开发区建成，逐步在中国建立了四个生产基地，即苏州、北京、深圳、东莞。2010 年 5 月，诺基亚国内最大的生产基地在安徽合肥蜀山经济开发区落户。

（二）电子信息产业增速平稳

改革开放 30 多年来，我国电子信息产业取得了巨大的成就。2007 年与 1977 年相比，30 多年中产业规模翻了 12 番多，年均复合增长近 30%（见图 4-21），增长速度居国内工业部门首位。

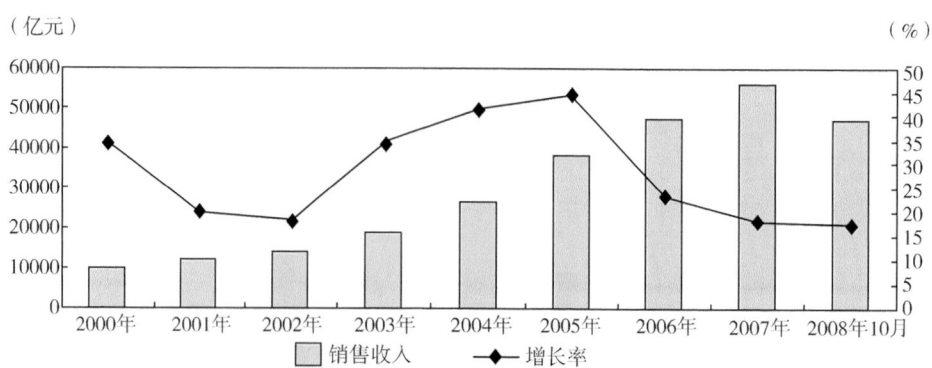

图4-21 电子信息产业销售收入增长

资料来源：来自《国家统计年鉴》。

我国电子信息产业已初步建成了专业门类相对齐全、产业链基本完善、产业基础扎实雄厚、产业结构不断优化、创新能力有所提升、行业规制科学规范的产业体系，在全球规模排第二位。

近几年，我国电子信息行业的发展达到相对成熟阶段，行业增长速度趋于平稳。2006年增长23.65%，2007年增长17.86%，2008年1~10月，增长17.6%。而2003~2005年增长率达35%~45%。

未来由于全球经济的不确定性增大，电子信息行业的增长速度可能进一步降低，但仍然有望保持15%左右的增速。

（三）电子信息中高端完全被外资所控制

从电子信息的终端产品品牌分析，国内中高端市场全部为外资品牌占据，国内品牌只能在中低端市场拼杀（见表4-6）。

表4-6 主要电子产品生产厂商市场份额（2008年）

类别	产品	主要厂商	市场占有率（%）
整机	手机	诺基亚、摩托罗拉、三星、LG、索爱	50以上
	计算机	惠普（康柏）、戴尔、联想（IBM）	45以上
	数码相机和显示器	索尼、松下、柯达、佳能、奥林巴斯等	68以上
	摄像机	三星、LG、PHILIP、冠捷、明基	50以上

第四章 芜马巢产业选择

续表

类别	产品	主要厂商	市场占有率（%）
配套元器件	LCD 面板市场	三星、LG、PHILIP、夏普、友达、奇美	50 以上
	IC 代工	台积电、联电	50 以上
	CPU	Intel 和 AMD	50 以上
	内存芯片	三星、现代、尔必达及英飞凌	50 以上

资料来源：国内市场综合数据。

（四）国内部分企业具有一定比较优势

虽然在终端品牌方面我们不占优势，但在电子信息的半导体和元器件制造以及电子消费品领域我们仍然有一些优势企业（见表4-7）。

表 4-7　国内电子信息产业代表性企业

行业	子行业	代表企业
半导体和元器件制造业	半导体功率器件行业	华微电子
	半导体封装行业	长电科技
	磁性材料	横店东磁、中科三环
	覆铜板行业	生益科技
电子消费品制造业	计算机	联想
	家用电器	海信、厦华
	手机制造	华为、中兴

资料来源：根据电子信息行业研究报告整理（2009年）。

（五）汽车电子发展历程

根据《汽车蓝皮书——中国汽车产业发展报告2009》对我国关键零部件企业产品开发能力的调查结果显示，目前我国汽车零部件工业只能满足中低档车型的基本配套要求，汽车零部件的生产和研发整体滞后于整车的发展，无法对整车的生产和研发形成强大支撑。在我国的汽车零部件中，汽车电子作为汽车零部件的灵魂可以说基本没有被国内厂商掌握。

汽车电子就是电子信息技术在汽车上的应用，汽车电子的发展历程大致可分为以下三个阶段（见图4-22）。

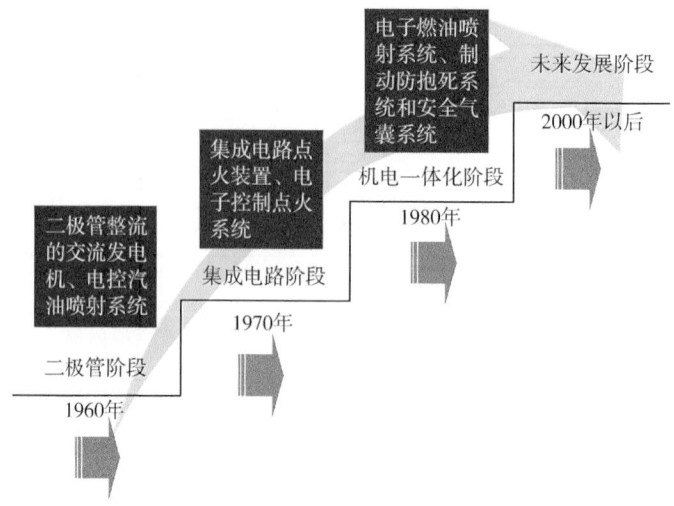

图 4-22 汽车电子发展历程

(六) 中国汽车电子市场规模

中国汽车电子刚刚起步，市场规模只及世界市场的 1/10。中国汽车电子发展较快，销售额增速超过世界市场平均增速四倍，增速超过汽车整车市场增速。汽车电子占整车成本比例正在快速增长。市场需求的快速增长给国内企业带来机会（见图 4-23）。

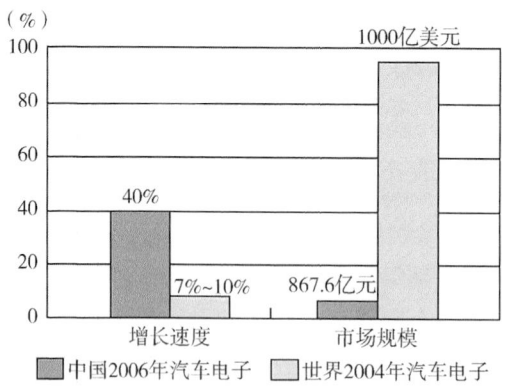

图 4-23 中国汽车电子市场规模与世界市场对比

资料来源：根据汽车工业协会资料计算。

根据北汽董事长徐和谊的判断,汽车电子占整车成本的比例将从 2005 年的 23%稳步提高到 2008 年的 30%、2010 年的 40%(见图 4-24)。

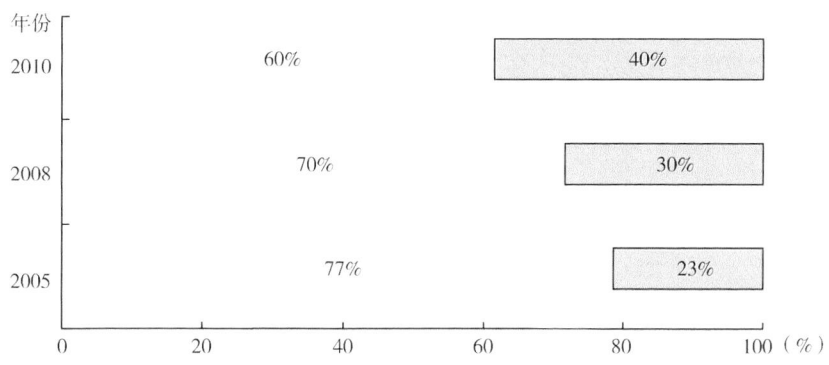

图 4-24 中国汽车电子占整车成本比例

资料来源:根据汽车工业协会资料计算。

(七)中国汽车电子市场结构

汽车电子被动力控制、底盘控制和安全系统、车身电子以及车载电子四分天下(见图 4-25)。

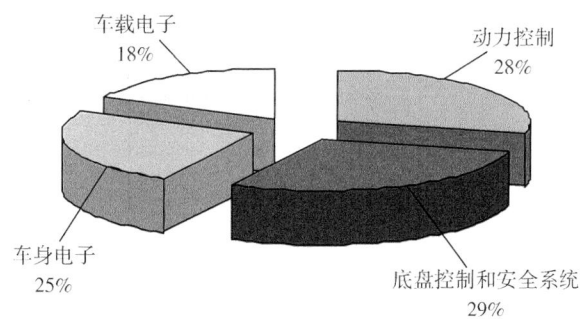

图 4-25 中国汽车电子市场结构

资料来源:根据汽车工业协会资料计算。

底盘控制和安全系统升级的速度最快,底盘系统多样化、复杂化和智能化成为产品演进的主要趋势。

车身电子正在加速普及,轿车、SUV、MPV 等乘用车对电子产品的需求最为旺盛。

2006年，中国车载电子市场规模增长速度达到近50%，车载音响所占比重仍是最大的，GPS产品市场是2006年车载电子市场上的亮点。

国外企业向中国的产能转移。为适应零部件国产化需求，许多国际知名的零部件和汽车电子厂商纷纷追随来华投资的汽车厂商到中国设厂。

一批国内汽车电子厂商迅速成长起来，在车载电子领域，本土厂商发展得最好，如汽车音响、便携式车载GPS等产品领域（见图4-26）。

1. 汽车电子对电子信息产业带动明显

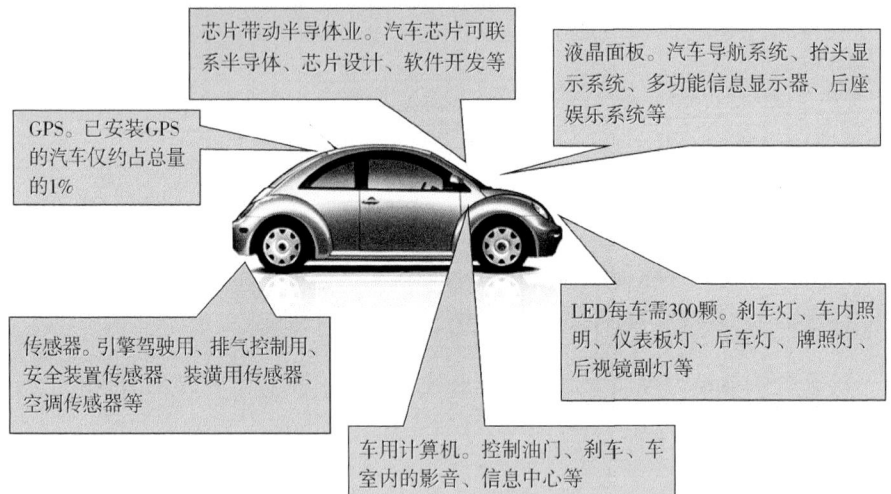

2. 中国汽车电子发展趋势

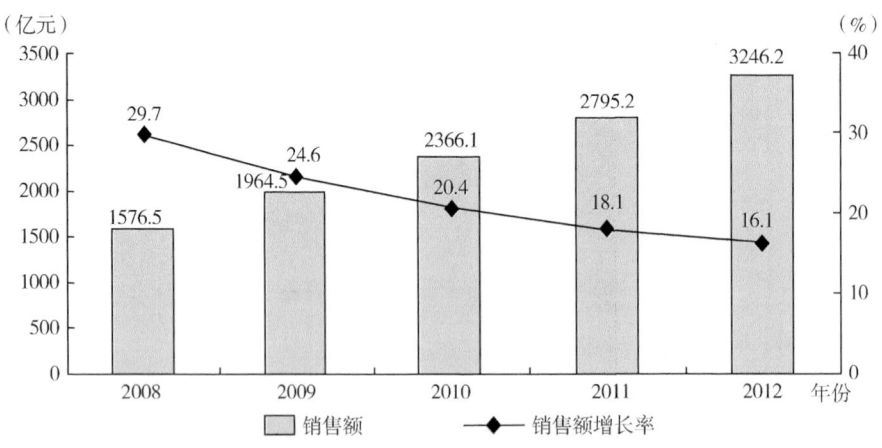

图4-26 中国汽车电子市场销售增长

资料来源：数据来自赛迪顾问资料整理。

赛迪顾问预计到 2012 年，中国汽车电子市场规模将超过 3200 亿元（见图 4-26）。中国的汽车电子市场将从目前集中在车载电子阶段逐步向安全气囊控制和 ECU 发展，目前已经涌现了像航盛电子这样的领先企业。

（八）芜马巢电子信息产业定位

以汽车电子为核心，向半导体、液晶面板、视听设备、照明器具、GPS、计算机及通信设备等方向拓展，形成中部新兴电子信息产业基地。

四、生物医药产业

生物医药产业是国家重点发展的战略性新兴产业，是关乎民生的支柱型产业，具有广阔的发展前景。

（一）芜马巢有发展生物医药的基础

芜马巢的上游城市安庆是安徽最重要的石油化工基地，安庆依托自身的石油化工基础已经形成了比较完整的精细化工产业链，为进一步向医药制剂发展奠定基础。

巢湖依托无为二坝的华谊煤化工基地，奠定了发展精细化工的基础，同样为发展医药产业做好了铺垫。

（二）生物医药是未来发展空间无限的先进制造业

从 1970 年到 2000 年的 30 年间，全球医药工业产值增加了 15 倍。2000 年以来医药产业继续保持高速增长势头，2000~2004 年全球医药工业产值年均复合增长率达到 15%（见图 4-27）。

中国医药产业在 2000 年以后进入快速增长阶段，产值年均增速超过 20%（见图 4-28）。

中国的化学药是生物医药最主要的细分产业，随着规模扩大，增速稍稍下滑，但仍保持约 18% 的增长速度（见图 4-29）。

（三）长三角急于转出生物医药的传统制造环节

长三角的医药产业正在向先进制造业转型，向研发环节发展；而传统制造部分受土地、劳动力资源的约束急于转出。

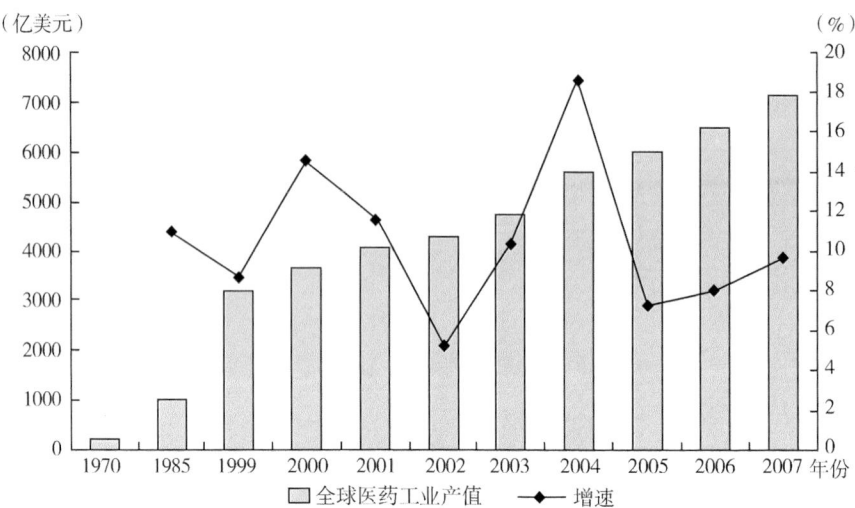

图 4-27 全球医药工业产值增长

资料来源：IMS。

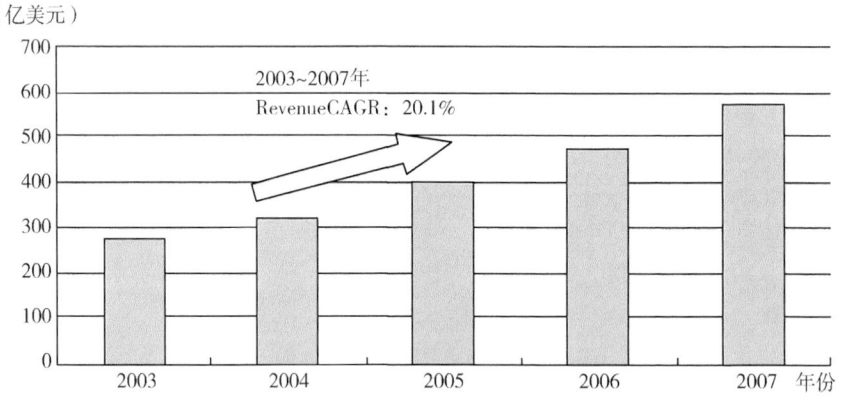

图 4-28 中国医药工业产值增长

资料来源：高盛研究报告。

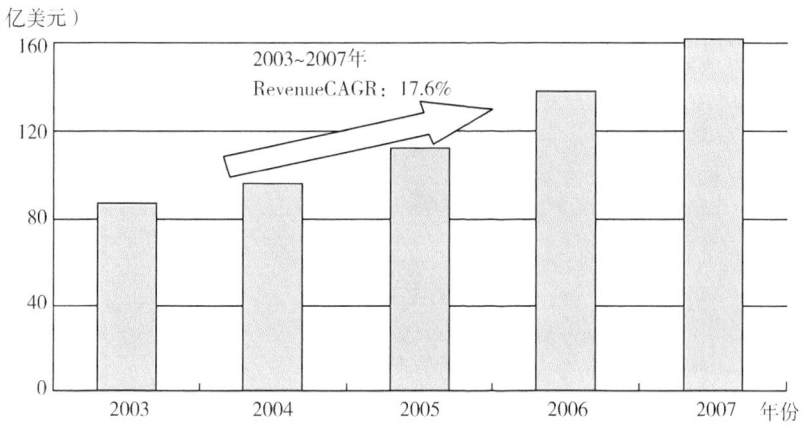

图4-29 中国化学药产值增长

资料来源:高盛研究报告。

(四) 医药中间体原料药是精细化工最主要的产品

精细化工包括农药、医药、燃料、涂料、三大合成材料助剂和催化剂等。医药中间体和原料药在精细化工市场中主导占主导地位(见图4-30、图4-31)。

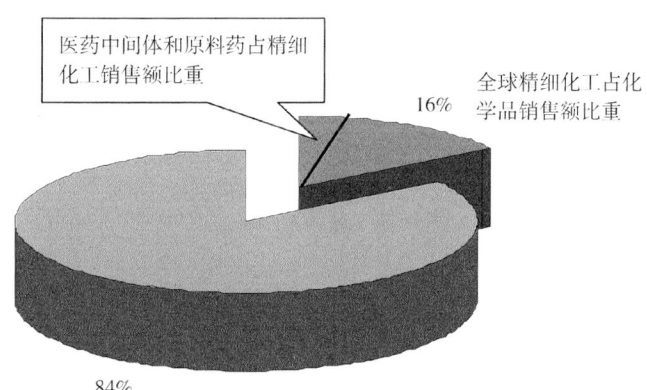

图4-30 全球精细化工占化学品销售额比重以及医药中间体和原料药占精细化工销售额比重

资料来源:根据IMS资料绘制。

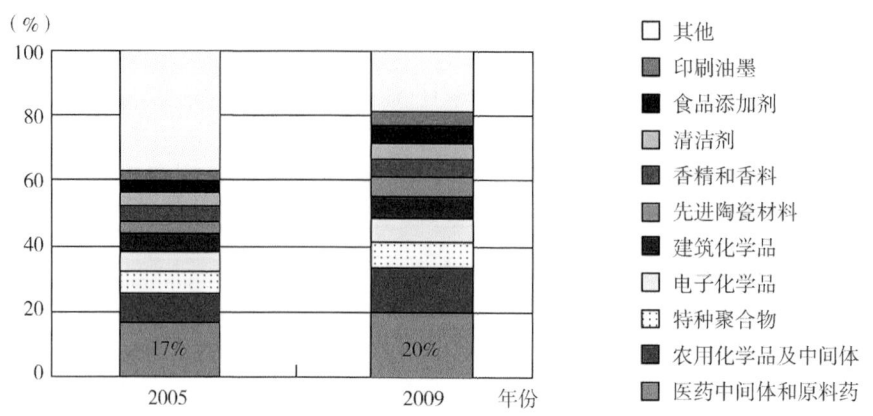

图4-31 全球精细化工主要产品市场份额

资料来源：IMS。

2009年世界化工产品总销售额3.2万亿美元，全球精细化工市场规模超过5000亿美元。2009年中国精细化工在全球排名第三（见图4-32）。

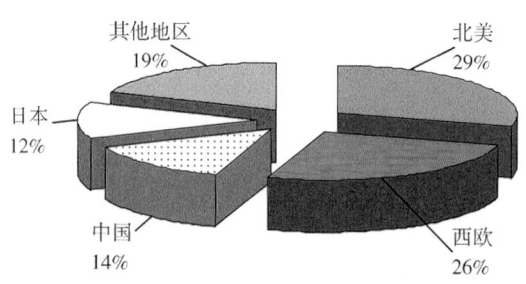

图4-32 全球精细化工市场分布

资料来源：IMS。

(五) 我国医药中间体已在全球崛起

2006年我国净出口量达到500万吨，净出口金额达160亿美元。2006年底我国精细化工企业达到13000家，2009年为17000家。2004~2008年我国中间体企业毛利率维持在11%~14%，受宏观经济影响小。20世纪90年代后全球中间体转移到中国和印度。

我国医药中间体主要集中在抗菌素、解热镇痛、维生素等方面。主要集中在浙江台州和江苏武进、金坛和常州一带。

2006年我国医药中间体的生产值在1900亿元人民币，占我国精细化工行业总产值的近20%，产量达450万吨。2007年我国医药中间体产值为2400亿元，同比增长23%，产量为520万吨，同比增长16%。2004~2007年复合增长率达到25%（见图4-33）。

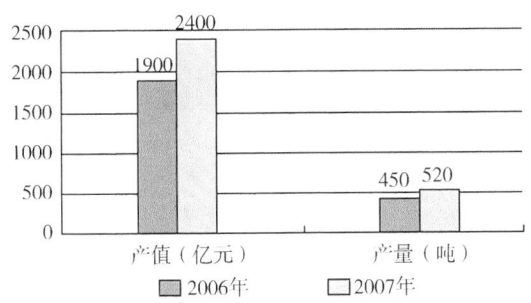

图4-33 我国医药中间体2006~2007年增长情况

资料来源：南方医药研究所。

（六）全球仿制药增长在即，中间体带来大量机会

仿制药市场最近几年在全球制药业中引起广泛重视并进入快速发展阶段，其中的直接促成因素有二：一是"重磅炸弹"级药物专利到期；二是各国政府为削减药品开支，鼓励患者选用价格低廉的同效非专利药。在供需两方面的双重推动下，全球非专利药市场近两年的销售年增幅都超过20%，是专利药市场增速的4倍，医药市场总体增速的3倍。

新药研发越来越艰难，为仿制药带来增长机会。2000年以后创新药新分子数量锐减，发达国家也开始加大仿制药生产规模（见图4-34）。

（七）长三角医药集团向外拓展原料药产能

曾经占有全国70%原料药市场份额的上药集团，20世纪后期因为一心要"走高端"逐渐收缩原料药生产，最低潮时国内市场份额跌到3%，这显然不利于其打造"中国医药航母"。

自2003年成立起，重塑国内强势与培育国际竞争力。上药原料药事业部又按美国FDA与欧洲EDQM的标准要求，积极改进原料药生产工艺和管理流

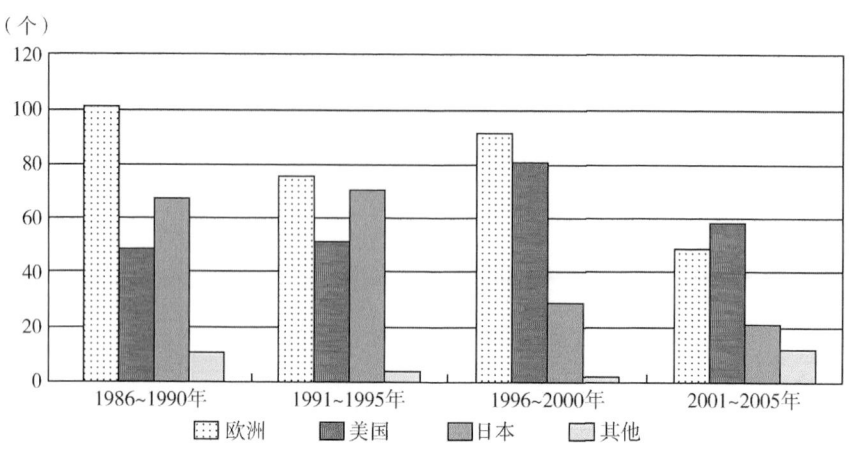

图 4-34　全球主要医药新分子研发数量

资料来源：IMS。

程，先后促使旗下 4 家工厂和 14 种原料药产品通过了 FDA 和 EDQM 认证，取得了进入欧美的通行证。世界排名前 20 位的跨国药企都与上药集团洽谈了原料药委托加工事宜。但受制于上海高昂的土地、环保成本，上药集团的原药重振计划受到很大的限制。

(八) 芜马巢生物医药产业定位

依托皖江的原材料优势和化工业基础，积极向生物医药产业方向发展，通过吸引长三角大型医药产业集团，逐步构筑完整的医药产业链。

第六节　芜马巢产业集中区产业发展战略

芜马巢产业集中区要从零起步，快速发展成一个现代产业新城，必须要依赖安徽省的全力支持，必须要汇集芜马巢的优势资源，积极承接，跳跃发展，后来居上，奋勇当先。以产业为核心，汇集高校、行政资源，先行建设交通基础设施，构造三市一体化发展格局，依托沿江临港优势，打造现代汽车之城、电子信息基地和生物医药高地。

一、产业核心战略

以产业为核心,以大企业为载体,以产业链为依托,推动直管区快速发展。

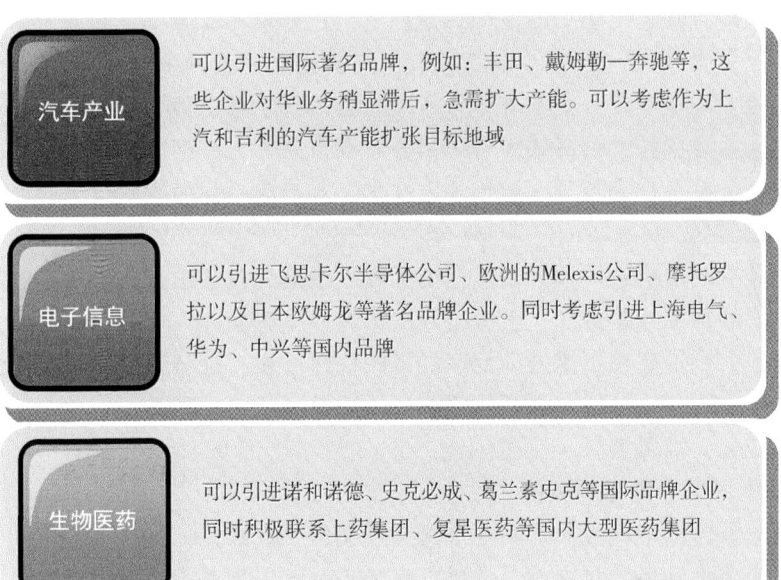

区域的竞争主要是产业链的竞争,考察的是区域是否形成了完整的上下游产业链,是否拥有产业链上的核心环节。珠三角和长三角均已形成了完整的产业链,珠三角的电子信息产业链最为完整,而长三角的装备制造业最为完善。中部地区则鲜有完整产业链,只是在产业链的个别环节上拥有一定的比较优势,构成了区域经济竞争力的短板。通过大企业的引入可以带动配套企业快速聚集,尽快形成完整的产业链。芜马巢产业集中区选择的主导产业在长三角有较多的代表性的国内外知名企业,通过引入这些企业,可以带来皖江城市带产业链的快速成长。

二、高校先行战略

引进知名高校,提高直管区品位和产业高度,推动直管区向产业链高端发展。

城市产业成长与治理结构变革

安徽拥有合肥工业大学等在国内具有汽车机械制造学科优势的高等院校，应充分发挥高校资源优势，积极引入园区，通过高校推动产业发展。

依托高校资源发展产业园区最著名的案例就是硅谷。

1. 硅谷案例

硅谷位于美国加利福尼亚州的旧金山经圣克拉拉至圣何塞近50公里的一条狭长地带，是美国重要的电子工业基地，也是世界最为知名的电子工业集中地。它是自20世纪60年代中期以来，随着微电子技术高速发展而逐步形成的，其特点是以附近一些具有雄厚科研力量的斯坦福、伯克利和加州理工等世界知名大学为依托，以高技术的中小公司群为基础，并拥有思科、英特尔、惠普、朗讯、苹果等大公司，融科学、技术、生产为一体的国际最为知名的高新技术产业园区。

在硅谷的示范效应下，现在全世界都已经把高校资源作为推动产业园区或城市发展的重要战略选择，上海国际汽车城、上海松江大学城、南京仙林大学城都由于引入了高校资源推动地区经济的快速发展，社会影响力日益增强。美国尔湾市、匹兹堡同样因为高校资源而使得地区产业顺利转型，城市的面貌发生巨大变化，吸引大量人口居住。

2. 上海国际汽车城案例

上海国际汽车城为同济汽车学院无偿提供750亩、低价提供750亩建设用地，配套建设汽车质检中心、燃料电池汽车研发、风洞实验室项目，奠定国际汽车城中国汽车研发中心地位。

大学校区与产业园区在政府推动下将形成融合发展的格局，大学的知识溢出推动企业技术创新，企业的研发需求直接推动大学科研成果转化。硅谷的成功经验表明，政府的政策倾斜、发达的投融资渠道以及鼓励创新、宽容失败的创业氛围将构成校区联动发展的最关键支撑。

三、行政资源战略

政府迁入新区，将带来行政决策的高效、资源配置的有效和交易成本的节约。直接带动高校和产业向新区集中，推动新区快速发展。

直管区地处皖江城市带核心位置，完全可以将皖江协调机构、巢湖市政府迁入直管区，打造芜马巢一体化城市群。

昆明呈贡新区案例：

（1）昆明市政府为发展呈贡新区，将市政府整体迁入，带动云南高校、产业向新区集中。

（2）2008年呈贡政府大楼落成，同年云南师范大学、昆明理工大学、云南民族大学和云南中医学院先后进驻，2009年云南白药、东盟商贸港等产业项目落地，带动昆明各类教育资源和产业资源向新区集中。

四、交通先行战略

直管区应形成通达的公路和铁路网络，构建对接机场和沿江港口的水、陆、空立体交通体系。与芜湖、马鞍山之间建立城际轻轨，并与南京相连，打通皖江与长三角的快速通道。立体交通将使直管区快速融入长三角产业分工，进入全球经济体系。

上海国际汽车城案例：上海国际汽车城建立了空、地、轨、铁的立体交通体系。

（1）空港交通，建立了连接虹桥国际机场和上海浦东国际机场的快速通道。

（2）高速公路，建成的沪嘉浏高速、沪宁高速、嘉金高速、郊区环线、312国道、204国道、宝安公路、嘉安公路等快速干道穿越园区，通往长三角。

（3）轨道交通，轨道交通11号线连接安亭镇与市中心城区，使交通通勤更为快捷。

（4）铁路交通，京沪铁路、沪宁城际铁路和沪通铁路在安亭均设有站点。

五、同城一体化战略

芜马巢一体化建设有利于打破原有狭小的建设格局，统筹规划，功能分工，集约发展。芜马巢优势产业集中在钢铁、水泥等原材料制造环节，汽车/电子等中后端制造业则规模偏小，优势不突出。芜马巢产业集中区的出现将带来三地产业互相借力、均衡发展的一次机遇，三地产业一体化谋篇布局，马鞍山借助江北的腾飞扩大钢铁产能、实现产业升级，江北借助马鞍山的钢铁和芜湖的水泥发展汽车和住宅产业化，借助芜湖的汽车/电子产业雏形建构大汽车产业，芜湖借助江北的大汽车制造发展汽车高端零配件和后端服务，三地形成产业交互推动、人才互为补充、资源充分共享、城市共同繁荣的格局。

芜马巢应学习武汉三镇发展经验，尽快启动一体化建设，统一规划和布局芜湖、马鞍山和芜马巢产业集中区三地城镇、产业、基础设施，实现三地资

城市产业成长与治理结构变革

本、人才、商品自由流通,形成马鞍山原材料工业城市、芜马巢产业集中区中后端产品制造业城市、芜湖商贸和文化中心城市的分工格局。

武汉三镇一体化建设案例:

(1) 江汉大学副校长、城市研究所教授涂文学这样阐明武汉建市的重大历史意义:建市使武汉三镇最终摆脱了县厅的狭小建制,首次摆脱行政分治状况而形成了统一体。

(2) 三镇实现合理分工,汉口是武汉最繁华最热闹的商业区,也是华中地区商品集散的中心。武昌是武汉高等学府集中的文化区,是武汉现代城市文化的体现;汉阳则是市政府重点发展的开发区,凸显着武汉的未来。

六、沿江临港战略

芜马巢产业集中区依托长江沿线资源和港口优势,具有发展沿江产业和临港产业集群的优势。

临港产业是以港口为中心、以城市为载体、以腹地为依托、以产业为支撑、以运输体系为动脉、以综合服务为配套的开放型产业体系。

临港产业是世界港口城市发展的首选产业,城市经济的重要支撑和带动城市产业结构调整的关键点。美国的纽约、洛杉矶,荷兰的鹿特丹,日本的横滨,比利时的安特卫普,英国的伦敦,韩国的釜山,新加坡,以及我国的香港、上海、天津、大连等都提出了"以港兴市、以市促港"的战略,依托港口以临港产业区及产业区内企业群落为主体,形成临港型产业经济集群,促使港口的多功能充分释放,由单纯的水路运输枢纽转变成为城市和腹地经济服务的基地和龙头。

郑蒲港中心港区主要由郑蒲冶金工业港区和郑蒲公用港区两部分组成。冶金工业港区充分利用郑蒲深水岸线优势,以马钢扩容为契机,以冶金原料、产品的中转、运输为主,建设大型冶金专用深水码头,兴建万吨级和5000吨级的码头泊位。公用港区建设重点是大型通用泊位和集装箱泊位。郑蒲港将建设1个5000吨级集装箱泊位和2个5000吨级件杂货泊位,并兼顾万吨级船舶停靠,设计吞吐量为集装箱15万标箱,件杂货150万吨。

由于有郑蒲港这个水运枢纽,马鞍山钢铁等优势产业将自然向芜马巢产业集中区延伸,贸易仓储、包装加工等产业逐次在直管区周边形成,而直管区的汽车、医药、电子等产品也需要通过郑蒲港进行物流配送,港口物流区将自然形成原料、中间产品、产成品的交汇,城市的资源调配以港口为中心向各产业区拓展,形成集约化快速便捷的物流体系,大大提高城市的运营效率。港口对城市经济发展的贡献包括直接贡献、间接贡献和诱发贡献。直接贡献包括码头作业、码头建设、港口管理、转运物资的仓储业、代理业、直接运输业、船舶维修等。间接贡献主要包括相关金融保险业,物资供应商和港口用户等。诱发贡献是指港口直接和间接贡献的波及效应。

港口具有内陆和海外两方面的腹地,港口的辐射功能把内陆和海外的经济联系起来,能够使内陆经济融入全球经济。港口经济不但成为两方面经济的交汇点(内陆与海外经济),而且也成为了两种文化的交汇点(东西方文化),进而也就为特色产业的产生奠定了基础。港口成为与国际连接通道的重要节点,是区域加入经济全球化和社会分工的基础,港口周边200公里内城市,充分利用港口的有利条件,成为我国经济最为发达的地域。

港口对于直管区的重要性在于通过长江水系把直管区与长三角沿海城市直接相连,把直管区纳入以上海港为核心的覆盖江苏、浙江、福建沿海及长江中下游港口的国际航运体系,郑蒲港将成为长江干线南京以下的江海物资转运枢纽,直接带动直管区产业与长三角的对接。

港口城市由于有与海外的联系通道,容易成为多元文化的交汇地、各类思潮自由交锋的平台,吸引众多学者文人聚集。沿江临港产业联系多重复杂,吸引各类复合型人才汇集,形成人才集聚高地。

沿江临港是孕育大城市的摇篮,是发展重化工业的天然集聚地,是科技创新的前沿,是人才的归宿。直管区应发挥天然特质,重点发展以汽车为代表的装备制造业,以电子信息、生物医药为代表的高科技产业,打造科技研发的良好环境,吸引优秀人才。

第五章 珠三角城市群

珠三角城市群由 11 个大大小小的城市组成,是一种"9+2"的城市模式,包括珠三角的 9 个市,香港和澳门两个特别行政区,总面积达 5.59 万平方公里,占广东省的 31.1%,人口达 3504 万人,城市化水平达 72.9%。珠三角城市群已形成以香港为核心,广州、深圳为重要节点城市的都市圈层,形成自身较成熟的产业链条,在世界级城市——香港的带领下成功融入全球产业分工体系。

第一节 珠三角发展模式与多元资本混合治理

珠三角是我国改革开放以来发展最早的地区,凭借着沿海地缘优势,国家给予的特区优先开放的政策,依靠"三来一补"起步,成为与香港之间"前店后厂"发展模式的最大受益体。珠三角发展的主要驱动力来自于最大的特区——深圳。

特区成立初期主要发展"三来一补","三来一补"是指我国企业与国外、中国港澳地区企业之间进行的来料加工、来样加工、来件装配和补偿贸易四种经济合作方式的总称。由于所有的原辅材料、设备都来自海外,生产出的半成品还要送到海外去装配,因此与中国香港紧紧相连的深圳占有天时地利之便,吸引了更多的外资,随着工人技能的逐渐成熟,香港制造商把整个制造环节全部迁移到深圳,拥有低廉劳动力和土地成本的特区吸引越来越多外商前来投资,形成了以出口为导向的加工经济。1990 年随着浦东开发,特区政策淡化,特区经济发展进入第二阶段,从工贸结合、工业为主的模式转向技术推动、贸工技结合的模式。

深圳设立为特区时没有现代产业基础,但拥有大量的土地和全国涌入的充沛的劳动力,城市发展从零起步,使得城市可以大拆大建,巨量资本、充足土

第五章 珠三角城市群

地、廉价劳动力，构成深圳城市发展巨大动力。深圳敢于利用国有土地出租换取开发资金，基础设施建设先行，通过银行借贷，超常规建设。良好的城市基础设施吸引了更多的外资进驻，在改革开放初期，深圳吸引了大部分流入中国的外资。1981年，四个特区占中国 FDI 的 59.8%，其中深圳一市占 50.6%（Wong，1987）。

在深圳的带动下，珠三角在改革开放之初利用毗邻港澳的优势，在引进外资方面走在全国前列，1980 年珠三角引进外资 1 亿美元，1993 年达到 64 亿美元，人均利用外资达到 290 美元，远远高于全国人均 31 美元的水平。外资在珠三角的分布逐渐由大城市向小城镇扩散，1980~1993 年小城市累计实际利用外资 69.7 亿美元，占珠三角总量的 34.7%，同时广州累计利用外资 29.4 亿美元，只占 14.2%。小城镇利用外资增长速度最快，1980~1993 年小城镇利用外资增长 45.1%，而特大型城市广州只增长 29.9%。珠三角的外资流入特点与长三角完全不同，长三角主要集中在上海、苏州等中心城市，而珠三角则更多流入佛山、中山等中小城市。

在珠三角的发展过程中，形成了顺德模式、南海模式、东莞模式、深圳模式四种模式。

"南海模式"是最为典型的内生型发展模式，善于经商的本地农民，利用珠三角最先改革开放的天时地利之便，先从贸易做起，赚到了第一桶金，随即由贸易向上追溯到工业制造领域，并逐步在工业中加入技术研发的因素，一步步提升其产业档次。

"顺德模式"与"苏南模式"有些类似。顺德利用在计划经济时期形成的国有和集体工业基础以及工业经营人才，县镇村政府积极扶持当地能人承包经营，鼓励大办乡镇工业，从资金、基础设施、劳动力等多个方面给予企业支持，使得顺德在家用电器等领域迅速建立起一批全国知名品牌，奠定了顺德的产业基础；20 世纪 90 年代的改革完成了这些乡镇工业的私有化过程，使顺德转型为以民营经济为主的地区。中山市的西北部小榄、东凤等镇，以及佛山市区等部分地区，亦具备顺德模式的特点。

"东莞模式"与深圳在改革开放初期的"三来一补"加工贸易模式基本相似，大量台资企业依靠来自台湾的订单利用东莞的低廉土地和劳动力，集聚加工，形成巨大的生产规模，东莞与深圳的关外宝安龙岗地区连片发展，由于生产的规模效应和相互配套的范围效应，推动东莞成为全球最集中的纺织服装、玩具、五金、电脑资讯等产品生产基地。

"深圳模式"是最有代表性和最有生命力的珠三角发展模式，从早期的"三来一补"，到 1990 年后，产业向科技产业升级，原有的加工贸易业则向关外的宝安龙岗以及东莞地区迁移；再到 2005 年后，第三次产业转型，在原有工业、高科技产业的基础上，产业重心开始向高端服务业转移。

珠三角以加工贸易起家，这种以低利润加工贸易为主的经济增长模式严重依赖廉价劳动力，更多的是占据产业链条最低端的位置，分工模式过于落后，缺乏沿着产业链条升级的能力。跨国公司进入更多是增加了珠三角企业的短期收益，并且为其低层次产品找到了巨大的需求空间，这使得当地企业不思进取，为了短期利益而忽视长期利益的存在，最终陷入低端化陷阱中不能自拔。深圳一段时期的迷失，东莞模式的式微都是这种发展方式的结果。所幸的是深圳利用国际多元资本建立起的良好企业治理结构，使得企业没有满足于加工贸易的微薄利润率，通过积极投入研发，发展自身的科技创新能力，深圳诞生了一批国际级的民营高科技企业。

在珠三角的发展过程中，由人际网络推动外资引进和产业集聚的特点非常明显，台资和港资向珠三角的集聚主要依循乡缘和亲缘关系，通过熟人关照在当地开厂置业，原来与企业上下游配套的厂家也纷纷前来投资，由一家企业发展到一条产业链。东莞的台式电脑制造集群就是通过这样的方式发展起来的。这种依靠人缘关系自然集聚起来的产业集群显得松散、缺乏整体规划和协调，与苏南政府提前规划、强力推进的园区式发展有很大区别。

邓宁（1993）指出国际直接投资与制度因素有关的变量包括产品和劳务贸易的人为障碍、地区间的意识形态、语言、文化、商业惯例以及政治差异、经济体制和政府战略。珠三角就是发挥了与港澳台地域相邻、语言相通，有血缘、亲缘、地缘等一系列社会关系的优势，大大降低外商交易成本和回避风险，吸引了大量投资。Hsing Y.（1996）针对华南 FDI 集聚现象特别提出"血浓于水"理论，对台资在华南的投资进行研究，发现台商直接投资是通过台商与地方官员的个人关系网络达成的，形成这样的网络的原因主要在于中国台湾与华南文化相通、地域相邻以及中央给予华南地方政府灵活的经济自主权。除台资外，中国港澳以及海外华侨资本同样也大量投资于华南地区，血缘、亲缘、地缘等一系列社会关系的优势，大大降低了外商交易的成本和风险，吸引了大量投资。

这种人际网络在珠三角形成了不同圈层，资金、信息、产品在圈层内交易非常便捷，交易成本极低。但不同圈层之间则信息不通，交易成本极高。这种圈层结构割裂了市场的正常资源配置关系，使得寻租等非市场行为大行其道，从而提高了总体社会交易成本。在这样一种社会圈层结构下，企业治理受外部关系资本的影响极大，难以建立透明、规范的治理结构，企业容易因人设事，

第五章 珠三角城市群

难以形成制度化的规则体系。没有稳定规范的治理结构，企业的持续发展能力难以形成，导致珠三角中小企业众多，领军型的大型企业较少。

深圳得益于与中国香港紧紧相邻，人员、物资、信息双向的快速交汇，使得深圳没有陷入珠三角其他地区的圈层社会结构中，深圳原住居民较少，外地人口、外来资本是区域发展的主流，在中国香港成熟市场制度的示范下，易于建立市场化的规则体系，深圳的资本来源非常多样，我们可以看到国有资本、民营资本和外资基本平衡，而在其国资体系中，可以看到本地国资、北京央企与香港央企资本的平衡，在外资中，则可看到港台资本、亚洲资本和欧美资本的基本平衡，而在深圳的民营资本中，则可以看到深圳模式的精华部分：民营创新科技企业群体。随着沿海四大特区开放后，以深圳为代表的珠三角地区快速发展，随着外资的大量引进，珠三角地区形成了外资带动，国有资本、民营资本相互融合的多元治理模式，这种模式植根于深圳对外开放、与香港接轨的决心，香港市场化制度成为社会学习模仿的对象，香港资本在所有投资领域都受到欢迎，形成了国有资本、民营资本和外资相互融合、公平竞争的局面。充分多元化的资本，来自全国各地的多元化人才，再加上以深圳证券交易所为代表的市场化的制度环境，使得深圳保留着不断创新的激情，这种活力扩散到珠三角，带动整个区域的发展。

深圳的企业制度变革从蛇口工业园区起步，1979年成立的蛇口工业园区最早试行市场化的劳动用工制度、干部聘用制度、薪酬分配制度、住房制度、社会保险制度、工程招投标制度及企业股份制改造，较为完整地吸收了香港的市场化制度，推动产业规模快速放大。从园区起步发展出了招商银行、万科、平安保险、中集集团四家最具现代企业性质的著名企业，成为各自产业领域内的龙头企业。深圳知名企业的共同特点就是非常重视企业制度变革，建立规范的治理结构。由于外部治理环境非常类似于英美多元化资本的特点，深圳知名企业较之长三角企业可能更接近英美企业的治理结构，注重强调董事会对企业的控制和决策中心作用，弱化股东对企业的影响。一批具有创新创业精神的企业家在深圳的治理环境中成长起来，深圳的治理环境是强调企业独立经营，大股东充分尊重总经理及管理层的决策，不轻易干预企业的日常经营，董事会与总经理分工合作，总经理拥有日常经营决策权，在企业内部拥有绝对权威，同时承担经营方面的全部责任。深圳企业的CEO文化浓厚，不强调层级，但非常看重承担的责任（是否为主要责任人），使得无论是国企管理人，还是民营企业老板，使命感都很强烈，浓厚的商业氛围推动这些管理人全身心投入企业发展规划，在企业成功的同时管理人也成长为知名企业家。与此形成鲜明对比的是上海及长三角地区也有很多大企业,由于缺乏这种外部的治理氛围,可以称之为企业家的企业管理人非常少。

与深圳企业治理结构不断变革不同,珠三角其他地区的治理结构变革则经历重重困难,导致了企业发展缓慢,城市建设的落后。在20世纪80年代,由于地方政府的开明与倾力支持,顺德占据全国家电产量的1/6,是全国最大的冰箱、空调、热水器和消毒碗柜的生产基地,还是全球最大的电风扇、微波炉和电饭煲的制造中心,容声、美的、万家乐和格兰仕并称中国家电四朵金花,有一年评选全国十大乡镇企业,顺德赫然占据五席。

但是当20世纪90年代后期,长三角大力推进乡镇企业产权改革,政府与企业脱钩,视企业为己出的顺德地方政府却表现得非常的不平衡。以容声为例,以潘宁为首的经营团队多次提出希望镇政府能够清晰产权,实施管理层持股和独立经营,但是镇政府不为所动。1994年,潘宁决定另辟蹊径,他将企业变身为科龙集团,宣布新创科龙品牌,进军空调行业。通过企业自身控制的科龙品牌,摆脱政府的强控。他的这种"独立倾向"当然引起了镇政府的注意,镇政府安排主管工业的镇长徐铁峰入主科龙,潘宁在60岁到来之际"准时退休",使得一个快速发展的品牌企业逐渐走向没落。到2006年前后,顺德家电集群已不复当年景象,除了美的集团完成了产权的清晰化改造并成为全国最大的小家电制造商之外,其余企业均出现不同程度的衰落,其中,产权改造的滞后是很重要的因素之一。

在珠三角,广州是仅有的国有资本处于强有力控制地位的城市,由于国有资本主要集中在汽车、石化等重化工业,因此在改革开放初期引进外资主要集中在轻工业领域时,广州引进外资规模相对较少,发展较为缓慢。但是当2000年后中国开始进入重工业化时代,市场的巨额需求、外资的大量涌入使得广州国有企业迎来快速发展时期,汽车、石化、造船等产业一片生机勃勃的景象。广州的外部治理环境类似于上海,国有资本在市场上占据主导地位。但是上海的国资与民资、外资已经在市场中找到各自合理定位,形成多种形式的合作关系。而广州的国有和民营企业则冲突较多,两种资本在市场中相互争夺,企业制度有待变革。

在珠三角外部市场化环境最好、治理结构最为规范的深圳从一个小渔村迅速发展成为世界知名的现代都市,深圳形成了高新技术产业、金融产业、物流产业、文化产业四大支柱产业,四大产业增加值占到了深圳GDP比重的60%,2011年人均GDP超过17000美元,GDP规模超过1700亿美元。

珠三角在深圳的带领下,吸收外部资本、引进先进技术,形成了比较完整的电子信息、玩具、纺织服装等产业集群，珠三角的电子信息产业密布在广州、东莞、深圳、佛山各市，广东省的电子信息产业（包含通信设备和仪器仪表业）90%以上集聚在珠三角，2011年工业总产值占全国工业总产值的34%，企业数量占全国企业数的28%，产业的高度集聚增强了产业的辐射力，珠三角的电子信息产业已开始向中西部地区转移，产业配套半径不断扩大。

珠三角产业集群以外资驱动型为主，多数为外源型集群，也有内源型集群。外源型集群主要依靠外商投资，产业结构单一，地方根植性较弱，缺乏研发和营销等战略性环节，知识溢出效应较差，产业链相对不完整。内源型集群属"内生性"发展模式，地方根植性很强，知识共享程度高，但同时也抑制了技术创新的动力，价值链较完整。共同特点是均属于劳动密集型产业集群，竞争优势均来自于低成本。基于以上特点，通过产业转移来促进产业集群升级的路径就有所不同。

（1）外源型产业集群。如东莞的电子信息产业集群、模具五金产业集群、南海汽车配件产业集群等，沿着产业链招商，通过合资合作方式转移进国际研发机构和研发中心、设计中心，加强知识溢出效应，培养根植性，承揽国际服务业外包，完善产业链。

（2）内源型产业集群。如东莞虎门的服装产业集群、大朗的毛纺织产业集群，佛山的家具产业集群、陶瓷产业集群等，转移出已经具备标准化生产的环节，留下研发、设计及物流、营销等上下游高附加值环节形成总部经济，升级路径是向下游如销售、渠道、品牌方向发展。与长三角相比，广东更擅长生产电子及通信设备的终端产品，而集成电路等中间产品则是长三角地区的强项。

第二节　珠三角产业集聚

珠三角地区以占全国0.4%的土地面积承载着5600万常住人口，创造的GDP占全国的9%，第二产业增加值占到全国的10%，第三产业增加值占到全国的11%（2013年数据）。核心圈包括广州、深圳等9个城市。珠三角的发展主要得益于引进跨国公司，承接国际产业转移。其主要工业集中在电子信息、机械装备、化工电力纺织等原材料加工部门。

一、珠三角的六大产业

珠三角的通信设备及计算机产业一直是第一大产业,合计占工业总产值的22%以上,电气机械和器材制造业占工业总产值的10%以上,其他产业规模相对较小,汽车业从原来的前三甲下降到第六大产业。

从珠三角2010~2012年的六大产业产值数据可以看出,电子信息产业在工业总产值的比重不断加大,汽车产业比重有所下滑,金融制品和化工相对平稳。珠三角的产业明显呈现信息化不断增强、劳动密集型产业不断走弱、基础能源性产业相对稳定的格局(见图5-1)。

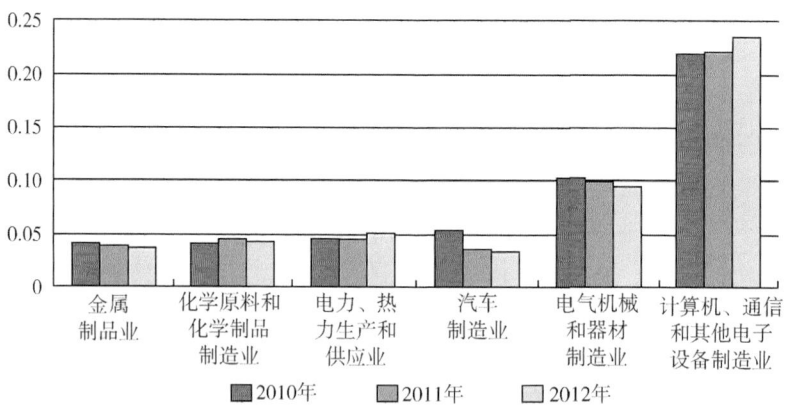

图5-1 2010~2012年珠三角六大产业占工业总产值比重

资料来源:珠三角9个城市统计年鉴。

珠三角9个城市的优势产业不断转换,其中可以看出产业在珠三角内部转移的规律。电子信息产业从深圳、惠州到东莞,通用设备制造业从佛山到广州,再到珠海、东莞不断转移,交通运输设备基本保持在广州和江门,专用设备从深圳—佛山、珠海、中山转移,电气机械从东莞、江门—佛山、珠海、中山转移,生物医药从肇庆—珠海、中山转移,珠三角的产业转移没有呈现长三角以上海为中心向外扩散的态势,而是较为均匀地分散在各个城市(见表5-1)。

第五章 珠三角城市群

表 5-1 珠三角城市产业优势转换

行业	2010年 区位商>1.5	2010年 1<区位商<1.5	2011年 区位商>1.5	2011年 1<区位商<1.5	2012年 区位商>1.5	2012年 1<区位商<1.5
电子信息	深圳、惠州	珠海、东莞	深圳、惠州	东莞	深圳、惠州、东莞	珠海
交通运输设备	广州、江门		广州、江门		广州、江门	
通用设备制造业	佛山	广州、珠海、东莞、中山、江门、肇庆	珠海、东莞	广州、佛山、中山	珠海、佛山、东莞	广州、中山
专用设备制造业		深圳、佛山、珠海、东莞、中山	佛山	深圳、珠海、中山	佛山、珠海、中山	深圳
电气机械及器材		佛山、珠海、中山	佛山、珠海、中山	东莞、江门	佛山、珠海、中山	
金属制品	佛山、江门、肇庆	中山	佛山、中山、江门、肇庆		佛山、江门、肇庆	中山
医药制造	珠海、中山、肇庆	广州	珠海、中山、肇庆	广州	珠海、中山	广州、肇庆

资料来源：根据 2010~2012 年珠三角 9 个城市统计年鉴数据计算。

二、珠三角各城市优势产业密集区段

我们采用各城市的区位商构筑散点图，意在发现珠三角各城市优势产业集中的产业区段，从图 5-2 中可见下列都市产业在优势产业区段最为密集。例如：酒、饮料和精制茶制造业；烟草制品业；纺织业；纺织服装、服饰业；皮革、毛皮、羽毛及其制品和制鞋业；木材加工和木、竹、藤、棕、草制品业；家具制造业；造纸和纸制品业；印刷和记录媒介复制业；文教、工美、体育和娱乐用品制造业。

从城市的优势增加产业分析，珠三角的产业有变重的趋势，以广州、深圳为代表的城市装备制造产业优势显著增加（见图 5-3），佛山和珠海的优势还是集中在轻工业（见图 5-4），珠三角在电子信息产业主导的格局下，产业也适当地向现代城市建设需要的轨道交通装备制造等方向发展。

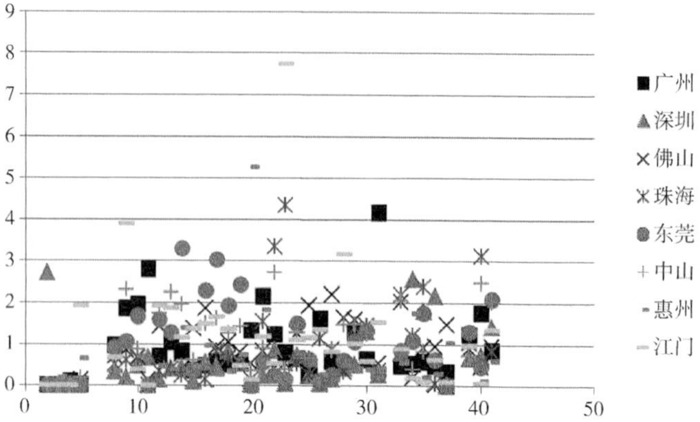

2010年珠三角城市优势产业

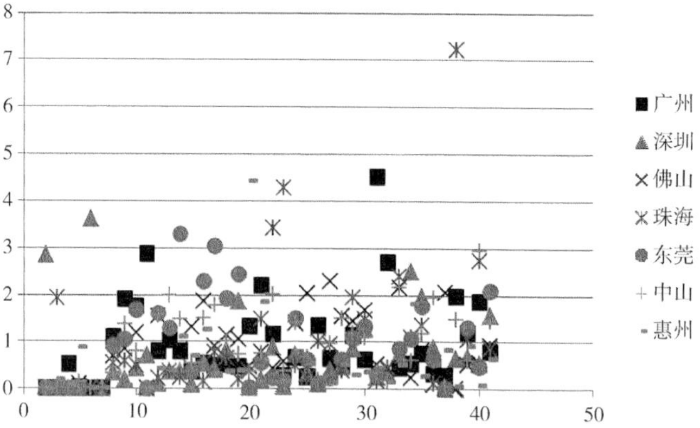

2011年珠三角城市优势产业

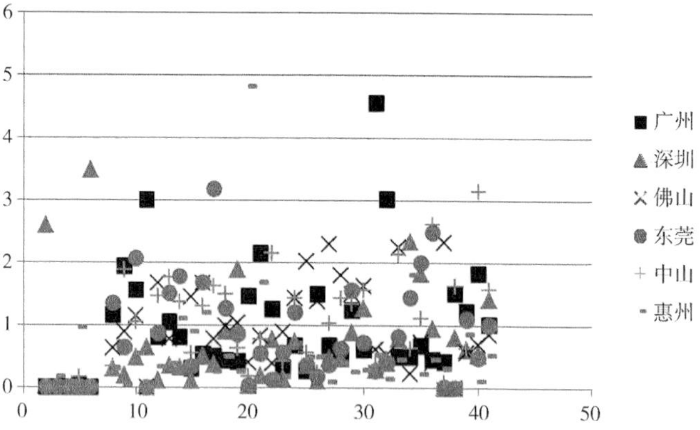

2012年珠三角城市优势产业

图 5-2

资料来源：根据广东省、珠三角 9 个城市 2010~2012 年统计年鉴计算。

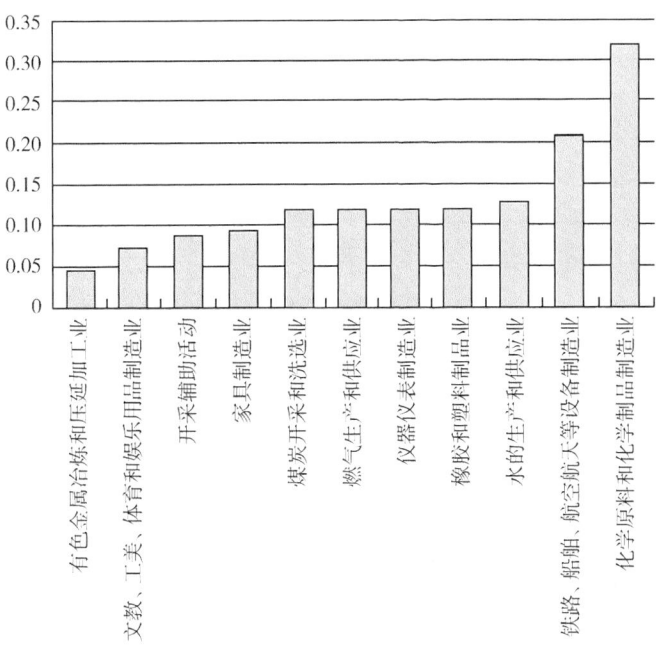

2012年广州优势增加产业

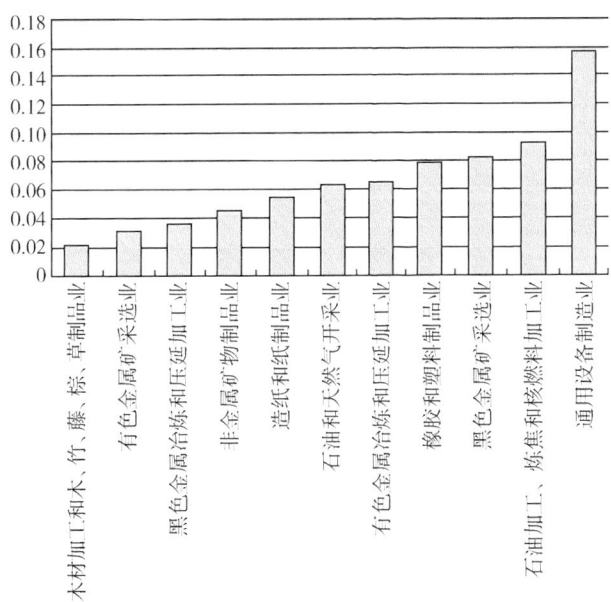

2012年深圳优势增加产业

图 5-3

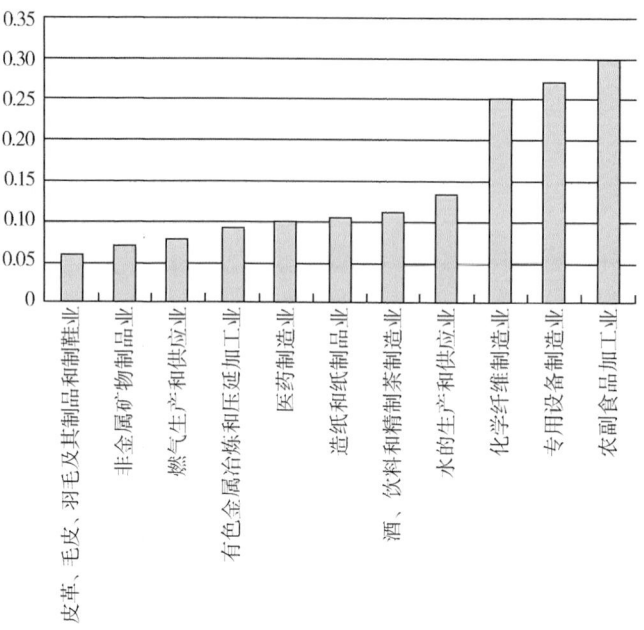

2012年佛山优势增加产业

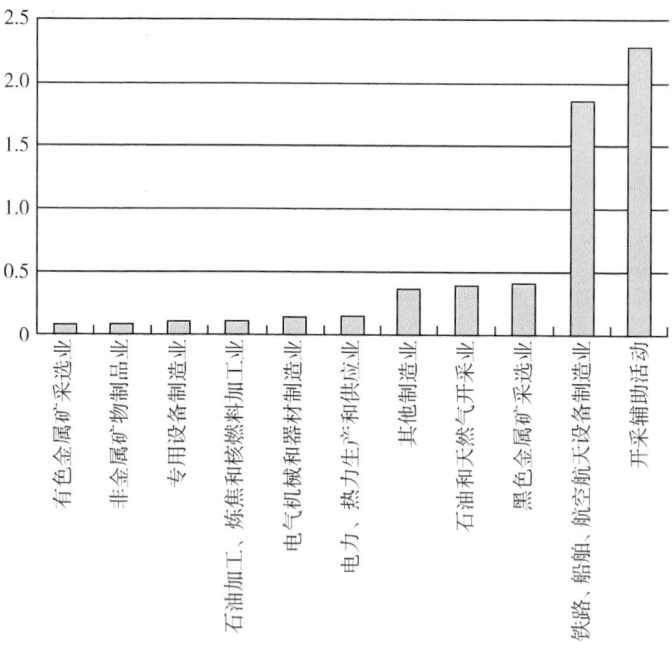

2012年珠海优势增加产业

图 5-4

三、珠三角产业优势下降

珠三角产业优势在一些领域也在急速下行,如广州在化纤制造业、黑色金属冶炼等产业优势下降较快(见图5-5)。深圳在其他制造业、皮革毛皮制造业以及开采辅助活动等产业领域优势下降较多(见图5-6)。佛山在仪器、仪表制造,文教用品等产业优势下降较多(见图5-7)。珠海在文教用品、皮革制造、纺织业等领域优势下降较多(见图5-8)。东莞在文教用品和计算机设备制造等领域优势下降较多(见图5-9)。

如果我们把珠三角各城市区位商大幅降低的产业定义为急于转出产业,则我们发现珠三角2011年以来急于转出产业集中在原材料加工制造等有污染行业、部分的装备制造业以及较多的都市制造业。例如:化学纤维制造业;黑色金属冶炼和压延加工业;废弃资源综合利用业;电力、热力生产和供应业;汽车制造业;通用设备制造业;造纸和纸制品业;医药制造业;酒、饮料和精制茶制造业;文教、工美、体育和娱乐用品制造业;皮革、毛皮、羽毛及其制品和制鞋业;仪器仪表制造业;金属制品、机械和设备修理业;家具制造业;纺织业;纺织服装、服饰业。

珠三角9个城市比较优势快速下降的产业中重合度较高的是黑色金属冶炼,化纤制造,交通运输设备,医药,纺织,造纸,酒、饮料和精制茶制造业,家具制造,皮革等产业部门。其中都市产业门类较多,产业向外转移的可能性最大。

珠三角比较优势下降较快的是都市制造业中传统制造业中的传统制造部分,这些产业占据了珠三角最重要的土地、人力、资本资源,割裂了现代服务业与现代制造业直接对接,都是珠三角最急于转出的产业。

四、珠三角制造业处于接受国际产业转移向自主创新升级阶段

珠三角企业在与外资企业的竞争中不断成长,从技术追赶、技术模仿到自主创新,需要耐心等待,苦练内功,一旦时机出现就能实现弯道超车。华为中兴是成功的典型案例。在模拟交换机到程控交换机的技术范式转变过程中,华为技术跟随外国先进技术,以模仿创新为主,在国内市场和部分发展中国家市场占据了优势地位。但这种地位与任正非提出的世界一流通信设备制造商的目标差距甚大,华为技术必须在全球通信设备主流市场占有优势才行。

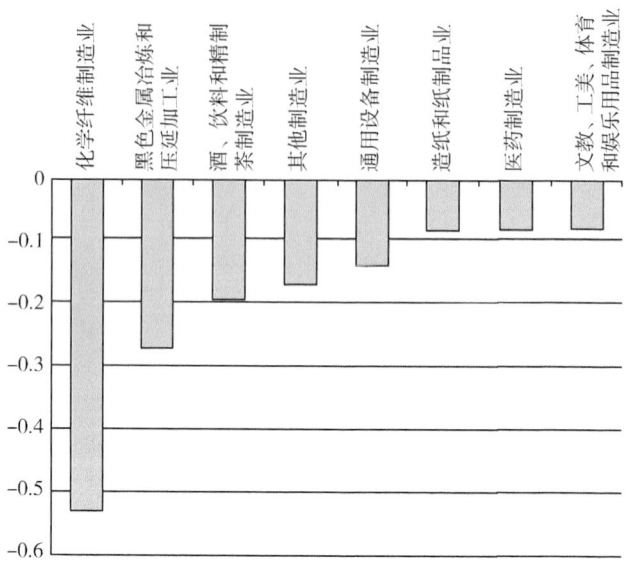

2010~2011年广州优势下降产业

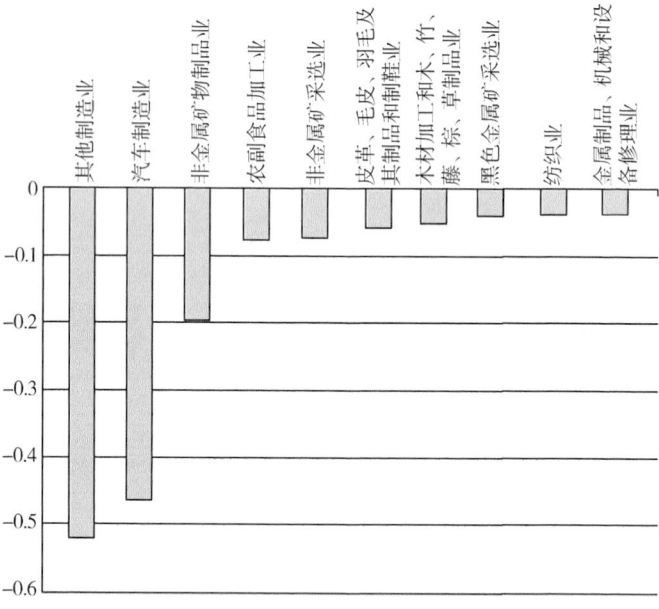

2011~2012年广州优势下降产业

图 5-5

资料来源：根据《广州市统计年鉴》（2010~2012）计算。

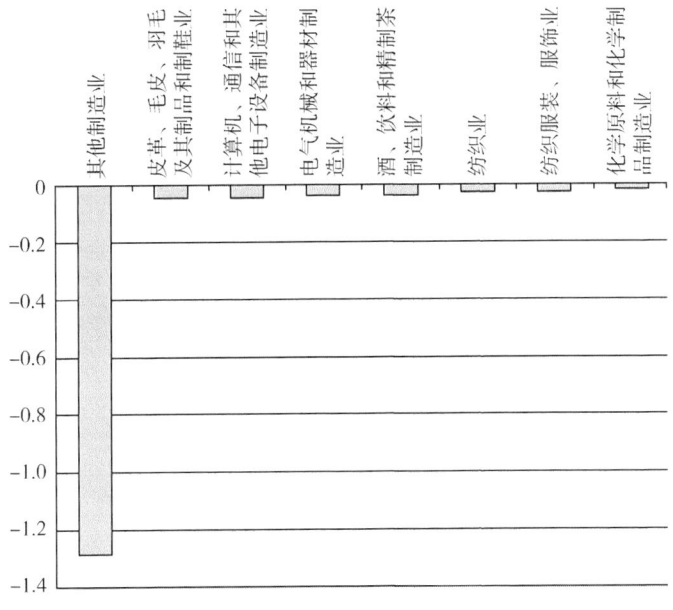

2010~2011年深圳优势下降产业

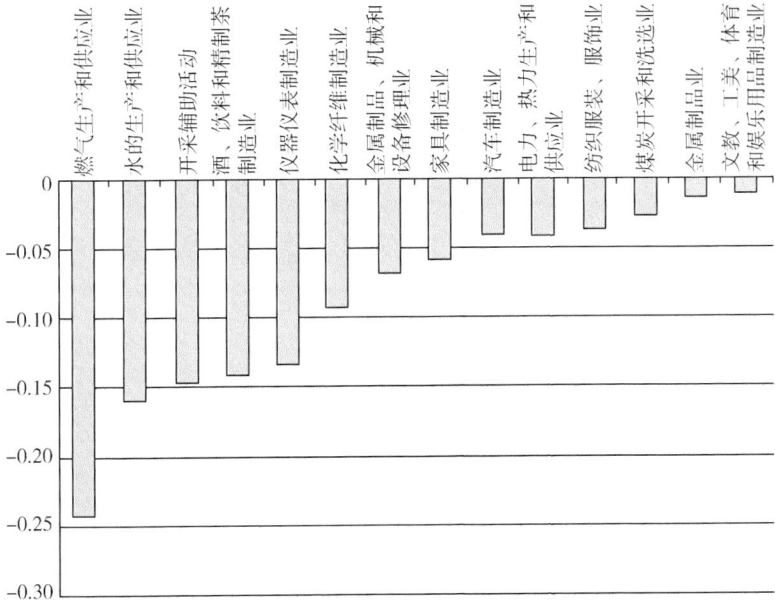

2011~2012年深圳优势下降产业

图 5-6

资料来源：根据《深圳市统计年鉴》（2010~2012）计算。

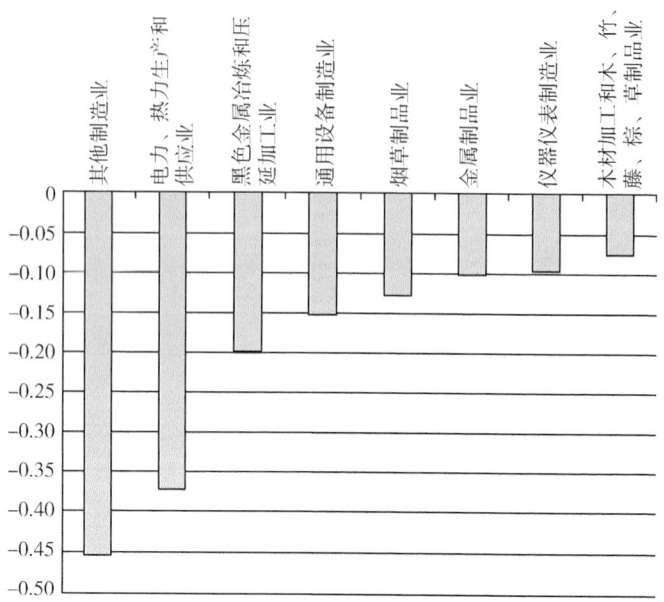

2010~2011年佛山优势下降产业

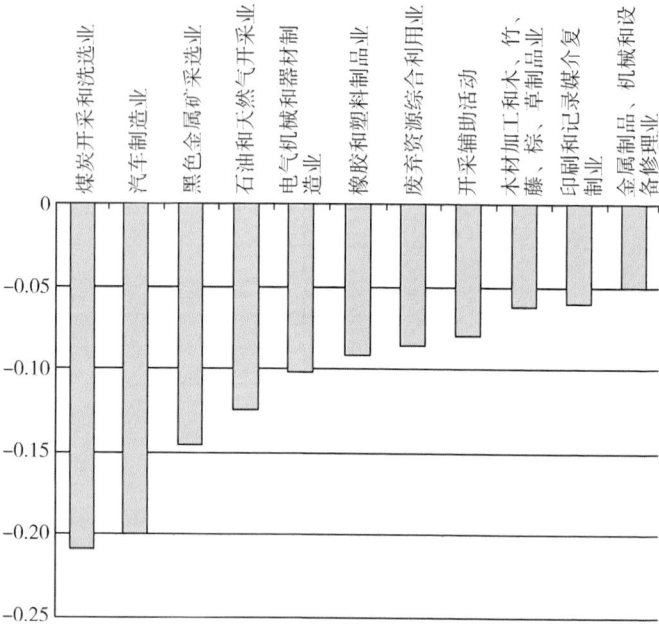

2011~2012年佛山优势下降产业

图 5-7

资料来源：根据《佛山市统计年鉴》（2010~2012）计算。

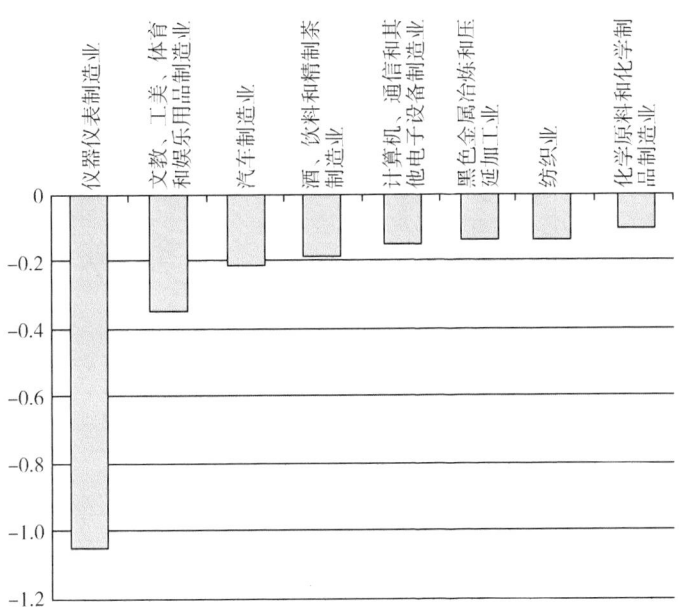

2010~2011年珠海优势下降产业

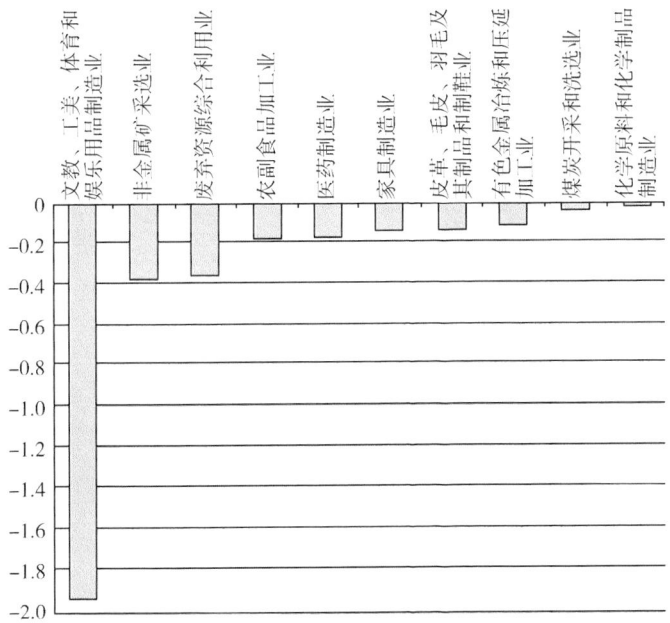

2011~2012年珠海优势下降产业

图 5-8

资料来源：根据《珠海市统计年鉴》（2010~2012）计算。

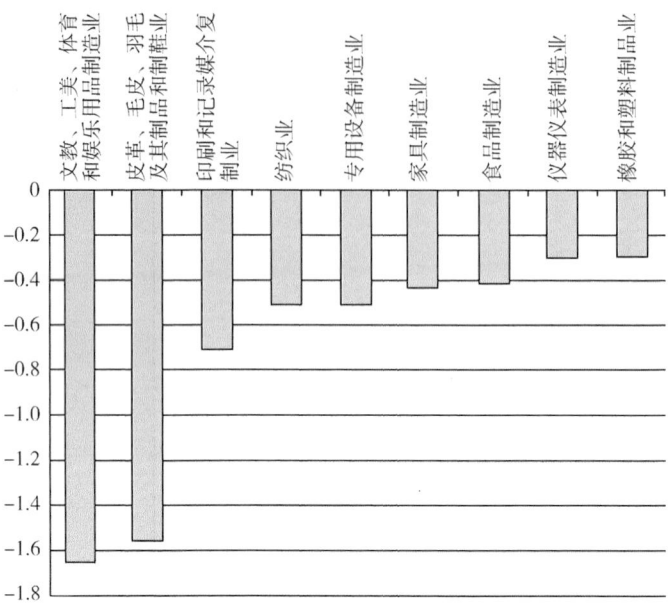

2010~2011年东莞优势下降产业

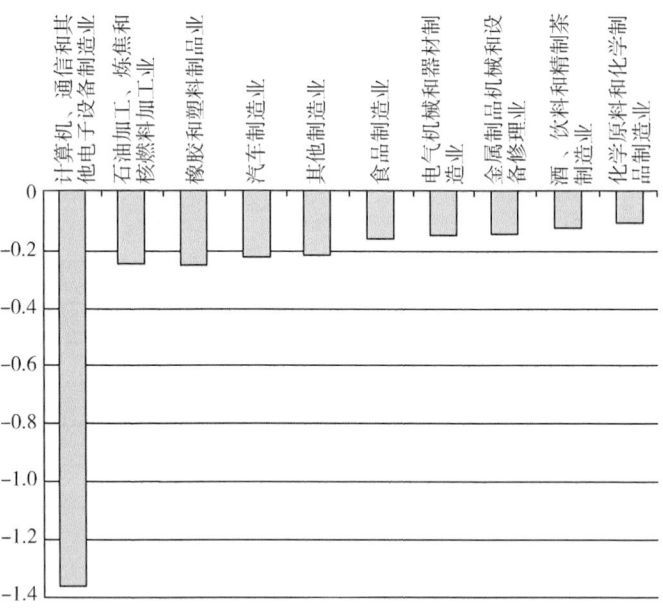

2011~2012年东莞优势下降产业

图 5-9

资料来源：根据《东莞市统计年鉴》（2010~2012）计算。

第五章 珠三角城市群

3G通信设备又是一次技术范式的转变。华为技术早有准备，与外国巨头同步研发，并且倾其全力。当技术和产品可商用，中国的3G市场并未启动时，华为技术将目标市场定在美国和欧洲。在美国市场，华为技术受到思科公司的全力阻击。华为技术把欧洲市场作为重点，利用自身的技术优势逐渐打开并占领市场，取得了较为有利的市场地位。美国市场调查公司Dell'Oro2009年第一季度全球移动通信设备市场排名显示，华为技术已经以15%的全球市场份额占据第三位，虽然相比通信设备的老大爱立信（33%）和老二诺基亚西门子（21%）有一定距离，但却把阿尔卡特朗讯、北电、摩托罗拉和国内最大的竞争对手中兴（5.68%）甩在了后面。华为技术已成为全球移动通信设备市场中的巨头之一。

中兴通讯同样也抓住3G升级的机遇，把技术创新与市场服务有效结合，2004年中兴通讯在业界率先提出"运维工厂"解决方案，有效解决运营商机房问题，大幅降低运营商网建成本，为3G网络建设引入了新思路。2006年，在"运维工厂"基础上，中兴通讯进一步研究运营需求，再度提出"三高三低"解决方案，以"低CAPEX、低OPEX、低成本语音解决方案，高速率、高效率、高端数据业务解决方案"为运营商打造可盈利的网络。张建国介绍说，"三高三低"方案和WCDMA/GSM混合组网的方式非常适合现有GSM运营商网络升级需求，再加上其比传统基站几乎高一倍的功放效率，大大节省了运营成本，获得了运营商的普遍青睐。

第三节 珠三角发展存在的问题及需求

珠三角的成功源于国际产业转移和国家政策赋予的历史机遇，敢想敢干的改革精神。珠三角的发展经历了粤港"前店后厂"、专业镇经济阶段，跨国公司品牌代工、全球产业链重要一环阶段，以及现在城市谋求转型、从代工到品牌塑造的创新发展阶段，推动经济长期保持高速成长（见图5-10）。

珠三角的问题在于订单式生产对外依存度过大，高投资高增长的粗放生产模式，两头在外、产业链低端的劣势，资源环境的制约使得原有模式难以持续。

珠三角的迫切需要是向产业链两端延伸，提升创新能力，降低资源消耗，提高投入产出比例。这些需要珠三角向品牌塑造和创新研发转型，要大力发展现代服务业和高科技制造业，珠三角需要集聚高端人才，培育创新研发环境，实现产业结构的升级换代。

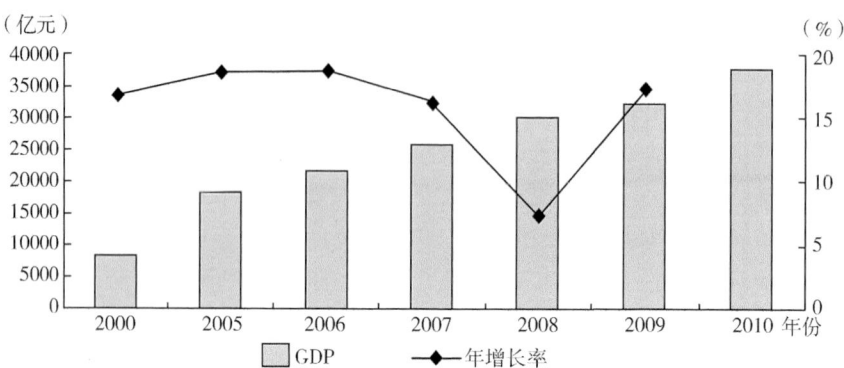

图 5-10　珠三角 2000~2010 年 GDP 增长

资料来源：《广东省统计年鉴》（2001~2010）。

第六章 汕头特区产业选择

汕头曾经与深圳一起作为中国改革开放最早的四个沿海开放特区,这座城市曾经与深圳、厦门、珠海一起承担改革标兵的作用,但如今的汕头经济总量(GDP)只有深圳的11%,人均GDP大约相当于深圳的1/5,2011年在广东所有地级市中排名第12位。曾经的广东第二大城市,19世纪末,被恩格斯称为远东地区唯一具有商业意义的口岸,20世纪初中国十大商业城市、中国第三大港(上海港、广州港排前两名),如今已经淹没在众多中小城市中,汕头为什么没落了?

汕头在改革开放之初,经济总量在四大特区中排名第一,几乎等于其他三个特区的经济总量之和。改革开放30多年来,汕头经济增速相对较慢,1984年被深圳超越,1999年被厦门超越,2006年被珠海超越,与深圳及其他城市逐渐拉开差距。现在汕头的经济总量与肇庆接近,不到深圳GDP的1/10,在广东排名第12,在四大特区中规模最小。

汕头经济规模虽然较小,但企业数量多,主导产业门类多,多达8个以上的工业部门,占总产值的比重都在5%以上,形成特有的产业特征。澄海2011年从事玩具礼品生产的企业达3000多家,产值208亿元,从业人员超过10万人,平均每家企业693万元产值,员工33人;全区拥有纺织服装企业1500多家,从业人员7万人,工业总产值80多亿元,平均每家产值533万元,员工46人。这样的中小企业为主体的产业特征在整个潮汕地区(包括汕头、潮州、揭阳)都存在。

对比汕头,深圳已经成为世界知名的现代都市,深圳形成了高新技术产业、金融产业、物流产业、文化产业四大支柱产业,四大产业增加值占到了深圳GDP比重的60%,2011年人均GDP超过17000美元,GDP规模超过1700亿美元,几乎相当于刚果2012年的GDP规模。而汕头2011年人均GDP只有3600美元。1984年深圳GDP开始超过汕头,表现在投资、进出口、吸引外资等方面,尤其在1992年以后快速与汕头拉大距离。

第一节　海西经济区产业发展存在的问题及需求

汕头与厦门两大特区是对台开放的前沿，2009年5月，国务院出台了《关于支持福建省加快建设海峡西岸经济区的若干意见》，海西经济区正式启动。海西经济区产业发展重点就是加强对台产业联系，构筑中国大陆与中国台湾的协作经济区。

海西经济区覆盖范围广，经济发展水平差异较大（见图6-1），总体表现为：发展方式还比较粗放，自主创新能力不够强，经济发展整体水平和产业素质有待提升；区域中心城市实力还比较弱；港口资源开发利用还不充分，交通、能源等基础设施建设相对落后。海西的核心是厦漳泉，资源相对匮乏，发展腹地狭小，对周边经济的吸附能力偏弱。

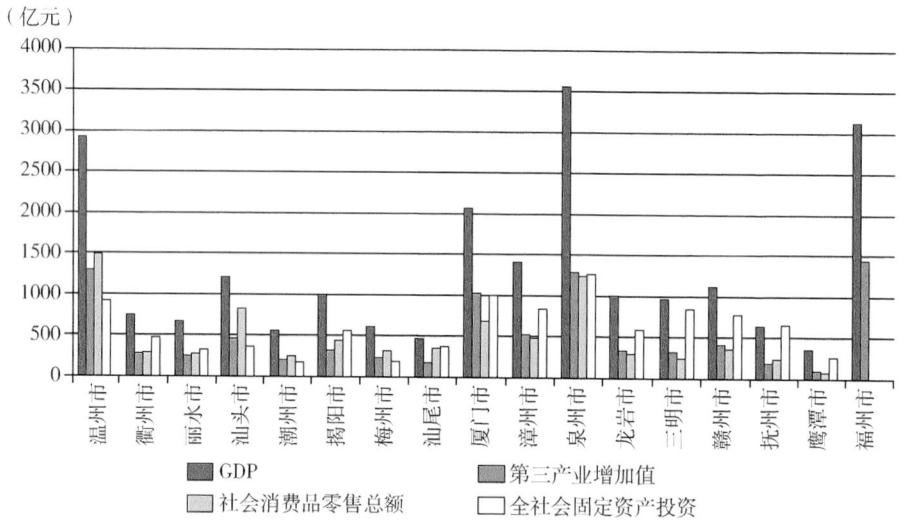

图6-1　2010年海西经济区主要城市的经济指标

资料来源：海西经济区主要城市统计年鉴。

海西经济区迫切需要改进产业配套环境，争取与中国台湾产业的全面对接；改善基础设施，打通中国大陆和中国台湾的经济交流通道；发挥沿海优势，发展沿海产业。

海西经济区主要城市第三产业比重严重不足,除泉州和温州第三产业比重较高外,其他城市第三产业规模明显偏小(见图6-2),现代服务业更是严重不足。对比海西经济区和珠三角,海西在引进台资方面全面落后于珠三角,重要原因在于珠三角背靠中国香港,有充分的金融支持,而海西的金融业整体弱小,与中国台湾的资本隔离,台资企业融资困难。

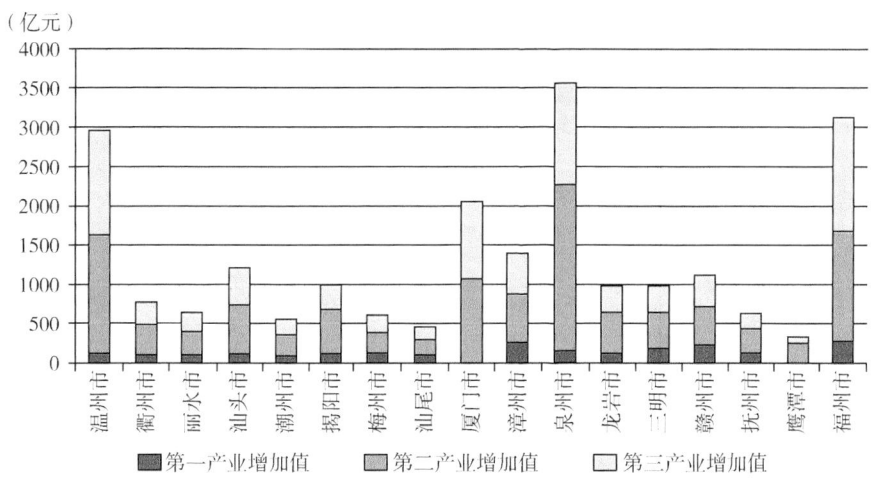

图6-2 2010年海西经济区主要城市的三次产业增加值

资料来源:海西经济区主要城市统计年鉴。

从纽约、伦敦、东京、中国香港等国际金融中心的实际看,所谓金融中心,一般是指那些能够发挥资金辐射作用,金融业务相对集中,金融业务品种丰富,金融基础设施发达,资金流动相对便捷的地区。根据金融中心发挥作用的大小,可以将金融中心区分为国际金融中心和国内金融中心。海西的厦门金融资源相对富集,但厦门第三产业的规模还不及温州、泉州、福州,金融化水平不及温州和福州(见图6-3),金融业在第三产业和地区生产总值中的比重日益减少(见图6-4)。厦门正在建设"两岸金融中心",想利用对台经贸吸引金融业资源,逐步发展成真正的金融中心。汕头作为广东对台门户,可以利用的金融资源远超福建,汕头应抓住机会把汕头建设金融中心上升为全省战略,与厦门竞争金融中心地位,利用金融中心集聚现代服务资源。

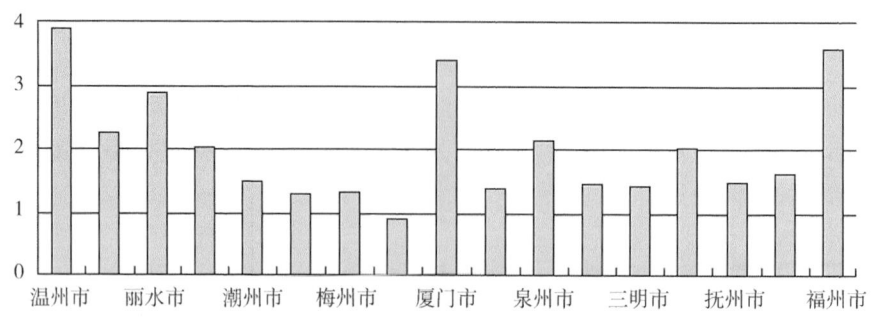

图6-3 海西经济区主要城市2010年金融化比率

资料来源：根据海西经济区14个城市统计年鉴计算（金融化比率=存贷款余额/GDP）。

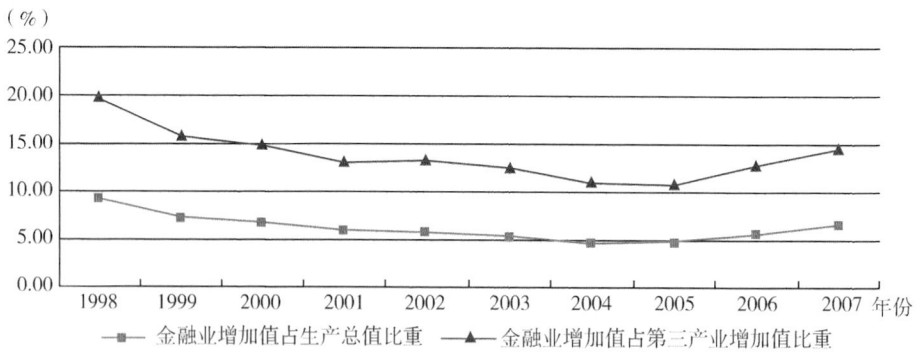

图6-4 厦门的金融业发展水平

资料来源：《厦门市统计年鉴》。

第二节 潮汕揭产业特点

1. 东南沿海的经济波谷与后发优势

潮汕揭位于珠三角和海西经济区的中间地带，从经济总量分析处于东南沿海的经济波谷地带，珠三角和厦漳泉之间的塌陷区，经济落后导致要素和资源的双向袭夺，但也带来产业的后发优势。

2. 区域产业的高度同质与外部相对独立

潮汕揭的产业主要集中在轻纺、五金制品、生活用品（卫浴、餐具、玩具、小电子等），产业门槛低，企业数量多，产品档次不高，缺乏大品牌和龙头企业。区域产业整体定位不清晰，外界对区域品牌的认知度不高（见图6-5）。

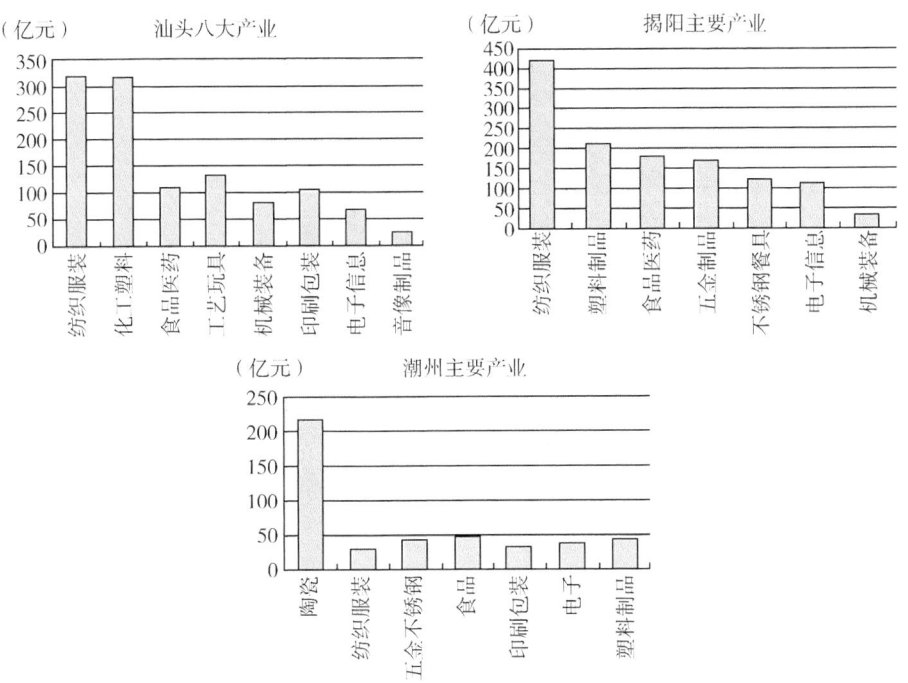

图6-5 潮汕揭的主要产业（以总产值为依据）

资料来源：2011年三市统计年鉴。

潮汕揭的主要产业与周边城市的主要产业差异较大，惠州拥有以TCL为首的数码电子产业集群，厦门有以厦华电子为代表的光电子产业集群，隔海相望的高雄是重石化产业，长株潭是机械装备产业，潮汕揭的产业与周边城市主要产业关联性不大，没有形成产业链共生关系，具有很强的独立性。但潮汕揭产业由于缺乏技术创新和大制造分工格局，产业易受冲击。

3. 民营经济发达，但家族控制限制了企业活力

潮汕揭三市的民营企业数量都占到规模以上企业总数量的50%以上，规模以下企业90%以上都是民营企业（见图6-6）。民营企业多，市场就会很活跃，经济的自我调节能力也会很强。但潮汕揭民营企业多为家族式管理企业，企业"小、散、弱"，亿元产值以上企业数量只占规模以上企业的9.6%，全部企业数量的0.17%，50亿元以上企业只有1家。

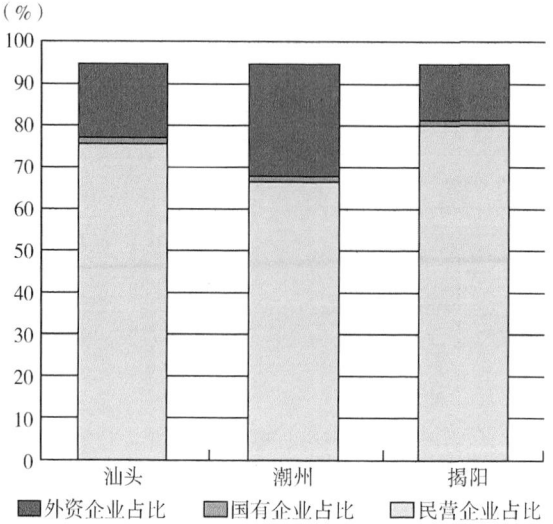

图6-6 潮汕揭国有、民营、外资企业占比

资料来源：潮汕揭三地2010年统计年鉴。

4. 民间商贸发达，但缺乏现代商贸业态

潮汕揭自古以来民间手工业发达，商贸活动十分活跃。现代潮汕揭仍然以传统产业为主，货源不足和腹地局促使得汕头港的发展受到很大限制，现代的商贸业态没有成型。

5. 大力引进央企，但地方产业与央企产业脱节

2010年以来，潮汕揭相继引进中石油、中交集团、中核集团、中信集团等大型央企，意图借外部资源带动本地经济发展，但引进的石化等项目与现有轻工产业基础差异较大，重化工产业对资源的掠夺性开发将大大改变区域的产业生态。

6. 教育资源匮乏，教育与地方经济缺乏衔接

潮汕揭近1400万人口，拥有省属重点院校1所，省属一般院校1所，职业技术学校5所，教育资源严重不足，仅有的省属重点院校汕头大学专业设置与地方不配套，科研与地方结合少，教师与地方互动不多，造成高校资源的浪费。

7. 潮商遍布天下，乡情未转化为商业投资

海外潮汕人有近千万，国内其他地区也有潮汕人近千万，但除了李嘉诚投资的海湾大桥和珠港码头等有限项目外，其他域外潮商大都只有公益性投资，潮商的商业投资在家乡面临着乡亲的不理解、政府政策多变等制约，没有商业利益的吸引，潮商难以形成大量资金"回巢"。

8. 主导产业轻工化，缺乏大型专业市场

潮汕揭的主导产业集中在纺织服装、陶瓷、五金、玩具等轻工领域，生产加工的能力很强，但专业市场不多，影响较大的只有澄海区玩具工艺物流市场、潮州建材市场等少数几个专业市场，没有形成对工业的有效支撑。

9. 海港密集分布，缺乏有效分工和自身特点

潮汕揭都把港口作为最重要的资源，都在打造深水良港。由于汕头港的港口服务能力的局限性，潮州和揭阳都把深圳作为自己的中心港，在港口设计上三市齐头并进，相互竞争，没有形成有效的分工合作。

10. 潮汕人"善闯世界"与潮汕揭"发展滞后"的矛盾

循古礼，尊儒家。潮汕人受传统文化影响极大，儒家的"三纲五常"仍是社会的基本道德规范，因而宗族势力影响极大，在汕潮揭潮汕人以宗族为核心形成紧密圈层，知识、信息、资本都在宗族内部交流，与外部交流较少，形成一个个封闭的经济体。人情社会与陌生人交易的现代市场经济有很多不相容的地方，难以发挥现代市场的效率。

弱联系，守本色。潮汕本土圈层割裂信息传递，但在海外来自不同宗族的潮汕人却形成一个相对开放的圈层，外部的知识、信息、资本进入圈层，外部开放环境，加上潮汕人精明苦干和抱团取暖的精神，容易成功。

第三节　汕头产业现状

1. 粤东首府优势仍存，产业辐射带动作用不强

潮汕揭在文化基因和产业结构方面都是一脉相承，但汕头无论从市场意识，还是从产业链位置，都明显处于领先位置。但汕头经济总量不大，没有涌现出大型龙头企业，对潮州和揭阳的带动作用有限。

汕头作为广东历史上第二大城市，历来享有"粤东首府"的美誉，但是汕头在潮汕揭中优势并不凸显。2000年以来汕头GDP占比日渐减少，固定资产投资规模小于揭阳，第一产业规模一直与揭阳有较大差距，第二产业面临揭阳强劲挑战，汕头的优势在于第三产业和社会消费。汕头的金融市场和上市公司有显著优势（见图6-7）。

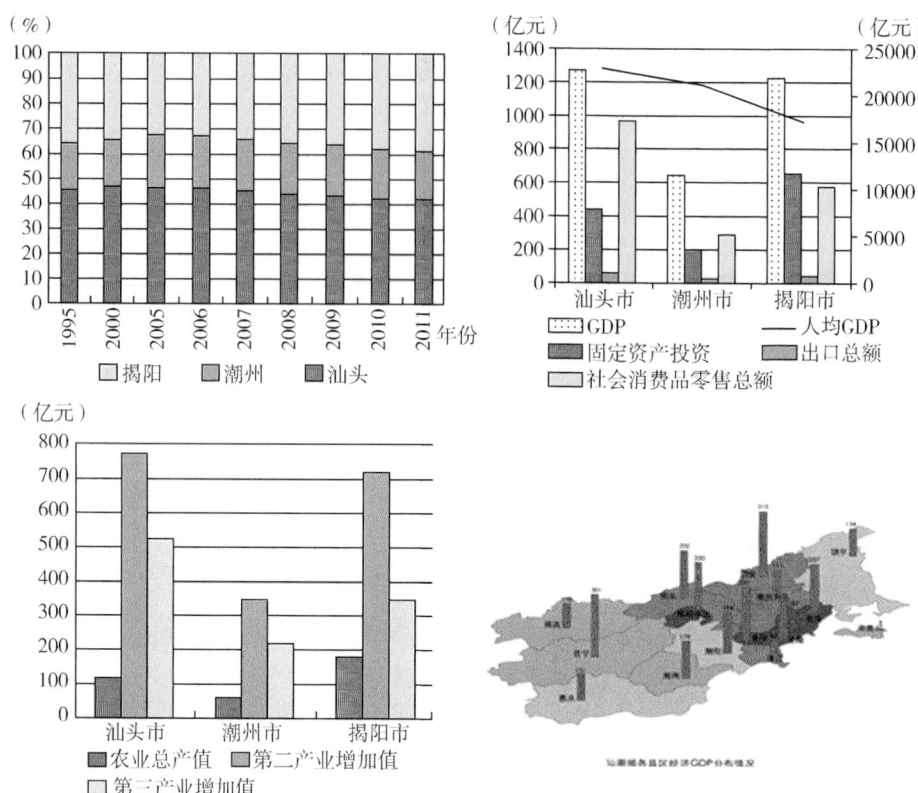

图 6-7 汕头、潮州、揭阳三次产业结构、主要国民经济指标以及区县 GDP 分布
资料来源：汕头、潮州、揭阳 2011 年统计年鉴。

2. 城市消费相对发达，缺乏现代都市消费文化

汕头因港兴市，相较于潮州和揭阳天然具有国际化程度高和服务业发达的特点。但汕头港始终只是一个地方港口，未能成为国际大港，潮汕人的宗族社会减弱了人们的现代都市文化消费需求，现代大型的商贸业态没有成为汕头消费的主流。

3. 上市公司数量突出，规模偏小规模效应不显

汕头拥有上市公司 18 家，上市公司数量在广东省名列第三，超越其他经济大市。但汕头上市公司普遍规模不大，只有超声电子有 10 亿元以上的销售规模，上市公司数量多但规模不大，使得上市的效应没有得到充分发挥，企业的运营成本很难得到有效的分摊，整合其他企业的难度也较大。

4. 教育卫生优势明显，人口集聚效应未充分体现

汕头有三级甲等医院 2 个，三级医院 5 个，医疗卫生机构与潮州和揭阳的总量相当。汕头拥有汕头大学以及三所职业教育学院，还有较好的中学教育基础，教育卫生资源在三市的优势非常突出。汕头虽然社会公共服务有一定优势，但城区面积狭小，产业分散，使得人口集聚程度不高。

5. 产业均质分布，集聚效应未充分体现

汕头的产业资源均质分散，潮阳潮南的纺织服装，澄海的玩具，龙湖的包装印刷，金平的机械、食品等，各区县之间产业交叉普遍存在，企业数量多，覆盖区域大，呈明显的自然生长态势。这种自组织的形态与现代工业精密组织、精细分工的形态差异较大，有范围经济效应，但集聚效应不足。

6. 企业数量过多，形成要素和市场的双向争夺

汕头有企业 14 万户之多，90%以上为民营的小企业，众多的小企业依靠家庭成员和模糊的财务记录获得生存，小企业的非正常竞争对生产要素市场和成品销售市场都会造成很大的负面影响。

7. 产业低端化，品牌和技术含量不足

由于家族控制，由于小企业为主体，使得企业很难将大量资金投放在品牌塑造和技术研发上，短平快的经营思路只能在产业链低端寻找土壤，汕头企业陷入价格竞争的恶性循环。

当然我们也发现在汕头部分企业已经摆脱了传统发展模式，向产业链高端迈进，奥飞动漫的品牌塑造和全产业链的打造已经有玩具龙头的雏形；潮南、潮阳的女性内衣逐渐向中高端品牌靠近，以曼妮芬为代表的内衣品牌已经稳居国内一线品牌；东方锆业以高科技支撑的产业发展思路推动了企业的快速发展，核级锆打通与央企和国际市场对接的窗口，汕头未来产业发展就应当朝着这样的方向发展，要把资源向这些产业方向倾斜，推动企业的快速整合和产业链梳理。

8. 家族企业众多和小散结构

（1）小散结构。澄海 2011 年从事玩具礼品生产的企业达 3000 多家，产值 208 亿元，从业人员超过 10 万人，平均每家企业 693 万元产值，员工 33 人；全区拥有纺织服装企业 1500 多家，从业人员 7 万人，工业总产值 80 多亿元，平均每家产值 533 万元，员工 46 人（见图 6-8）。

（2）家族特色。潮汕揭三市的家族企业数量都占到规模以上企业总数量的 70%以上，规模以下企业 90%以上都是家族企业。亿元产值以上企业数量只占规模以上企业的 9.6%，全部企业数量的 0.17%，50 亿元以上企业只有 1 家。家族企业股权高度集中在家族，高管人员基本为家族成员担任，而且股权还有更加集中的趋势。部分企业引进了职业经理人，但很难真正融入（见图 6-9）。

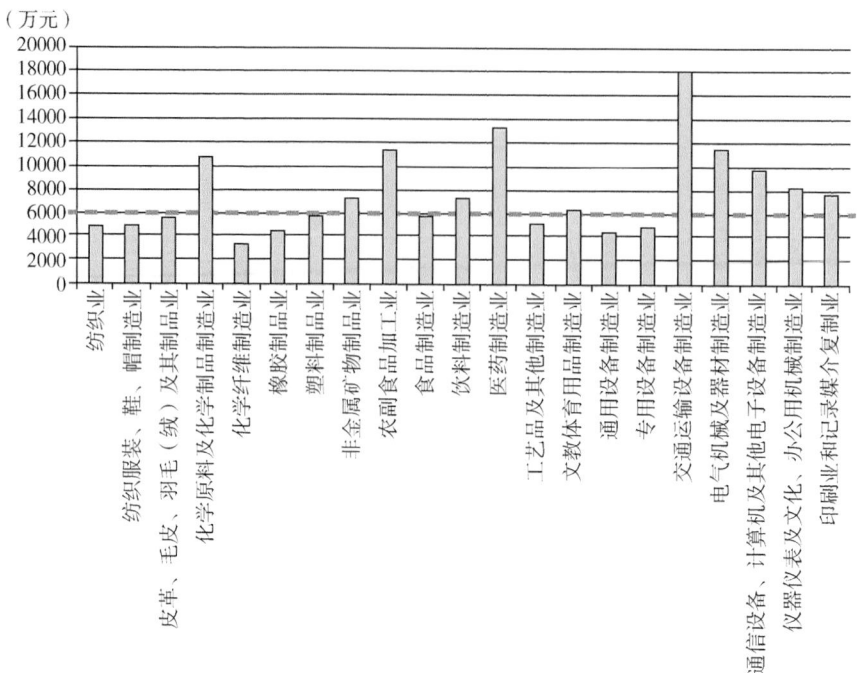

图 6-8　2010 年汕头规模以上工业企业生产总值

资料来源：《汕头市统计年鉴》（2011）。

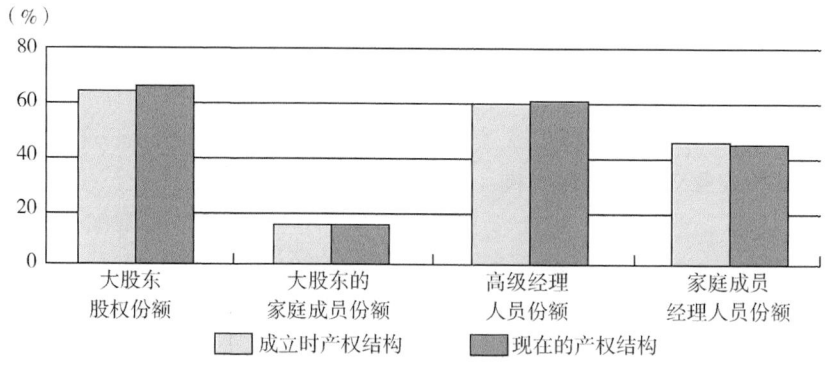

图 6-9　汕头民营企业股权结构

资料来源：覃忠，于守金．汕头民营企业产权结构的调查［J］．中国集体经济，2010（3）．

（3）低端制造与粗放管理。汕头产业从满足本地区需求的家庭作坊发展而来，产业以家庭为依托，前店后厂，缺乏财务管理，村落式分布，企业发展处于自组织状态，研发投入少，缺少公共服务平台，产品档次低。

（4）基于传统的轻工特色。整个潮汕地区的支柱产业集中在纺织服装、陶瓷、五金、玩具等轻工领域，这些产业在潮汕地区有较长的历史，原先是满足本地区需求的家庭作坊，逐步发展成为有出口能力和较大外部市场的制造产业，生产加工的能力很强，但专业市场不多，影响较大的只有澄海区玩具工艺物流市场、潮州建材市场等少数几个专业市场，没有形成对工业的有效支撑。

（5）第三产业发育不足。从海西经济区整体分析第三产业就是区域产业短板，但汕头即使在海西也是服务业最弱的城市，整体规模小，三次产业分布中比例偏低。服务业主要以传统服务业为主，批发零售、餐饮酒店和居民服务是主要的服务产业，汕头的服务水平还处在初级阶段，表现在"三低"、"三小"：即开放程度低、市场化程度低、专业化程度低；规模小、效率小、竞争力小（见图6-10）。

环境污染难以为继。汕头练江流域由于大量中小纺织、电镀、废旧回收企业的排放污染，环境极度恶化。

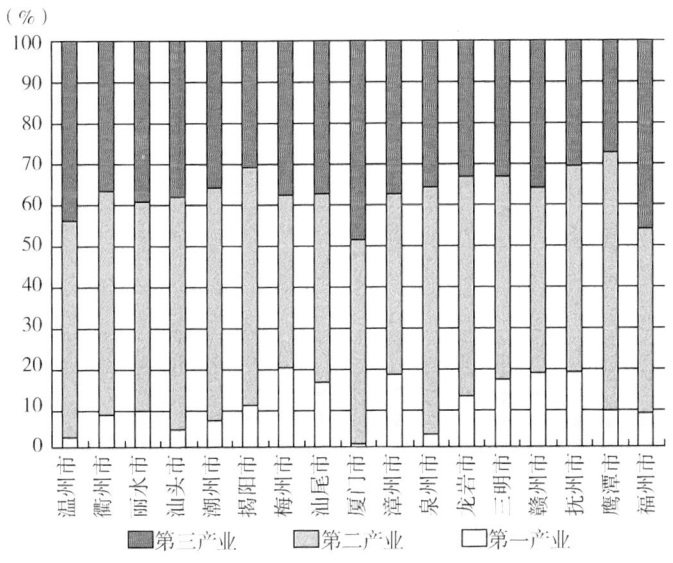

图6-10 汕头与海西各市第三产业产值对比

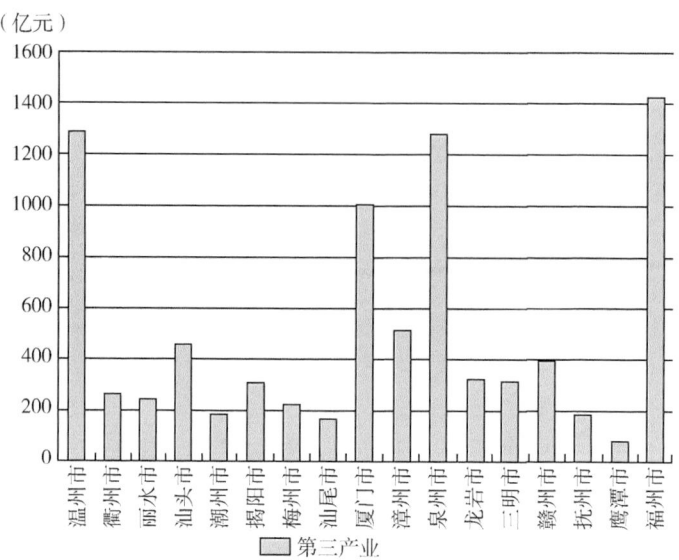

图6-10 汕头与海西各市第三产业产值对比（续）

资料来源：海西经济区各城市2010年统计年鉴。

第四节 国内民营经济发展的三种模式及转型方向[①]

国内民营经济特色最鲜明的三个城市分别是温州、东莞和泉州，在这三个城市中东莞和温州融入了全球化经济体系，受外部经济环境影响特别大，泉州属于内向型为主的经济体，受外部经济环境影响相对较小，汕头也具有这样的特点。

东莞是典型的资本驱动型经济，领先一步大力度地引入外部资本，通过接受以中国港澳台为主的外部资本的注入，完全融入了跨国公司的全球产业布局，成为低端装配基地，经济规模发展很快，但自主品牌和创新能力缺失。东莞的优势在于较为完整的装配产业链，劣势在于跨国公司重新调整全球产业布局带来的巨大风险。

温州的产业资本是区域的自我积累形成的，随着要素成本的上升，温州产

---

① 聂业，赖朝安，苏炜. 广东与浙江专业镇的发展模式与产业链构建对比研究[J]. 广东科技，2009（4）.

业纷纷内迁,温州分别于2003年提出发展临港重化工业,2004年提出发展"大港口、大产业、大项目",2006年提出建石化基地,2008年提出建重工业大港,但没有明显起色。温州经济的全球化特征表现在产品的外向型,温州是众多小电子产品的世界冠军,产品对外部市场依赖性强,产品定位为低端成本竞争型。温州的优势是区域的产品协作网络和低成本优势,劣势在于创新能力弱、受外部市场影响大。

泉州与温州和东莞不同,产业的内向程度高,依靠华侨资金和本地工商传统,以国内市场为依托,通过大型集散市场带动产业发展,形成"一村一品,一镇一业"的产业格局。泉州的优势在于产业根植性强,受国外市场影响小;劣势在于企业自我积累,研发创新投入不足,产业层次有待提高。

汕头与泉州地缘相近,都有丰富的华侨资源,产业相似的特点更多,但汕头无论在产业规模还是品牌层次上与泉州都有较大差距,因此泉州模式值得汕头借鉴(见表6-1)。

表6-1 汕头与三类民营经济特色地区对比

	东莞	温州	泉州	汕头
发展模式	"三来一补"基础上发展起来的全球产业链配套的产业集群	依靠本地企业家精神和工商业传统,在乡镇工业基础上建立的产业集群	"三来一补"和工商业传统结合,外资和家族资本融合形成产业集群	依靠本地企业家精神和工商业传统,家族自我积累形成产业集群
行业类型	劳动密集型	劳动密集型	劳动密集型	劳动密集型
特色产业	PC配件、家具、针织、服装	机械、小电子、服装、塑料	鞋、服装	纺织服装、玩具
生产规模	总产值超3000亿元	总产值超5000亿元	总产值超2000亿元,增加值1000亿元	总产值超1500亿元
形成原因	港澳台制造业转移	本地经商传统与改革机遇结合	本地经商传统与改革机遇结合	本地经商传统与改革机遇结合
驱动主体	港台资本家	乡村企业家	乡村企业家	乡村企业家
资本来源	港台资本、民营资本	民营资本	民营资本	民营资本
创新优势	工艺	工艺和营销	工艺和营销	工艺
行业网络类型	以跨国公司为核心形成的配套网络	自我发展形成的相互协作的成品制造网络	自我发展形成、相互协作较少的成品制造网络	自我发展形成、相互协作较少的成品制造网络

续表

	东莞	温州	泉州	汕头
行业协作环境	一般	较好	一般	一般
区域创新能力	差	一般	差	差

泉州的晋江已经在引进国外资本和国际规范管理方面进行了有益的尝试，拥有全国县级市中年规模最大的近40家上市公司群体，从家族自我积累发展到企业资本化阶段，但晋江人快速复制成功企业发展模式也使得品牌重叠，自我竞争，区域品牌形象受到影响。

在2008年全球金融危机后，发达国家市场需求大幅减少，经济外向程度较高的东莞和温州受到很大冲击。尤其在危机后出现了跨国公司全球产业布局调整，出现了制造环节回迁发达国家，以及低端装配向更低成本地区转移的迹象，本地企业失去订单大量倒闭，东莞不得不回到提高本地区创新能力的道路；温州则由于国外市场需求减少，企业偿债发生困难，民间借贷利率高企，融资渠道断裂；泉州虽然也受到冲击，民间融资市场融资成本上升，但没有发生大面积的企业倒闭。三地都以中小企业为主，民间融资是融资主渠道，在危机后民间融资都受到较大影响，因此国家都给予了上述三地金融改革试点的政策，推动民间资本进入市场规范化发展。而从未来产业方向选择上看，东莞希望提升现有产业层次，发展高端电子信息，温州则想向重工业方向发展，泉州也正在向重工业方向发展（见表6-2）。总体看，三地都在试点金融政策创新，希望通过区域金融市场建设，改善资本配置效率，推动制造业转型升级。由于温州的向外产业转移已经形成趋势，温州在外产业规模上已经超过本地，再加上温州人在全球的投资，温州事实上已经成为温州人商业信息交流、资本募集、商务洽谈的主要地点，温州的现代服务业发展很快，国际航空港、总部基地、会展服务快速发展，温州的投资输出型经济已经初具雏形。泉州选择了资本要素驱动型产业方向，发展重化工产业，同时强化轻工产业的产业链竞争力。东莞选择通过技术创新，向产业链前端转移。浙江义乌以商贸经济为特色，也在考虑与制造业结合。上述民营经济发达地区都在尝试产业转型，是因为支持区域经济发展基础已经发生改变。从要素禀赋角度分析，东莞、温州和泉州在改革开放30多年的快速发展依赖三大红利，即人口红利（低成本的外来劳动力）、资源红利（跨国公司的技术引进）和制度红利（市场化改革释放生产力），形成颇具规模的现代产业架构。相比较而言，汕头人口多，但外流严重、外来流动人口不多；土地

第六章 汕头特区产业选择

少，资源贫瘠，技术引进不够；开放早，但陷入盲动和迷失。因此前30多年处处落后，无法形成民营经济发达地区依靠大量外来劳动力、技术引进、有序开放构造的大产业格局。因原有的三大红利已消耗殆尽，温州、东莞和泉州都在探索新的道路，需要构筑新的动力基础，在新形势下培养大批专有人才，提高劳动生产率；积极投入科技研发，构筑创新发展基础；进一步解放思想，推动制度变革；形成了新的人口、资源和制度等三大红利。在新的改革关口，汕头与其他地区站在一条起跑线上，应抓住机遇，构建自己的产业转型动力基础。汕头在粤东具有高等教育和职业教育领先的优势；地区有创新创业的传统，研发创新的氛围，遍布世界的企业家资源；新一轮改革的机遇。汕头应当充分利用潮商资源，引进资本和技术，利用潮汕人中心和粤东首府的优势，积极发展现代服务业，成为区域资本配置和对外投资中心；利用区域教育中心的优势，培养专业人才，开展技术研发，结合根植性的低成本精细分工能力，发展特色服务和精细制造；汕头有开放创新的基因，通过政府、市场、企业边界重构，有效激活原有基因，突破现有发展模式的桎梏，走出一条汕头人特有的精益经济发展模式。

表6-2 四地民营经济转型模式

	东莞	温州	泉州	义乌
原有模式	价值链低端的装配	轻工为主的细分行业，占优势的产业集群	民间轻工业、国营重工业	小商品加工及贸易
转型方向	技术创新推动产业升级	从加工制造转为创意设计和品牌塑造	构建"三产互动、轻重协调、创新引领、集群发展"的现代产业体系	从小商品市场转向生产资料制造和国际新型商贸
重点产业	高端电子信息	机械、小电子、服装、塑料	鞋、服装	饰品、服装面料
引导政策	国家金融改革试点区，重点扶持、技术创新、政府采购、创造人才集聚环境	国家金融改革试点区，打造以创意设计中心、公共技术研发、公共检验检测、公共物流、公共展示、公共信息为主的服务平台	国家金融改革试点区，通过工业化、信息化融合，先进技术、现代管理相结合，推动泉州制造转为泉州创造	国家国际贸易综合改革试点区，探索"市场采购"贸易模式，通过土地和金融政策创新，推动国际贸易创新

续表

	东莞	温州	泉州	义乌
传统企业转型路径	完善产品质量，打造名牌产品，实现品牌化经营	以创意设计和技术创新塑造优秀品牌	强化产业链的核心竞争力，推动产业高端化、创意化	工业化和信息化深度融合，提升产业层次

第五节 国际城市产业发展的主要模式及产业转型

一、三种模式的特点及转型路径

城市的产业选择受到自身要素禀赋的影响，马歇尔比较利益学说指出劳动或资本的比较优势决定了区域的分工状况，赫克歇尔与俄林认为，区域间土地、劳动力、资本的禀赋不同决定了区域的产业状况，杨小凯等人的新兴古典经济学认为交易费用是区域分工的主要决定要素。因此根据对产业分工影响要素的不同，我们把城市产业发展的主要模式分为以下三类：

1. 自然要素驱动模式

以自然资源（矿藏、地理位置等）为依托，发展原材料加工、商贸物流、旅游等产业，代表性城市如温哥华、伯明翰、阿姆斯特丹等。

2. 资本要素驱动模式

依托港口等自然条件，吸引集聚资本，发展钢铁、石化、汽车等重化工业，这是工业化中期城市的产业选择，如20世纪初到50年代前的纽约和伦敦。

3. 创新智慧驱动模式

主要依靠人力资本、良好的制度、宽松的创业环境、较好的教育和技术支持，形成创新、创业的良好氛围，城市的产业集中在高科技服务、金融和专业服务等产业领域，这是后工业化国际城市的产业选择，如西雅图、纽约、伦敦等（见图6-11）。

第六章　汕头特区产业选择

	模式描述	主要产业	国际范例	发展时期
	以自然资源（矿藏、山林、地理位置等）为依托的自然要素驱动型	采掘业 林木加工 商贸物流 旅游 农业	温哥华、伯明翰、阿姆斯特丹	工业化早期
	依托港口等自然条件，吸引集聚资本，发展钢铁、石化、汽车等重化工业的资本驱动型	钢铁 汽车 石化	匹兹堡、底特律以及20世纪上半期的纽约	工业化中后期
	主要依靠人力资本、宽松的创业环境、较好的教育和技术支持，推动创新、创业的创新智慧驱动型	高科技服务 金融业 专业服务	旧金山、西雅图、纽约、伦敦	后工业化时期

图 6-11　世界城市发展主要模式

这三种模式一般是城市的不同历史发展阶段的选择，分别对应工业化早期、工业化中后期、后工业化时期等阶段。但处于同一历史阶段的城市也会由于资源禀赋的比较优势而形成模式选择上的差异化，如工业化早期的伦敦因为缺乏煤炭等资源，周边伯明翰、谢菲尔德等城市矿业资源富集，而自然形成了伦敦发展商业，伯明翰、谢菲尔德、利物浦发展工业的产业格局。

一般城市会随着工业化阶段的逐步深入而自然形成从自然要素驱动、资本要素驱动，再到创新智慧驱动的阶段。如西雅图从早期的林木加工、矿藏开采，到后来的造船、飞机制造，再到后来的软件及电子商务为代表的高科技服务，产业转型升级的驱动力是市场需求的转换以及要素比较优势的转化。

但如果城市在某一类型要素上具有突出的比较优势，同一要素模式下城市产业也会形成从初级产业形态向高级产业形态的转变。转型的动力主要来自于外部竞争的压力。

三种模式下的城市产业转型升级：

自然要素驱动模式下城市产业一般会经历资源开采、原材料加工和制造、现代旅游和生态农业的转变过程，典型城市如温哥华。

资本要素驱动模式下城市产业一般会经历冶炼化工、成品制造、高新制造的过程，典型城市如东京。

创新智慧驱动模式下城市产业一般会经历商贸服务、产业金融、资产管理等过程，典型城市如伦敦。

三种转型增长模式如图6-12所示。

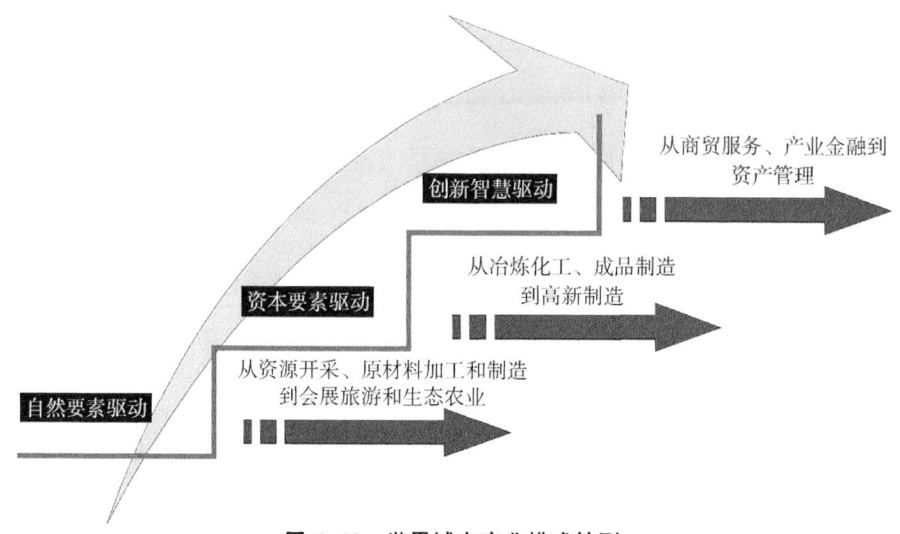

图6-12 世界城市产业模式转型

二、普拉托的华人产业转型

意大利的普拉托是意大利乃至整个欧洲最大的纺织重镇之一，以自中世纪起就已发源的毛纺织加工业而著称。距离意大利文化复兴之地佛罗伦萨仅十几公里，是欧洲著名的纺织品集散地。普拉托现有居民约18万多人，合法居住在当地的华人占该市总人口的10%以上，大约在2万人左右。普拉托是一个相对比较宽容的城市，普拉托托斯卡纳大区一座不起眼的三线城市，欧洲传统纺织品制造的集散地。在这样一个无法摆脱传统产业"束缚"的城市中，华人正是完美地依靠当地的传统特色产业，完成了华人经济的转型和升级。

曾经附属于佛罗伦萨的普拉托小镇，拥有着数百年历史的服装制造工业，占据着高品质时尚商品制造者的位置。20世纪60年代，普拉托为了挽救濒临崩溃的纺织品市场，推出了移民优惠政策，80年代，第一批中国人从法国二度移民到普拉托。

中国移民的到来延续了普拉托的辉煌，中国移民从最低端服饰做起，以代工起家,依靠快速反应,勤勉工作,迅速扩张的产能,以中国式的"意大利制造"在普拉托站稳了脚跟。2000年左右,一部分在加工生意中获得成功的中国人,进军以往由当地人把持的服装批发业,向产业链的更上一层攀升。中国人不知疲倦、充满活力的高强度劳动,成为当地品牌不可或缺的代工合作伙伴,但这种低端制造也与当地追求精工细作、悠闲又个性的文化产生了巨大的撞击。这种矛盾随着金融危机的爆发、大量本地企业的倒闭和人员失业而逐渐激化,中国人的地下工厂式的非规范经营难以为继。

金融危机大幅减少了中国人的订单,也给中国人产业升级创造了契机,他们纷纷抛弃传统的代工加工,逐步发展到建立设计、加工、销售完整产业链。普拉托的中国人通过创立自己的品牌全方位改变着意大利的时装行业。"伊欧拉"和"达沃拉"是普拉托的两大服装中心,据统计,这两个中心有70%的企业主为华人华侨,这些企业不仅承担该地区95%以上的服装加工,且分别拥有自己的品牌,它们已经逐渐替代老牌当地企业,成为意大利服装市场的新秀。受新兴市场和中国移民的冲击,普拉托本地的中小企业大面积倒闭,其余企业经过垂直整合,形成几大品牌,业务转型为主要输出创意设计。普拉托企业转型的一般路径是垂直整合、国际化和从制造转向研发。

三、西雅图从自然要素向资本要素和创新智慧驱动的转变

西雅图最早是以林木加工为主的产业结构,随着西部淘金热吸引大量资本,第一次世界大战时贸易的需求而导致造船业的兴起,第二次世界大战又带来飞机制造业的兴盛,但这些产业受外部需求和自然资源影响很大,产业波动性对区域经济构成很大伤害。20世纪80年代后微软公司在西雅图的崛起标志着创新智慧驱动阶段的来临,西雅图的电子商务(Amazon)、生物技术等产业顺次兴起,区域的创新氛围带来产业的自然更新,整个区域经济异常稳定(见表6-3、图6-13)。

表6-3 西雅图的产业转型

	产业兴起的主要原因	产业的衰败与转型
20世纪10~20年代的造船业	·第一次世界大战推动战时贸易的发展 ·造船业在西雅图兴盛起来	·第一次世界大战结束,各国政府对于船舶的需求锐减 ·西雅图没有其他产业接续,造船企业大量倒闭,部分企业转型为家具商、室内装饰企业

续表

	产业兴起的主要原因	产业的衰败与转型
20世纪40~70年代的飞机制造业	·随着第二次世界大战的爆发,政府指定波音生产飞机,政府的大量订单使得波音成为西雅图最大的企业 ·波音原来也是造船企业,但威廉·比尔对飞机的迷恋使得波音顺利转型	·随着第二次世界大战的结束,政府取消了军事订单,波音关闭了很多工厂;但很快随着喷气式飞机的兴起,波音成为最大的商用飞机制造商 ·随着越战的失利,波音公司研发747导致巨额债务负担,能源危机等,波音走向衰落
1980~2000年的信息产业	·比尔·盖茨把微软迁回西雅图,西雅图的自由氛围、人才积淀与微软企业创新文化交互作用 ·微软带动整个信息产业的发展,与此同时生物技术产业也得到一定的发展	·以微软为代表的桌面系统开发随着PC时代的没落而增长乏力,微软试图收购Yahoo!体现了转型的决心 ·Amazon的强劲增长维持了西雅图信息产业的地位,Amazon正在向销售平台和购物、生活、影音、娱乐等综合服务转型

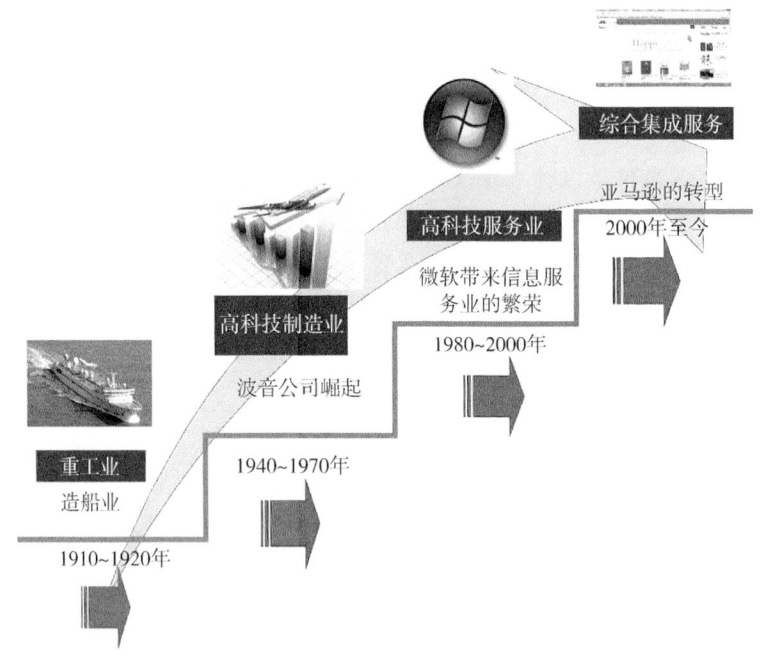

图6-13 西雅图的产业转型

第六章 汕头特区产业选择

西雅图产业经历了非常完整的自然要素驱动、资本要素驱动，再到创新智慧驱动阶段。从自然要素驱动到资本要素驱动的转变主要是受到外部市场需求的推动。但从资本驱动阶段进入创新智慧驱动阶段，主要推动力是人力资本和创新氛围。西雅图是全美受教育程度最高的城市之一，当地居民崇尚读书和创新研究；拥有自由宽松的学习氛围；华盛顿大学为城市提供了高素质人才和研究设施、图书馆资源等，所有的资源都向社会公众免费开放；有好的科技资源还需要和企业做完美的结合才能转为生产力，西雅图的社会中介组织科技联盟、社区技术联盟发挥了中介作用，将技术和市场结合在一起，推动企业间进行技术合作；西雅图非常开放，来自亚洲的移民带来了专业人力资本，提高了西雅图的产业竞争力；西雅图在拥有非常领先的主导产业时，没有放弃对潜在增长机会的追逐，无论是波音、微软还是亚马逊不断在拓展新的业务领域，推动企业成长；西雅图的发展同时说明产业的成功一定需要有一个大企业的协调和引领，从波音到微软以及亚马逊，西雅图的一个企业就可以带来整条产业链，产业的分工协作效率非常高，推动区域在全球分工中处于高端地位；同时西雅图的成功还在于创业成本（包括土地等要素成本）比较低，推动了创新创业活动不断延续。

四、耿西岛从自然要素驱动转型为创新智慧驱动

耿西岛是英国和法国之间的一个海岛，1950年以前主要产业包括农业、旅游和服装等产业，1950年后耿西岛利用自身的独特地理位置和政治地位（直属英国王室），通过低税、独立监管政策吸引了总部位于瑞士、欧洲、美国、英国及世界其他多个地区的众多国际银行集团纷纷在这个岛上建立银行并运营业务。如今，耿西岛上驻有33家持牌银行，所拥有的储蓄资金总额达970亿英镑（1555亿美元）。

耿西岛免除了资本收益税、公司税、遗产税以及预提税，也没有增值税和外汇管制。这一点使得很多公司愿意在耿西岛开办业务。耿西岛以其精良的劳动力著称。其本身是一个以英语为官方语言的国家，但是对于与其他欧洲主流国家，比如英国，法国，德国等，也有着同样的专业应对能力。不仅如此，在处理亚洲客户方面，也有着相应的经验。

耿西岛金融产业的日常监管由耿西金融服务委员会负责，而耿西岛对金融业监管的严格和透明在全球闻名遐迩。银行在耿西开展业务并不需要开设实体分行，可以通过耿西的管理银行来做日常的营运，这样既可以节约成本，也可

以节约时间。

耿西岛在银行、保险、托管服务、投资基金等金融方面有着突出的表现。尤其是保险业，耿西岛的专属资保业务在欧洲排名第一、全球排名第四，每年收入达46亿英镑，有100多家保险公司在岛上设立分支机构，其中，投资基金业务则是发展最快的行业。

耿西岛的成功主要是政策上的成功，耿西岛原先在金融产业上没有基础，抓住20世纪50年代国际剩余资本出现，欧洲美元市场、欧洲货币市场逐渐形成的机遇，通过低税和独立监管集聚剩余资本，成功转型成为高端服务人才集聚的创新智慧产业模式。

五、伦敦创新智慧驱动下的产业转型

工业化早期的伦敦因为缺乏煤炭等资源，周边伯明翰、谢菲尔德等城市矿业资源富集，而自然形成了伦敦发展商业，伯明翰、谢菲尔德、利物浦发展工业的产业格局。伦敦利用商业中心的地位集聚了大量资本，吸引和沉淀了大量服务人才，制度上不断创新，形成较完善的市场体系，进入工业化中期的资本驱动阶段后，伦敦依靠自身的商品集散和资本集聚中心的基础，主导产业升级为金融服务业，成为全球金融中心。第一次世界大战后美国崛起，随着全球资本向美国集聚，伦敦作为全球第一金融中心的地位逐渐被纽约所取代，从第二次世界大战结束到20世纪七八十年代，英国金融行业因缺乏竞争活力而面临进一步丧失在全球领先地位的危机。为挽救颓势，在过去的20年中，英国进行了两次放松金融管制的重大金融改革，即1986年以金融自由化为特征的第一次金融"大爆炸"和90年代末以混业监管体系为核心的第二次金融"大爆炸"，两次改革奠定了英国金融业重现繁荣的坚实基础。进入后工业化时代后，一度被认为衰落的伦敦金融城迅速发展，势力范围不断扩大，伦敦重新获得并强化了国际金融中心地位，缩短了与美国的距离，在某些方面超过了纽约华尔街。

从不同地区的转型路径分析，汕头有与伦敦相似的特征，历史上就是商贸服务中心，但伦敦是全球商品和资本的交汇中心，集聚了全世界最优秀的专业人才。汕头不具备这样的基础，但汕头现在面临着与耿西岛同样的机遇，欧美发达国家消费金融随着次贷危机发生而不得不进入去杠杆化的过程，这使得市场需求进入漫长缓慢上升阶段，以中国为代表的发展中经济体受到外部市场增长乏力的影响，工业化的正常演化受到冲击，可能会提前结束工业化进程直接进入后工业化时代，大量的产业资本面临无投资项目可投的窘境，剩余资本亟待找到合理的投资渠道，低交易费用高获益机会的资本管理中心将得到很大发展，深圳前海的高速发展印证了这样的判断。

第六节 汕头的产业模式选择

汕头经济发展受要素禀赋所限，地理位置制约，在珠三角和厦漳泉之间形成经济低谷，但发展停滞带来后发优势，地理位置局限可化为独特资源优势，汕头凭借两大发展极连接枢纽地位既可以依赖先天的山水资源发展会展旅游、商务休闲产业，也可以依靠后天的精耕细作传统发展差异化的精细制造产业，同时汕头还具有独特的企业家资源和外部资本优势，可以发展特色金融服务和创意研发。对照国际城市产业发展路径，汕头的产业发展可以依循自然要素推动、资本要素推动和创新智慧推动三种模式分别发展。

一、旅游会展休闲经济模式

汕头的自然资源优势还未得到充分释放，依托自然资源发展产业经济还有较大提升空间，汕头人与自然和谐共生的传统劳作方式，精致娴雅的人文氛围，精美的潮汕饮食，为发展会展旅游、养老休闲、精粹农业等产业奠定了基础。

1. 自然资源

汕头的特色是山形水胜、气候宜人。处于北回归线上的汕头四季气候温和，阳光充足，雨量充沛，具有发展会展旅游和现代农业的天然条件。汕头可以整合海港、海岛、海上渔业、海上运动、潮汕习俗等资源，精耕细作的传统农业基础，精美的潮汕食品，结合玩具和服饰等制造业资源，发展特色的会展、旅游服务。

2. 人文基础

以汕头为代表的潮汕地区是全球潮汕人家园，不同历史时期的名人辈出，尤其在商界以李嘉诚为代表的潮商在全球经济中发挥了巨大作用，掀起了全球的潮商研究热潮，这些潮商的根还在潮汕，汕头拥有发展旅游休闲产业的人文基础。

汕头的自然人文特质可以归纳为"海"、"山"、"侨"、"寺"、"潮"五大特质。

（1）海：汕头的海，一望无际海天一色，海元素贯穿汕头的所有风景，海岛、海港、海滩、海洋渔业、海景山色、潮汕风情。曾经的远东第一大港是潮人的主要出海口。

（2）山：汕头的山"雄、奇、秀、幽"，丘峦叠嶂、气魄雄浑、怪石奇峭、林秀泉清、洞穴幽奥、幽谷松涛。

（3）侨：汕头历史就是华侨史，华侨故居、华侨捐赠、华侨家属、潮侨文化，构成汕头与海外水乳交融的载体，红头船、侨批、潮剧形成侨乡文化传承。

（4）寺：佛教元素已深入到潮汕人人文精神之中，潮汕人已经普遍形成了"广结善缘"、与人为善、敬神的传统。潮阳灵山寺、龙泉岩寺庙群、弘法寺、弘缘寺和东山寺等名刹高僧云集。

（5）潮：潮汕人逐潮而居，形成面向海洋的潮文化，潮汕文化属岭南三大文化板块之一。潮语、潮菜、潮绣、潮剧、潮居是五大基础。

3. 产业基础

汕头有国际化海港，拥有汕头国际食品博览会、中国澄海国际玩具礼品博览会等举办经验，有林百欣国际会展中心等设施，是传统的商贸中心和物流基地，有玩具和服饰两大传统优势产业集群。

潮汕自古就有"种田如绣花"的说法，传统农业非常发达，"潮汕老农"享誉世界。

潮菜味尚清鲜，潮人精致娴雅，汕头慢节奏生活，敬老传统，特色的乡族文化，为发展养老休闲产业奠定了基础。

4. 产业发展方向

（1）海：海上运动、国际会展、养身休闲、海港物流、国际贸易、商业中心。

（2）山：商务休闲、生态旅游。

（3）侨：寻根旅游、文化体验、归侨服务。

（4）寺：文化体验、功德捐赠。

（5）潮：潮汕风情旅游、养老休闲、寻根旅游、乡村旅游。

5. "潮"、"侨"、"寺"特色——文化旅游

（1）文化商务旅游。发挥"潮"、"侨"特色，把现代潮汕文化与潮侨故居相结合，串联潮州的历史遗址，揭阳的名山古迹，吸引商务人士感受潮商文化本源，思考现代经商理念。把商务洽谈、文化浸染与沉静思考有机结合，打造揭阳黄岐山、潮州古城、知名潮商故居、汕头小公园、渔人码头等贯穿古今的文化之旅，最后在南澳岛或静修悟道、或高端会谈，完成潮汕文化之旅。

（2）清修静悟之旅。发挥潮汕人虔心信佛，汕头寺庙林立、高僧众多的特点，开辟潮汕人清修静悟的文化套餐，使得潮侨和游客可以全方位领略潮汕拜神文化、善堂文化，提升精神境界，净化纯洁心灵。

（3）潮侨寻根之旅。汕头是潮汕人出海口，"红头船"故乡，保留着郑王故里、陈慈黉故居、樟林古港等胜迹，潮侨离乡回望永恒的记忆。

6. "海"、"山"特色——休闲旅游

（1）滨海运动休闲。利用濠江、南澳岛鱼群、海浪、海滩、阳光等天然资源发展海钓、帆船、帆板、沙滩运动等多种运动休闲服务。

（2）乡村生态休闲。以南阳村、前美村、程阳冈村、龙美寨等古村落资源为基础，以潮汕民居和风情文化为特色，发展乡村生态旅游。

（3）山石洞穴寻幽。花岗岩球状风化形成的石球（石蛋）地貌千姿百态，巨石叠置洞穴比比皆是，尤以礐石风景区和桑浦山一带最为典型。

7. "海"、"潮" 特色——会展

汕头有独具特色的山水文化,国际化海港、全国唯一的独享内海湾,发展会展业具有得天独厚的条件,濠江与市中心隔湾相望,景色宜人,是建设会展中心的理想地点。汕头拥有汕头国际食品博览会、中国澄海国际玩具礼品博览会、文博会、旅博会等举办经验。

8. "潮"——特色专业会展

(1) 特色专业会展。广州、深圳是中国会展业的第一集团,广交会、高交会已成为城市品牌,成为与北京、上海并列的四大综合会展中心。汕头可错位竞争,利用自身潮汕食品、玩具、女性服饰等传统特色优势,做大专业展览。中国的专业展览如北京的国际机床展、国际汽车展、国际通信展、国际纺机展,上海的国际家具展、国际模具展,珠海的国际航空展等在展览规模和服务质量等方面已接近国际水准。汕头可以它们为标杆,努力提升展会质量和规模,打造国际品牌。

(2) 汕头可以潮汕美食的高品质吸引全球精美食品参展,成为中国最具特色的食品展。

(3) 汕头通过精细制作的玩具,高水平的展会组织,吸引全球玩具商参展,争取成为中国最大规模玩具展。

(4) 汕头依托汕南服饰产业发展女性服饰展览,争取成为东南沿海流行风尚的风向标。

9. "潮"、"侨" 特色——高端会务与归侨服务

(1) 归侨服务。潮汕揭一体化使得域外潮商更多地向粤东中心——汕头回流,侨联利用会展设施,设立专门的归侨服务组织,整合潮商大会、归侨联谊会、侨胞论坛等多种资源,推动金融、酒店、交通、旅游、省亲等共同协作,让汕头成为全球潮人的信息集散地、资本配置源、置业消费处、叶落归根园。

(2) 高端会务。南澳岛可打造成高端商务休闲,潮商高端会议,政商高端对话的品牌会务休闲中心。

10. "潮"、"海" 特色——养老休闲

(1) 归侨养老。挖掘中华文化中"叶落归根"内涵,为海外 1000 万潮汕人养老提供休闲服务。

(2) 康复养老。利用牛田洋湿地、汕南沿海地区的优质环境,依托汕头医护条件、制药产业,发展以老年护理、老年静养、常规慢性病治疗等为特色的康复养老产业链。

(3) 休闲养老。利用东海岸新城，南澳岛的海滩、海风、海景，发展海钓、游艇、浮潜、沙滩运动等海上运动休闲养老。

11. 物流商贸

利用汕头的港口、机场等自然条件，商贸经营的传统优势，珠三角和海西连接枢纽的地理优势，结合电子商务等新业态发展现代物流商贸。

12. 精粹农业

依托汕头蔬菜、禽畜、水果、花卉、水产五大特色产业，发展以有机果蔬、有机农作物种植为代表的健康农业，发展以名优兰花培育等为代表的高附加值农产品，构建潮汕特色的现代农业体系。

二、高新制造与精细制造模式

1. 资本集聚

汕头政府财政实力偏弱，可以依赖的是民间资本和外来资本。汕头的民间资本可以从汕头的银行居民储蓄规模窥见一斑，比潮州和揭阳的总和还要多，与厦门接近。但汕头的民间资金主要在体外循环，仅深圳潮商就有1800亿元资金在市场流转。由于政策环境的差异和要素资源的比较优势不明显，汕头对于外来资本的吸引力偏弱，本地资金外流严重，汕头需要改变政策环境，通过吸引潮商资本回流，引入央企、国际产业资本等外部资本，推动制造业向现代高端精细制造方向发展。

2. 技术创新

现代制造业需要依托技术创新，汕头在电子信息产业有国家级的研究所的支持，锆材料获得了央企的资本进驻，有国家级的技术力量的支持。但玩具、服饰产业技术能力偏弱，动漫玩具的创意设计，电子模型玩具的智能化技术、信息技术等需要有持续的创新突破。服饰产业的设计研发同样需要紧跟国际流行时尚不断创新。汕头需要精细制造的创新研发人才。

3. 产业基础

广东的玩具产值占全国的70%（2011年），而汕头的产值占广东的20%，拥有四家玩具上市公司，是中国最重要的玩具生产基地。女性内衣产业拥有国内最大规模的产业集群。汕头拥有中国最大的锆材料生产基地，亚洲领先的超声电子研发和制造技术。

4. 发展方向

(1) 动漫玩具产业。全球儿童娱乐产业最成功的发展模式有两种，即文化产业化和产业文化化,分别以迪士尼和美国孩之宝、日本万代为代表。产业文化化是当前中国最为稳定的获利模式,也贴合奥飞动漫现在采用的"动漫+玩具"产业模式。

(2)女性服饰产业。内衣产业是服装产业中最有增长潜力的产业,而汕头拥有中国最大的女性内衣生产基地,中国内衣业存在明显的三"大"一"少"的特点,即市场潜力大、产业规模大、竞争压力大,但强势品牌少。服饰产业同样需要与创意文化相结合,用高质量的创意设计塑造国际一流品牌。

(3)锆材料。依托中核集团,通过提升锆提炼技术,与中核集团的核级锆产业链相融合,向高精锆材料加工方向发展。

(4)电子信息。依托超声电子研究所的技术研发能力,借助资本市场,拓展产品线,延伸产业链,增强下游营销等环节,形成规模化经营。

三、特色金融与研发创意产业模式

1. 高密度企业家资源

汕头的优势是企业家资源和创业传统,这既包括本土的正在成长的企业家群体,也包括扬名海外的潮商群体,这种同一地域高密度的企业家群体全国唯一,全世界也罕见。

2. 根植性服务网络

从侨批中我们就发现潮商善于构建根植性的服务网络,善于将现代金融与传统乡族人际网络相结合。虽然侨批后来式微,但潮商在世界各地经营银行、地产等业务无不借助这一特质,构建各地潮汕人网络,满足各地民间需求。

3. 创新创业传统

潮汕大地犹如一个巨大的企业家孵化园,一代代先人成功的故事激励后辈们不断创新思维,寻找新商机和新模式。汕头需要做的就是提供更好的创业环境,帮助更多的人实现创业梦想。但汕头地理位置不佳,自然要素缺乏比较优势,因此适合在产业链前端——创新创意和现代服务业领域进行拓展,将资本和企业家资源进行合理配置。

4. 区域教育和研发中心

汕头拥有粤东唯一省属重点院校——汕头大学,有一所省属职业教育学院,三所职业教育学校,拥有国家级企业技术中心1家,省级企业技术中心25家,省级工程技术研发中心33家。专利申请量、科技奖数量和省级创新型企业数居全省地级市前列。拥有光机电、轻工机械装备、智能玩具创意设计与制造、输配电设备制造 4 个国家火炬计划产业基地，有 24 个镇（街道）被列为省技术创新专业镇。

5. 资本过剩和重启改革机遇

在全球资本过剩，海内外潮商资本急于寻找投资平台，而珠三角和海西经济区正面临新一轮改革的机遇的背景下，汕头作为潮商共同家园有极佳的机遇成为全球潮汕人的对外投资平台，汕头需要准备的是开放的金融市场，便捷的信息交流渠道，综合的离岸金融服务，独立的监管体系，允许外资金融机构直接注册，通过低税等政策吸引全球金融机构进驻。

6. 发展方向

（1）潮商银行。汕头可以成立潮商银行吸纳全球潮商资金，推动潮商资本在珠三角和海西经济区开放中寻找投资机会。利用潮商善于构建根植性业务网络的优势，发展小微金融业务，为广大中小微民营企业服务。

（2）潮商全球资产管理中心。通过较为完善的金融市场的建立，自由开放的金融政策，吸引中外金融机构集聚汕头，打造东南沿海金融中心，吸引潮商资本回流，把汕头建设成为潮商的全球资产管理中心。

（3）创意文化中心。汕头的企业家资源同时蕴藏着大量创新创意的思想，汕头有与海外最直接的联系，多国文化混合交织与潮汕文化结合在一起，潮汕人在这种多元文化的熏染中接受家族的商业训练，具有开阔的视野和独具的眼光。汕头可通过引入外部创意人才，让外部创意文化与本土创新创意思想碰撞，利用汕头良好的山水景观，激发独具特色的创意思想和文化。

（4）粤东创新基地。汕头可进一步引进国内外知名院校，鼓励企业加大研发投入，推动产学研一体化发展，通过高层次研发人才引进，提升汕头科技水平，把潮汕人创新理念与现代科技紧密结合起来。可在高校周边设立创新园区，吸引高校人才与潮汕人合作创新创业。

第七节 汕头产业转型路径

汕头主导产业应根据汕头自身特点和海西经济区以及珠三角的发展趋势和需求结合起来进行选择。汕头产业发展的优势何在？海港还是区位？这些都是汕头的劣势，省尾国角和缺乏内河转运渠道使得汕头失去现代远洋贸易运转枢纽位置，也失去了发展重化工业的机遇。但这种错过也保护了汕头的生态环境，使得汕头有良好的自然条件发展现代服务业，汕头可以凭借的是潮商企业家资源、创新创业传统、强大的自组织能力和根植性的低成本精细分工；能够借助的是中国五大特区的政策优势，是特区立法权自主立法的权利；能够挖掘的是珠三角和海西经济区深化改革的机遇。从全球城市转型发展的基本模式，汕头可以从海滨休闲旅游产业、精细制造产业、特色金融和创意文化产业三个方向形成突破，借助山形水胜和温润气候等自然条件，以精致的潮汕美食和娴雅的潮汕文化，发展海滨休闲旅游产业；发扬潮商精细制作的工艺传统和创新精神，发展精细制造和高新制造产业；以潮商企业家资源、规模庞大的潮商资本、创新创业的传统为基础，利用资本过剩和珠三角及海西深化改革的机遇，以特区立法权为依托，发扬特区优势，推动特色金融服务和创意研发产业发展。

当然汕头产业与现代服务业和现代制造业还有相当差距，汕头的服务业还停留在传统的生活服务形态，缺乏专业化人才和现代服务企业，制造业还需要集聚更多资本、提升研发水平。尤其重要的是汕头市场体系被乡族经济割裂，家族配置资源替代市场资源配置，资金、信息、人才无法实现高效流动，汕头能否在当前市场发育不健全、制造业尚处于较低层次水平上直接发展现代服务业？我们试着从汕头的文化传统、工商业传统挖掘汕头服务业发展基因，这种基因在良好的制度环境下完全可以被重新激发，推动汕头建设良好的市场体系，发展特色的现代服务业。

一、汕头的文化基础与工商业传统

潮汕人受儒家传统影响极深，自韩愈将中原儒家文化带入潮汕地区，潮汕人的血液中就一直流淌着正统的儒家文化，并和潮汕平原独特的地理环境、人文环境结合起来，演化出一种雅致、儒气的潮汕文化。

潮汕地区地狭人稠，激烈的竞争环境培养了潮汕人的创造、开拓和冒险的"红头船"精神，这种精神帮助潮汕人开辟了海上贸易，并且在海外获得成功。

潮商在海外的成功，很大程度上在于儒家文化与海外市场环境的有效结合，潮汕人重义轻利，诚信待人，在良好的市场规则下可以获得宝贵商机。但潮汕本土由于传统文化积淀太深，缺乏透明的市场规则，市场经济难以得到深化和发展。

市场的发展是由契约作保证的，只有秉持契约神圣原则，才能形成规范的市场规则体系。市场的规则体系通常是市场中介为降低交易成本，通过自发协商形成的自愿接受的交易规则。历史上曾有"徽商重契约，潮商重口头约"的说法,但潮汕国学大师饶宗颐在2000年曾说"潮州的侨批等于徽州的契约,价值相当"。这说明潮汕人也有契约传统,但种种原因导致这种传统的丢失。

改革开放30多年中国引进市场经济,是从逐步扩大企业自主经营权和开放个体经济开始的,很多规则是政府代替市场中介制定的,不一定是市场化的博弈结果。李克强总理说:要重新界定政府、市场和社会的边界,政府要向市场放权,为企业松绑。用政府权力的减法换取市场活力的加法。

潮汕的正统儒家文化在民间表现为长幼有序的乡族伦理,由于缺乏真正的市场规则,乡族伦理代替了市场规则,使得现代经济的发展陷入乡情、族情的泥沼。而海外潮汕人的儒家伦理与市场规则的结合显然是汕头的发展方向。

汕头并非没有儒家伦理与市场规则结合的土壤,汕头侨批就是典型的儒家伦理与契约精神的结合,侨批局以乡人为主,服务于本乡子弟,海外侨批到来即使没有准确地址,"侨脚"也会不辞辛苦,翻山越岭找到侨属。

潮汕人的传统就是重信守诺,在市场规则完善的海外潮汕人能够将自身优势尽数发挥,在规则不尽合理的家乡,潮汕人则以乡族伦理代替市场规则。因此如果调整政府的行政干预边界,尽量让市场参与方博弈确定规则,则市场化规则就会推动汕头经济的良性发展,"潜规则"就会变成"明规则"。

二、全球产业结构调整

次贷危机引发的全球经济危机反映出人类的生产模式和消费模式必须要加以改变,全球经济都不得不进行产业结构的深层次调整,要改变制造业现有的能源消耗模式和产能过剩,提高能源燃烧效率,从不可再生的化石能源转向可再生新能源,大力发展低碳经济。从全球产业转移分析,由于欧美主流市场消费减速,现在产业转移已经进入第四轮——现代服务业的转移,中国沿海地区继第三轮后将再次成为主要承接地。

中国产业整体处于国际分工和全球产业链条的低端,部分行业生产能力居世界前列,但高附加值产品少,技术含量偏低,经济效益不高,获取的比较利益不多。由于中国经济主要依赖投资和出口驱动,在国外市场增长趋缓的情形下,大量投资形成的巨大生产力造成了严重的产能过剩,因此改变大投资大产出的粗放式增长,提倡精细制造、精细增长成为中国当下的共同选择。

汕头的产业一直紧贴原生态自然发展,产业联系松散,发展方式粗放,处于产业链最低端;但是从区位分析,汕头又属于沿海港口城市,可比对象是深圳、厦门等以高科技产业作为主导产业的国际化城市，汕头可以利用全球产业结构调整机遇，向高端制造业和现代服务业转型。

三、汕头特区扩围及潮汕揭一体化

汕头继深圳、厦门、珠海之后成为第四个特区扩围城市，特区扩围有利于汕头打破狭小地域带来的特区政策效应难以发挥的问题，使得整个城市的交通、商品、要素、信息、资金可以无障碍地低成本流转，可以借机改变城乡的二元结构，产业均质分布，中心城区产业集聚程度不足的现状，通过在中心城区发展现代服务业，大大增强产业集聚和辐射能力。

潮汕揭本为一体，产业同质性较强，资源相互依赖，潮汕揭一体化为三地产业链梳理奠定基础，汕头在服务业发展方面有一定优势，教育卫生资源在三地最为突出，在三地有一定的引领作用，因此总体上汕头可以向现代服务业和高科技制造中心发展，揭阳可向原材料制造方向发展，而潮州可向成品制造方向发展。例如在纺织服装产业，揭阳已经形成化纤、涤纶、氨纶、锦纶、棉、麻、麻纱等原材料，纺纱、织造、印染、后整理、辅料等中间环节，但终端产品的品牌相对较弱；而潮州则在终端加工方面有专长，如潮州的婚纱晚礼服就是选择了纺织服装产业中一个小的细分产业，精细化分工和制作，成为全球最大的婚纱供应地区；但只有汕头具有纺织服装整条产业链的整合能力，汕头已经有了一些全国知名品牌，正在筹建重点实验室，因此未来汕头应发挥自身特点，占据产业链高端，发展高端制造和现代服务业。

四、旅游会展休闲产业模式下的转型

随着珠三角、海西经济区主要城市 2010 年后人均 GDP 突破 5000 美元，旅游会展休闲娱乐成为新的消费热点，但珠三角和海西目前却很难满足这种需求（见图 6-14）。

珠三角拥有展馆 23 个，占全国展馆总量的 14%（2006 年数据），2006 年展会数量 121 个，占全国 18%，珠三角虽然展会经济领先全国，但主要展馆及展会全部集中于广州和深圳，尤其在 2006 年以后珠三角和厦漳泉人均 GDP 增长较快，会展业发展相对滞后。

汕头会展旅游业具有得天独厚的条件，濠江与市中心隔湾相望，景色宜人，是建设会展中心的理想地点。汕头拥有汕头国际食品博览会、中国澄海国

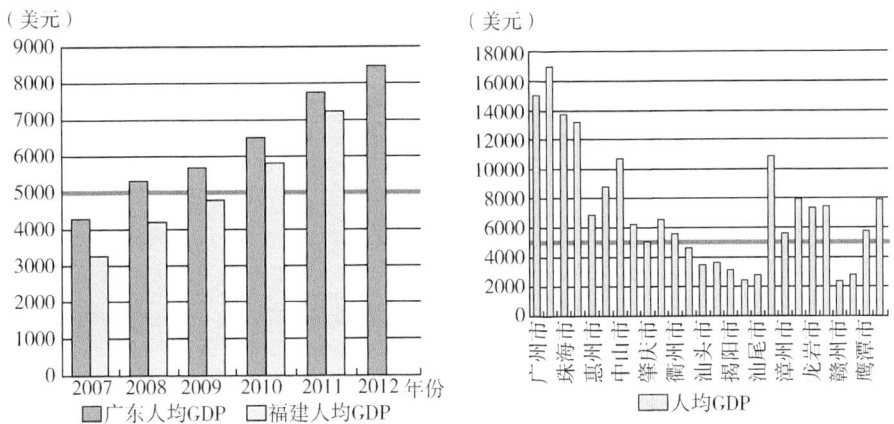

图 6-14 广东与福建人均 GDP 对比

资料来源：广东省、福建省 2008~2012 年统计年鉴。

际玩具礼品博览会、文博会、旅博会等举办经验。会展经济产业链带动效应强，会展业对酒店、交通、餐饮、旅游等相关产业具有 1：9 的带动效应。

汕头的温润气候、娴雅生活、敬老传统为发展养老产业奠定了基础，养老产业是未来的朝阳产业，我国夕阳人群的占比越来越高，而服务于夕阳人群的养老产业却是当前为数不多的朝阳产业之一。据有关部门预测，2015 年我国老年人护理服务和生活照料的潜在市场规模将超过 4500 亿元，养老服务就业岗位潜在需求将超过 500 万个，而目前我国养老产业的产值不到 1000 亿元，市场空间较大。

（一）旅游会展休闲产业现状

汕头现在已经拥有文博会、食博会、茶博会、旅博会、奇石·珠宝·书画博览会、迎春花市、年货会、国际汽车展等各式展会，展会经济初现规模。每年在汕头举办的会展活动有 20 场左右，最高峰时各类展览和会议吸引中外参展参会客商近 50 万人次。但汕头真正有影响力的固定会展不多，会展经济依托的信息通信、交通运输、城市建设、旅游休闲、餐饮住宿、广告印刷等产业汕头还比较薄弱，展会主要依赖地方政府组织安排，缺乏市场化的综合协作，没有专业型的会展服务企业。

汕头曾经在海滨度假旅游拥有先行一步的优势，但商务环境的恶化导致商务休闲需求的大幅下挫，旅游产品投资不足，旅游资源被人为分割，低品质建筑和无章建设破坏旅游资源，虽然现在年接待过夜游客达到 780 万人，年收入达到 85 亿元，但难以持续。

汕头曾经是东南沿海最重要的商贸中心，1998 年批发零售贸易业商品销售 484.67 亿元，远超厦门市的 108.69 亿元，超过深圳 423 亿元规模，但后来与深圳的差距越来越大（见图 6-15）。主要原因是汕头在当时发挥了东南亚国家与国内商品流通主要通道的作用，通过商品交易会等形式将国内外市场链接在一起。汕头商业街仍以沿街铺面为主，专业市场小而散，小商业、小商品，没有专业大市场。物流园区布局散乱，没有大型的专业物流企业，缺少具有仓储、物流、配送等多功能的现代物流中心，以原料采购和产品销售为核心的物流体系尚未建立起来。

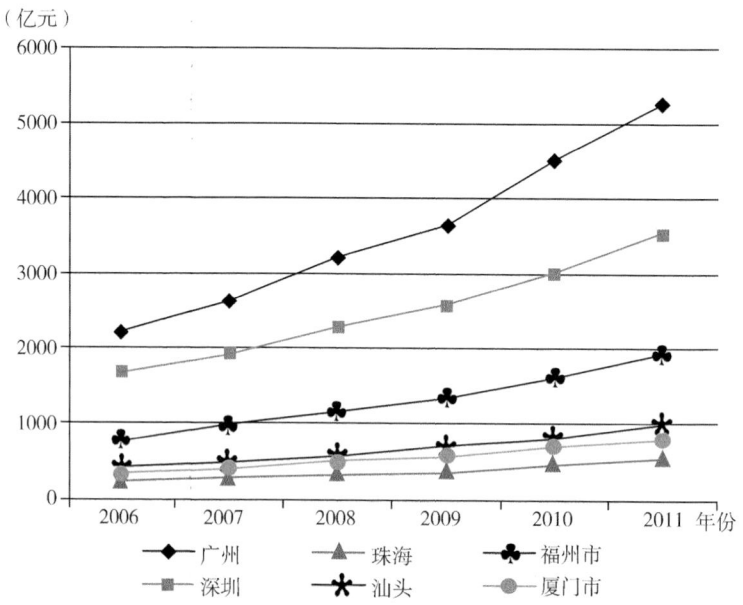

图 6-15 汕头与珠三角及海西主要城市批发零售额对比

资料来源：根据各城市统计年鉴整理。

汕头的传统农业较为发达，现代农业也初显规模，形成五大优势农业区，粮食、蔬菜、禽畜、水果、水产成为农业经济的支柱产业和增长点，但人多地少的矛盾，人均耕地只有 0.11 亩，农业结构不合理，高附加值农业受到粮食种植面积的限制，以及农业投入不足，农业相关的第二、第三产业配套不够造成汕头农业现代化发展的困局。

第六章 汕头特区产业选择

（二）旅游会展业的发展机遇

中国东南沿海各省人均 GDP 都已经先后突破 5000 美元，进入工业化中后期，全球发达国家对服务业的需求开始显著上升，服务业取代工业成为第一大产业。因此这一时机的到来给汕头发展会展旅游业带来机遇。从美欧国家的发展历史看，收入的增长不仅推动消费规模的快速增加，而且消费结构发生明显变化。

美国人均 GDP 突破 5000 美元后国家公园游客人次增速减少 3%～5%，主题公司人次增速开始明显超过国家公园。①

中国游乐园/主题公园行业需求和供给层面都远远落后于美日等发达国家。2011 年，在亚洲主要主题公园的排名中，排在前列的基本都是日本公园，而中国的华侨城、常州恐龙园、宋城景区等项目则远远落后。这不仅是一个需求的问题，同时也反映了在供给上，中国还比较缺乏主题鲜明、品牌突出、经营成熟的项目。以主题公园运营集团为单位，宋城、华侨城等中国公司也远远落后于国际领先公司；美国人均 GDP 进入 5000 美元之后的 20 世纪 70 年代，国家公园游客增速下滑到 3%～5% 的水平，进入 80 年代后期，则进一步陷入了停滞。而在这一时期，美国游乐园/主题公园行业基本没有新的项目供给，但是游客增速继续维持在 3% 左右的水平，明显超过国家公园。在主题公园中以迪士尼为代表的儿童主题公园是最具吸引力的游乐园，2010 年，迪士尼游客接待量达 1.2 亿人，主题公园及相关业务实现营业收入 107.61 亿美元。其中东京迪士尼乐园年接待游客达到 1760 万人次。汕头已经连续举办多届全国性的动漫展，动漫创意和玩具制作形成产业链，具有很大的潜力发展儿童主题游乐公园，打造东方迪士尼。

汕头拥有粤东最完善的卫生设施和医疗条件，也有敬老爱老的传统。潮菜崇尚清鲜，汕头盛产果蔬。汕头的海上垂钓、海滨运动、农田采摘等各类慢生活活动，汕头可以满足老人最需要的基本社会服务需求（见图 6-16）。

汕头是潮人中心，海内外潮人叶落归根的家园。如果汕头能够在养老产业上形成较为成熟的产业链，将会成为潮人养老归养的首选，也会吸引国内其他地区老年人群选择汕头养老，推动汕头成为全球潮人的归养之所，东南沿海的疗养胜地。

---

① 高华证券 20130219 研究报告——旅游休闲行业景区深度报告：扩张大幕拉开，首推宋城，关注丽江 [D]. 中青旅.

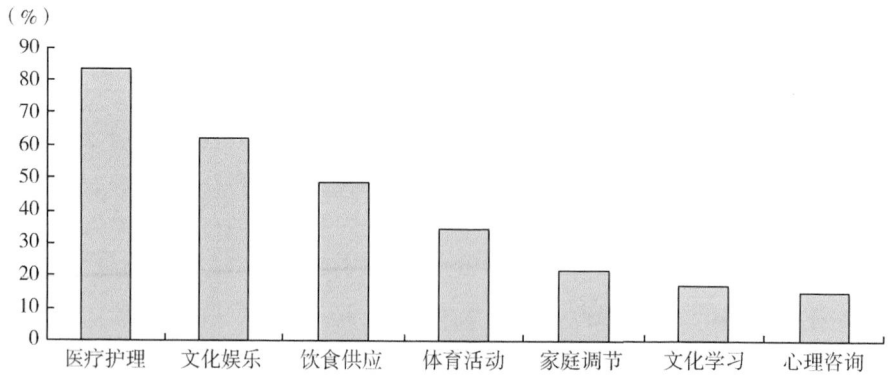

图 6-16 老年人社会服务需求

资料来源：根据中信证券研究报告整理。

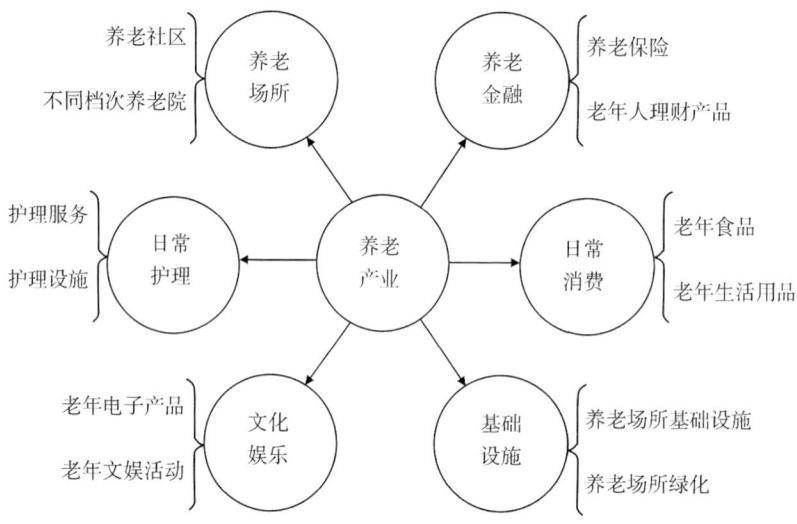

（三）旅游会展休闲产业转型路径

1. 特色专业会展

广州、深圳是中国会展业的第一集团，广交会、高交会已成为城市品牌，成为与北京、上海并列的四大综合会展中心。汕头可错位竞争，利用自身潮汕食品、玩具、女性服饰等传统特色优势，做大专业展览。中国的专业展览如北京的国际机床展、国际汽车展、国际通信展、国际纺机展，上海的国际家具展、国际模具展，珠海的国际航空展等在展览规模和服务质量等方面已接近国际水准。汕头可以以它们为标杆，努力提升展会质量和规模，打造国际品牌。

（1）食品博览会。汕头可借鉴科隆举办世界食品博览会 ANUGA 的经验，利用自身传统农业的优势以及台南农产品主要登陆口岸的地理位置，扩大国际世博会的规模和影响力，成为中国食品加工的最高层次的展示窗口。ANUGA 展览的食品、饮料及其食品加工类的商品代表世界最高成就和行业产品的流行趋势。世界上所有国家和地区都愿意来科隆参展并通过 ANUGA 进行商业洽谈，展会具有吸引力强、国际化程度高、创新性高及信息量大的优势，展会吸引着来自世界各地的食品、饮料生产商和专业贸易人士，是食品行业中相互建立客户联系、订购产品的理想场所和交流的盛会。

（2）玩具礼品博览会。汕头也可借鉴纽伦堡的经验，通过精心制作最精致的玩具，吸引全球市场的目光，运用市场化的商业模式来运营玩具展览。主办纽伦堡玩具展的 Spielwarenmesse eG 公司是一家组织玩具展览和提供营销服务的专业公司，参与举办俄罗斯玩具展。从第一届纽伦堡玩具展时就成立了股份制公司，负责管理和运营该展会，公司随着展会的不断壮大而壮大，Spielwarenmesse eG 公司只执着地做一件事情：办好玩具专业展会以及做好相关的市场营销服务。纽伦堡玩具展展示了高端的品牌，高质的产品，高效的服务。

（3）归侨服务。潮汕揭一体化使得域外潮商更多地向粤东中心——汕头回流，侨联利用会展设施，设立专门的归侨服务组织，整合潮商大会、归侨联谊会、侨胞论坛等多种资源，推动金融、酒店、交通、旅游、省亲等共同协作，让汕头成为全球潮人的信息集散地、资本配置源、置业消费处、叶落归根园。

（4）高端会务。南澳岛可打造成为高端商务休闲、潮商高端会议、政商高端对话的品牌会务休闲中心。

2. 主题旅游

（1）儿童动漫主题公园。汕头拥有国内最完整的玩具产业链，为发展以卡通动漫、玩具体验为主题的大型游乐项目奠定了基础，从全球玩具产业的发展来看，迪士尼为代表的文化带动产业的发展模式明显优于美国孩之宝和日本万代为代表的产业带动文化的发展模式，汕头如能提炼出中国特色的卡通文化，打造"东方迪士尼"概念，将会推动城市进入新的发展阶段。

城市产业成长与治理结构变革

> **迪士尼成功要素**
>
> 品牌形象深入人心。通过将迪士尼动画中的经典人物和场景引入主题公园，借助各种游乐设施，带给客户身临其境的体验
>
> 产业不断创新。通过不断引入新的卡通形象和游乐项目，人们总能得到意想不到的惊喜和特别的刺激体验
>
> 产品定位清晰。迪士尼的产品涉及生活各个领域，包括音像、文具、服装和食品等，传递给使用者的信息总是充满希望、积极、乐观和富有教育意义

汕头要打造东方迪士尼，还需要不断推出新的有代表性的卡通人物，现在国内排名前五位的卡通人物，有三个属于汕头，分别是喜羊羊、铠甲勇士、巴啦啦小魔仙，但铠甲勇士、巴啦啦小魔仙仅属中上层次，始终难以突破。喜羊羊是唯一有10年以上影响力的动漫形象，可以向动画、舞台剧、游戏、主题乐园以及其他衍生品方向拓展。

汕头要学习迪士尼的准确定位，建造一个成年人也可以尽情享受的儿童乐园。将乐园的目标客户群定义为全部家庭成员，不仅可以获得更广阔的市场，同时延长了每位消费者在乐园的消费时间（从童年到老年）。

要做品牌的儿童乐园还需要不断提升创意，以世界级的经营理念、管理方法为支撑，以高科技为载体，融知识性、趣味性、参与性于一体，不断地超越

第六章 汕头特区产业选择

自我。从人物形象、游乐项目、经营模式到产业链整合等方式，持续不断地创新，才能保持竞争地位。

我国真正意义上的主题公园开发起步于20世纪80年代后期，国内主题公园已有2500多家，题材从中外名胜、历史古迹、神话传说、山海人文，到休闲娱乐、科幻刺激等，发展区域遍及全国绝大部分省份城市。2005年以后我国进入第四代主题公园阶段，文化创意在主题公园中越来越重要。

中国主题公园虽然经历了快速的成长期，但是规模的迅速膨胀也暴露出了很多问题，导致经济效益低下。比如：①分布不合理，在一些地区过分集中；②文化品位低，主题雷同，盲目抄袭，缺乏特色；③脱离现实，预测失误，将庞大的人口基数与实际消费人口混淆，对客源市场缺乏深入的分析；④游乐设施科技含量较低，综合功能不强，设计不够新颖，设施比较陈旧；⑤市场营销策略失当，决策失误（见表6-4）。

表6-4 国内外主题公园对比①

主要问题	国内情况	国外情况
盲目、重复开发、无序竞争	20年间，增加2500个主题公园	美国50年，增加30个主题公园
公园规模与区域有效客源不匹配	人均到访率不足0.25，人均消费不足12美元	人均到访率0.8，人均消费46美元
特色不足、粗制滥造，缺乏吸引力	大多重复模仿，人工痕迹重	有专业创新研究团队，形成自己的专利
参与性差、重游率较低	顾客停留时间2~4小时	顾客停留时间6~12小时
缺乏持续创新，市场影响逐渐降低	大部分无后续投资	每年新内容投资占全年总收入的4%~5%
专业人才不足，经营管理模式落后	有专业经验的管理人才少	员工工资占45%~60%，高薪留人才
收入结构单一、衍生产品不足	80%来自门票，其他经营只占20%	门票收入占20%~30%，其他经营收入居多
营销方式落后，品牌创造不足	营销模式落后，知名品牌数量少	市场开发费用占总经营成本的9%~15%

---

① 高华证券20130219研究报告——旅游休闲行业景区深度报告：扩张大幕拉开，首推宋城，关注丽江［D］. 中青旅.

北美是全球最大的主题公园市场，占据着全球主题公园业 50%的市场份额，日本是目前亚洲最大的主题公园市场。而国际相关研究机构预测，未来主题公园产业主要的发展市场将会出现在欧洲和亚洲的中国、韩国。目前，国际上主要的主题公园营运商和媒体娱乐公司均对亚洲和中国的商机表示了很大的兴趣。

（2）服饰/美食/文化风情主题公园。汕头也拥有全球最集中的女性内衣生产能力以及工艺毛衫等特色产业，为发展服饰博览和主题旅游奠定了基础，汕头可利用潮汕特色的建筑居住文化、服饰文化、饮食文化、社会风情建立"潮汕民俗村"，把不同时代的潮汕特色服饰与不同时代的文化风情结合在一起让游客体验，让游客在游玩中体会潮汕服饰的变迁。

在南朗镇孙中山故居旁边，规划兴建世界上第一个以服饰文化为主题的主题公园——中山装服饰文化主题公园。主题公园以中山装服饰文化为核心，集服饰、文化、艺术、高科技、娱乐、教育意义、流行时尚、人文等于一体，把游人的巡游、娱乐、互动体验和旅游价值等有机结合起来，打破主题公园的传统做法，让游人游意难尽、口碑遍传。整个主题公园分为四大部分：一是走进中山装（中山装文化展示景区）；二是感悟中山装（服饰文化模拟演绎景区）；三是体验中山装（中山装文化活动景区）；四是传承中山装（中山装文化艺术学习和教育基地）。

3. 文化商务旅游

（1）海上观光休闲旅游。以南澳岛为中心延伸向牛田洋、新津河口、濠江—环达濠岛的海上游艇观光、垂钓、休闲旅游。

（2）潮汕文化之旅。利用潮汕揭一体化机遇，把潮州的历史遗址，揭阳的名山古迹和汕头的现代潮汕文化相串联，吸引商务人士感受潮商文化本源，思考现代经商理念。把商务洽谈、文化浸染与沉静思考有机结合，打造揭阳黄岐山、潮州古城、知名潮商故居、汕头小公园、渔人码头等贯穿古今的文化之旅，最后在南澳岛或静修悟道，或高端会谈，完成潮汕文化之旅。

（3）滨海运动休闲。利用濠江、南澳岛鱼群、海浪、海滩、阳光等天然资源发展海钓、帆船、帆板、沙滩运动等多种运动休闲服务。

（4）乡村生态休闲。以南阳村、前美村、程阳冈村、龙美寨等古村落资源为基础，发展乡村生态旅游和农业采摘体验旅游。

4. 养老产业①

（1）康复养老。利用汕头温润的气候，牛田洋湿地等自然条件，结合汕

---

① 招商证券 20131015 研究报告——保险行业养老主题中的保险机遇专题之四：挂钩养老地产的商业模式。

头较好的医疗服务,设立老年常见病康复休养基地,发展医疗式养老。

我国养老服务产业刚刚起步,且未来空间大,是养老产业中空间大、发展快、盈利较高的产业之一,日本生命保险基础研究所预测,中国老人护理市场规模 2040 年将达到 100 万亿日元。老年人的平均医药卫生费用支出是其他人口平均数的 6~7 倍,据统计:我国老年人易患的疾病依次为肿瘤、高血压与冠心病,慢性支气管炎与肺炎、胆囊病、前列腺肥大、股骨骨折与糖尿病等,而病死率依次为肺炎、脑出血、肺癌、胃癌、急性心肌梗死等。

(2) 养老住宅。利用汕头海岛、海滩、海上垂钓、湿地等资源,开发养老住宅,结合汕头清鲜美食,为老人静修养老提供服务。

养老住宅业是美国养老产业链中最为成熟的产业,且其构成主体是市场化的营利机构,据有关数据统计,1980~1990 年,护理院、中长期照料和其他老年住房增加了 24%,辅助生活机构是老年住房市场中发展最快的部分。目前上海已有日月星养老院、亲和源养老社区、香树湾养老社区,北京有昌平高端养老社区、北京太阳城国际老年公寓等。

(3) 养老食品。针对老人身体特点和健康状况,提供分类食品,满足老人养身和保健的需要。

(4) 养老金融。为老人提供养老理财、养老金管理、投资收益管理、遗产信托服务等专业服务。

5. 商贸物流

汕头应发扬传统,利用自身连接海西与珠三角、台湾与广东及赣南的优势,加强信息化物流系统建设,发挥区域大物流集散作用,发挥粤东物流新城的核心作用,建立以农产品为主的综合物流市场,在澄海建立玩具、工艺品专业大市场,在汕南建立纺织品专业市场。商贸业可以发挥沿街铺面的"小快灵"的特点,打造公共电子商务平台,形成"小商业、大市场"格局。

(1) 综合物流中心。在贯通台南和赣南的城市中轴线发展以港口和铁路为依托的大型综合物流中心。以物流总部、综合物流配送等为特点的粤东物流新城。依托广澳港、海门港,利用保税区的政策优势,吸引大型企业集团,在保税区形成集加工、装配、物流为一体的综合海港物流园区。

(2) 专业物流市场。在中心城区两翼发展以玩具和纺织品为特色的专业物流。澄海宝奥物流园发展以玩具采购销售、会展、研发创意、仓储货运为一体的专业物流中心。在中国锆城发展以锆材料为特色的专业物流。在汕南发展以轻工纺织品研发设计、会展、交易为一体的潮汕服饰展示体验中心。在谷饶发展与高铁配套的纺织品仓储、货运以及交易等多项功能的高铁商贸物流园。

发展以农产品交易、仓储和货运为主要功能的榕江流域农产品物流中心。

6. 精粹农业

汕头现代设施农业发展较好,形成了 140 多个"一村一品"和"一镇一业"的特色农业乡镇和 60 多个名特优农产品生产基地。汕头已经建成 14 个农业示范园区,包括广东(汕头)现代农业示范区,汕头农业科学园、潮南台湾农民创业园、牛田洋现代农业生态示范区等。拥有农业龙头企业 76 家(包括国家级 3 家和省级 11 家)。依托汕头蔬菜、禽畜、水果、花卉、水产五大特色产业,发展以有机果蔬、有机农作物种植为代表的健康农业,发展以名优兰花培育等为代表的景观农业,发展以狮头鹅为代表的生态养殖业,构建潮汕特色的现代农业体系。

7. 健康农业

(1)设施化蔬菜:澄海区的莲上、莲下、溪南、上华。

龙湖区的外砂、新溪。

潮南区的井都、陇田。

潮阳区的金浦、棉北、河溪。

(2)水果:潮汕蕉柑、三棱橄榄、乌苏杨梅、雷岭荔枝等。

8. 景观农业

花卉:蝴蝶兰、国兰。

9. 生态养殖

畜禽:狮头鹅、草食动物。

10. 旅游会展休闲模式下的产业融合

旅游会展业发展到一定阶段越来越和科技电子、创意文化、高端制造结合在一起,旅游业是汕头发展的重点产业方向,但未来的重点不是景区旅游,而是主题公园旅游,需要有强大的创意文化和高科技电子技术的支持,因此创意研发产业与旅游会展产业由很多交汇融合的地方。

汕头服务业现在还停留在传统生活服务层次,还需要培养大量的专业服务人才,发展专业的服务公司。旅游业要向大旅游方向发展,应把潮汕文化、潮汕美食和潮汕工夫茶与景区资源完美地融于一体。农业发展需要与现代科技结合,需要与二、三产业结合,通过大力发展农产品深加工、加强发展农产品服务贸易和农业生态旅游,从单纯的田地耕作上升到品牌经营的层次。

汕头拥有较好的山水品质,但旅游、会展、休闲产业最需要的是高品质的服务、专业化的管理、高质量的展品,需要有高端的精细制造作为基础。汕头服务业需要在潮式创意支持下形成特色品牌，依赖根植性的经营网络，与海外潮商网络对接，引进外部的信息和资本，打造全球潮汕人最美丽的家园。

五、高新制造与精细制造模式下的转型

（一）精细制造现状分析

汕头的制造业整体还是传统产业形态，传承了潮汕地区手工业的精工细作的特点，其中形成突破的是动漫玩具产业——典型的传统产业嫁接现代创意，形成新的有巨大想象空间的新产业，以奥飞动漫为代表的玩具企业充分认识到现代市场竞争是产业链竞争，需要将渠道与媒介、内容以及衍生品有效整合在一起，通过渠道（卫星电视）推出优秀动漫作品，通过动漫带动衍生品（玩具、服饰、游戏）的销售，利用资本市场放大产业投资收益，未来将进入到产业整合阶段，构筑国内最完整的玩具产业链。

内衣产业也形成了从捻线、经编织布、电脑绣花、洗染定型到加工成品的完整产业链，虽然还存在品牌低端、随性营销、产品弱势等整体缺陷，但部分品牌如曼妮芬、奥丝蓝黛、秋鹿、美标等强势崛起，进入国内一线品牌，为产业的发展指明方向，内衣产业必须要进入品牌营销阶段，要吸引国内外专业人才，要以扎实的研发能力为基础，丰富品牌的内涵，从加工制作向研发设计、制作、品牌营销的全产业链方向迈进（见图6-17）。

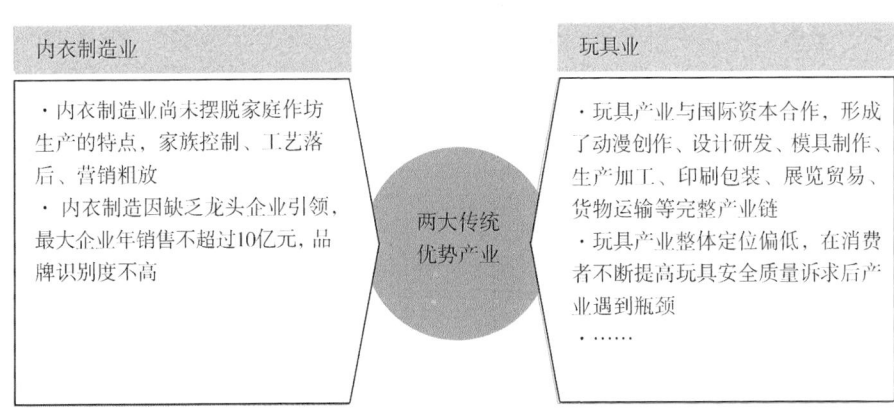

图6-17 两大传统优势产业现状及问题

(二) 精细制造转型路径

汕头的两大传统产业需要从创新、规范和集聚三个方面进行提升，技术创新能力要加强，传统家族制要结合现代治理制度，小散的结构要集聚。如图 6-18 所示。

	纺织服装	玩具
创新	·加大技术投入，引进人才，将传统工艺融入现代技术 ·用电子信息化提升工艺和管理水平	·加大技术投入，引进人才，创新品牌，提升品牌形象 ·用电子信息化提升工艺和管理水平
规范	·家族企业资本股份化，引入国际产业资本和现代管理方法 ·出台产业引导政策，建立纺织服装创意设计、技术服务、检验检测、物流、会展、信息等服务平台	·进一步推动家族资本与国际资本的融合，提升管理水平，定标国际一流品牌 ·出台产业引导政策，建立创意设计、技术服务、检验检测、物流、会展、信息等服务平台
集聚	·淘汰落后产能，整合重组产业资源，扶持龙头企业 ·大企业转向品牌营销，以大企业带动产业集群专业化分工	·进一步延伸产业链，"动漫+玩具"升级为"动漫+玩具+影视+游戏+授权+衍生产品开发"，形成大动漫娱乐产业 ·培育龙头企业，以大企业带动产业集群专业化分工

图 6-18 两大传统产业发展方向

儿童娱乐产业有两种发展模式，即产业文化化和文化产业化。奥飞动漫选择的动漫+玩具的发展模式是较为适合自身能力和中国当前消费需求的产业文化模式，美国孩之宝和日本万代是这个模式的领先企业（见表 6-5）。

表 6-5 儿童娱乐产业发展模式

产业发展模式	特征	盈利模式	代表企业	代表作品
产业文化化	1. 以玩具为核心 2. 需要有强大的玩具销售运营能力 3. 先玩具后形象	1. 玩具收入为主 2. 逐渐开发动漫，推动玩具销售，并增加品牌授权收入	国外：万代、孩之宝 国内：奥飞动漫等	万代：奥特曼等 孩之宝：变形金刚等 奥飞动漫：火力少年王、铠甲勇士等

续表

产业发展模式	特征	盈利模式	代表企业	代表作品
文化产业化	1. 以创意为核心 2. 需要打造具有市场影响力的动漫形象 3. 先形象后衍生	1. 版权和形象授权收入为主 2. 逐渐开发多类衍生业务,增加衍生品收入	国外:迪士尼、皮克斯 国内:湖南宏梦、央视动画、江通动画	迪士尼:米老鼠 湖南宏梦:虹猫蓝兔

资料来源:中投证券20130116研究报告——奥飞动漫(002292)奥飞的"孩之宝"之路。

孩之宝依靠动漫+玩具的运营模式获得巨大成功,动漫玩具在孩之宝营业收入中占比超过80%,孩之宝2010年营业收入达到40亿美元,约占美国玩具市场的10.8%,奥飞动漫已与孩之宝结成战略合作关系,以孩之宝为标杆,以奥飞动漫为代表的动漫玩具产业将有巨大的发展空间,奥飞动漫在国内如果能达到孩之宝在美国的市场份额,年营业额将会达到100亿元。

孩之宝在历史发展过程中不断推出成功的动漫形象(特种部队、土豆先生和变形金刚),以此为基础推出玩具等衍生品,奥飞动漫已经具备这种发展模式的雏形,但还没有代表国家形象的动漫人物,这还需要在创意设计方面加大投入,有更多的积累。

2010年我国儿童人均玩具消费金额为20美元,美国和日本分别为280美元和288美元,而英国和德国的人均消费金额分别高达361美元和308美元,国内玩具市场还有10倍以上的增长空间。

奥飞动漫2007年确立动漫+玩具发展思路后,非动漫玩具所占份额快速减小,而动漫影视、媒体营运等文化产业成为公司新的产业方向(见图6-19)。

相比奥飞动漫,汕头其他的玩具上市公司如高乐股份、星辉车模、群兴玩具还停留在单纯玩具礼品制作上,盈利能力明显低于奥飞动漫,还需要借助动漫制作和媒体播放平台的资源,但这些公司也有自己的优势,它们在国际市场上有较大的市场份额,工艺水平较高(见图6-20)。

汕头玩具产业还需要加强信息技术的应用,运用多种人工智能算法及X3D网络图形技术,通过计算构造3D形体及动画场景,重点构建动漫产品设计的协同工作平台,搭建玩具动漫部件库及知识库。

作为国内唯一一个被授予"中国玩具礼品城"称号的地区,汕头玩具已形成了动漫创作、设计研发、模具制作、生产加工、印刷包装、展览贸易、货

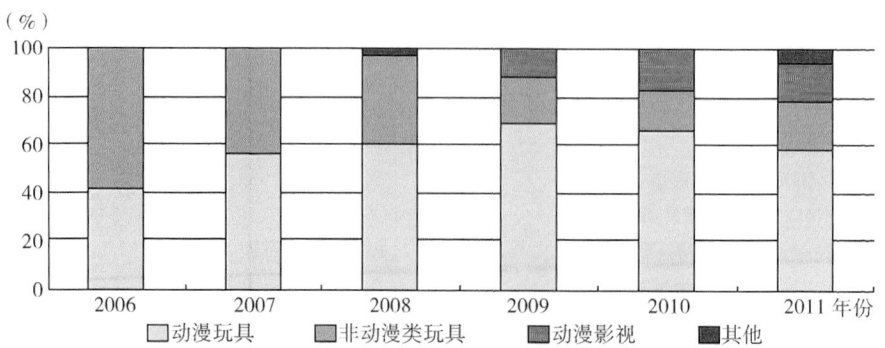

图 6-19 奥飞动漫产品份额变化

资料来源：中投证券 20130116 研究报告——奥飞动漫（002292）奥飞的"孩之宝"之路。

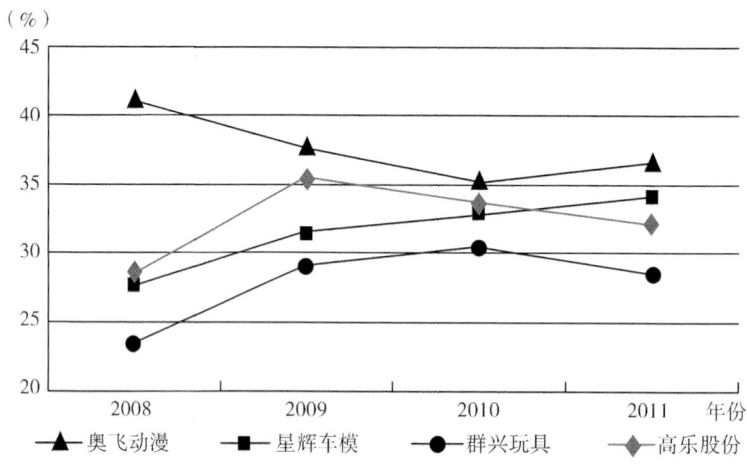

图 6-20 汕头四家玩具上市公司毛利率对比

资料来源：中投证券 20130116 研究报告——奥飞动漫（002292）奥飞的"孩之宝"之路。

物运输等完整产业链，玩具品种覆盖儿童、成人、老人、娱乐、收藏等不同类别，在国内遥遥领先。奥飞动漫与包括央视在内的31个省200多家电视台建立起长年深度合作关系，其未来发展模式将从现在的"动漫+玩具"升级为"动漫+玩具+影视+游戏+授权+衍生产品开发"，最终完成大动漫娱乐产业的布局（见图6-21）。

汕头市应以澄海为中心重点发展儿童娱乐产业，在产业规划和布局上要推动建设与制造业相配套的生产性服务业和公共服务设施。可以考虑建设儿童玩具博物馆、儿童影视城、儿童主题公园，形成一个儿童产业的王国。

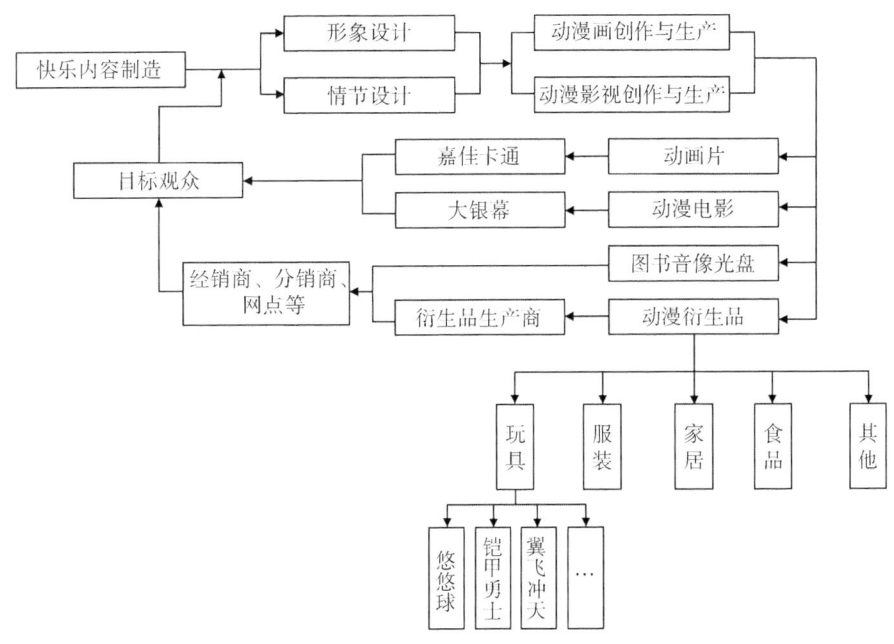

图 6-21 奥飞动漫的全产业链

资料来源：中投证券 20130116 研究报告——奥飞动漫（002292）奥飞的"孩之宝"之路。

1. 女性服饰产业

内衣产业是服装产业中最有增长潜力的产业，年销售额已经在 1000 亿元以上，且每年以近 20% 的速度在增长，在整体的市场中，女式内衣占到了 60%，成为整个内衣行业的重中之重。而中国最大的女性内衣生产基地在汕头，汕头拥有中国前十大品牌之一（曼妮芬），与国际内衣市场相比，中国内衣业存在明显的三"大"一"少"的特点，即市场潜力大、产业规模大、竞争压力大，但强势品牌少。

汕头的精工细作传统与内衣产业十分贴合，汕头已经成为全球主要的内衣生产基地，40%的内衣制造配套可在本地完成，已经出现了珠三角纺织服装企业向汕头转移的势头。

汕头的毛衫、内衣企业有 3000 多家，但最大的企业年销售额也没有超过 10 亿元，而且汕头内衣产业还存在档次低、品牌弱、营销差、人才缺等问题。

（1）档次低。汕头内衣以偏低档的为主。产品的价格、渠道都是停留在低端市场，市场上超过 60% 的低档内衣来自汕头。汕头品牌在市场上留给人的印象便是低档，已经成为了批发和低档内衣的代名词。

(2) 品牌弱。汕头内衣附加值不高，利润率很低，很多企业不愿意投入较多的资金来经营品牌，多数中小企业缺少自己的品牌开发方向，产品的款式要么单一量化，要么花哨无章，定位也不明确，追求短线效益，市场上没有形成独特的品牌。

(3) 营销差。营销模式简单直接，就是大量的平面广告，无内涵、无文化、无个性，进一步弱化品牌影响。

(4) 人才缺。汕头内衣企业由于家族制、地缘偏僻的原因，长期短缺资深的营销人才、产品开发人才、企业高管，这些高端人才的缺乏使得产业的发展停留在低端层次。

2. 发展创意营销塑造一线品牌

曼妮芬的品牌内涵为"爱是一种能量"，提出因为爱女人美丽，把中国的传统节日与传统民俗相结合，将"龙凤"这种中国特有的民族文化融入内衣的设计理念中，奠定了曼妮芬在中国内衣界的原创地位。

内衣要实施品牌化经营，品牌专卖店模式是成功之道，曼妮芬将营销中心从汕头迁到深圳，利用深圳的地理优势，将自己产品的优势辐射至全国，"曼妮芬"在全国27个省市建立了32个办事处，在全国各大百货公司设有近700个自营专柜，70家自营专卖店，新形象专柜大面积的在全国推广。而曼妮芬把引进国外的先进管理技术、高端的产品质量及营销形象的更新有机地融合在一起，打造了一个国内一线的高端品牌，2010年市场占有率接近10%（见图6-22）。

排名	品牌	市场占有率（%）
1	爱慕	11.81
2	曼妮芬	9.47
3	安莉芳	8.96
4	黛安芬	8.92
5	古今	<5
6	华歌尔	<5
7	欧迪芬	<5
8	桑扶兰	<5
9	婷美	<5
10	芬狄诗	<5
	CR10	66.10

图6-22 国内内衣十大品牌市场占有率

资料来源：马海涛．地方生产网络演化研究——以潮汕地区纺织服装行业为例．

第六章 汕头特区产业选择

（1）定位目标人群注重市场细分。曼妮芬集团旗下拥有三大中国内衣细分市场中的知名领军品牌——伊维斯、曼妮芬和兰卓丽，连续三年蝉联全国销量第一名。集团在大中华地区建立了强大、完整的自有营销体系，为三大品牌在中国市场的稳健发展提供了强大的支持。其中，伊维斯品牌拥有近100个自营专柜或专卖店；曼妮芬拥有70余家专卖店、近600个专柜和近500个加盟客户；兰卓丽在短短1年内，在全国10个省份发展了近50个特许经营客户。

（2）加大创新投入研发专利技术。中国内衣市场，已经成为品牌内衣商的必争之地。而为顺应高端化发展趋势，摆脱单纯价格、式样上的比拼，追求更多技术和工艺的含量，成为不少领先品牌的首选。

内衣的功能化、个性化的消费要求不断提升，如能否为晚装、T恤、沙滩派对、情人约会装扮等提供配套的内衣产品，已经成为评判内衣品牌档次和形象的一个标志，需要企业有真正的专利技术工艺。

汕头内衣企业正转向创建自主品牌的阶段，需要加大新产品的研究和开发，增加产品附加值，也需要实现产品分类，针对细分市场、差异化来满足不同年龄层和消费层，扩大产品销售市场铺设面，通过重视专业分工，满足多变需求，延长产品的销售周期。

（3）汕头内衣产业要发挥商会的作用。汕头内衣企业要发展壮大，就需要行业协会、商会充分发挥引导作用。商会可帮助企业经营者协调解决生产经营中的问题；组织经验交流，开展技术业务培训提高法律和信息服务。而通过协会的组建和运作，可以改变目前企业各自为政、单打独斗的局面，合理整合、充分利用各种资源，以提高自我发展和抵御市场风险的能力。其次，由于种种原因，汕头内衣产业除生产以外已远远落后于其他基地，如何重塑区域品牌形象，这就急需商会的组织和协调及有利时机的宣传。

（4）汕头内衣产业要建立内衣专业市场。汕头已经设立美莱顺内衣城，就应该发挥这个产业集散地的作用，把汕头的所有优势货源"一网打尽"。为本地及周边地区的内衣、辅料产销企业提供一集批发、零售、配送于一体，产、供、销一条龙的服务中心，学习义乌、温州的厂店集群的发展模式，实行统一招商、统一推广、统一服务监督，扩大市场影响，提高汕头地区品牌形象。

（5）汕头内衣产业要和其他产业整合在一起，打造女性产业系列。汕头内衣产业（包括纺织服装）要与化妆品产业链合在一起协同发展，利用产业集群优势，建设女性服饰博览馆、化妆品博览馆，发展服装面料、服饰配件、服装、化妆品专业市场，发展物流、信息、设计研发、产品展示和外贸服务等完整服务，打造女性产业系列。

(6) 汕头内衣产业要融入女性文化内涵。女性服饰有悠久的文化历史，作为区域品牌产业，需要在产业中注入特色文化内涵。潮汕女人本来就是潮汕文化中非常有特色的载体，因此可以把相关文化意象整合在一起，建立女性服饰文化、美容、潮汕女性研究、家居生活文化等特色文化设施，形成富有特色的汕头服装文化。

3. 儿童服饰产业

儿童服饰产业2007年产量为35810万件，同比增长了2.40%；2008年产量为24058万件，同比增长-32.82%；2009年产量达到24896万件，同比增长3.48%。2010年1~11月我国儿童服装累计产量为24723万件，比2009年同期的23750万件增加了973万件，同比增长4.10%。市场上以幼童1~3岁、小童4~6岁居多，婴儿服、中、大童服装偏少，尤其是大童更是断档严重。

儿童服饰品牌在市场上呈现金字塔的竞争状态。位于顶端的是海外品牌，品牌价值较高；第二层的是国内一线品牌如巴拉巴拉，它们在中国市场上也占据举足轻重的地位；还有一些在区域市场占有率较高的品牌也是构成金字塔结构的中坚力量；位于金字塔最底层的是数量最多的国产无品牌或具有微弱品牌效应的童装，它们量大但是品牌价值很低。

汕头在儿童服饰方面有一定的基础，安吉小羊是儿童内衣排名前十的品牌，以绿色环保健康为品牌风格，"叮当猫"则是最受欢迎的十大品牌之一，"叮当猫"通过与国内外知名院校和设计师合作，产品符合国际生态纺织品标准。

（三）精细制造产业集群升级

动漫玩具和纺织服装两大精细制造产业都面临着企业数量多、规模小、层次低的问题，由于家族自组织的管理经营方式，产业集群面临着"低端锁定"的困局，汕头的乡族产业集群是在特定的社会关系网络内，在缺乏有效资本集中与资本集聚功能的融资体系与融资渠道的社会制度约束条件下，个人以分散且有限的资本进行单个产品生产链与价值链拆分的单元或节点为分工协作生产方式，再以网络的形式组合成完整产品的"弹性化、专业化"生产系统。这种产业集群的生产网络得以发展的最核心因素是不健全的市场规则体系下关系型信任与地域型信任所嵌入的社会资本能够有效降低企业间的交易成本，使得企业间的机会主义行为得到一定程度上的有效控制与削弱，使得专用资产投资不足困境在网络内以网络型联结的专用资产形式予以缓解。

这种集群网络的竞争优势依赖于低成本生产要素、低成本的知识溢出与快速复制，以及规模经济，而作为集群网络核心竞争优势的价值链专业化分工、技术创新能力、品牌建构与柔性协作能力并未得到充分体现。

要打破汕头产业集群低端锁定的困局，就需要建立市场机制内涵的正式的制度，法律保障的社会信任文化会改善集群与外部信任关系的建立，推动集群与外部的技术交流和分工协作，集群内的品牌建构和柔性协作能力将依赖于大企业的引领和带动，大企业必然要突破集群内部的分工，走向外部市场化分工体系，带动集群专业化分工的深化。而融资渠道的打通和金融市场建设也会使得集群从内部的资本融通走向社会大资本融通。由于集群内低成本的技术复制，使得集群的创新受到很大影响，要改变这种局面，只有依赖于外部资源供给。通过发展创新创意外包产业，与大企业合作的成功示范效应，推动集群的整体创新能力的增强。因此发展以金融创意为代表的现代服务业是解决汕头传统产业集群升级的重要途径。

（四）锆材料的产业基础

制造业的发展一定要以技术实力为基础，东方锆业以全球领先的锆提炼技术为基础，在最合理的时机收购澳大利亚矿产，掌握全球最大规模锆英砂资源，搭建从原材料到加工提炼的产业链，尤其在最尖端的核用海绵锆领域，公司已形成成熟的提炼技术，未来有巨大的进口替代和出口的潜力。

（五）锆材料的产业方向

2013年中核集团控股东方锆业，标志着汕头的锆材料产业与核电装备产业完全融合在一起，核级锆成为汕头锆材料产业方向，为汕头打造中国锆城奠定雄厚基础。

中核集团为我国三大核电运营商之一，其余为中广核集团以及中国电力投资集团。但三者均没有核级锆生产线；而核电堆芯设备只有中核集团能够生产。在核燃料领域中核集团是国家授权核燃料专营的唯一主体，现有100多家企事业单位和科研设计院所。

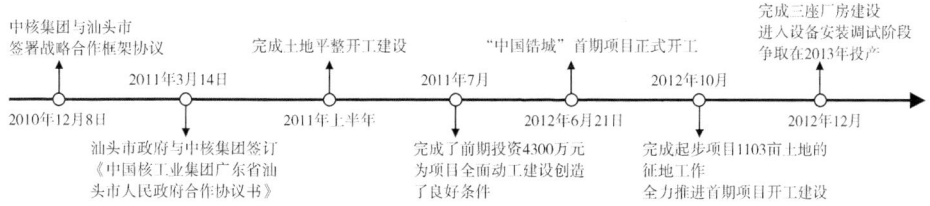

核级锆材料产业示范新城——中国锆城

按照"十二五"规划的核电发展,我国已经建成及正在建设的核电站每年锆材的用量约550吨,我国未来五年需要核级锆2500吨,而现在形成生产能力的只有东方锆业的500吨生产线。

我国多年来一直未能实现核用锆国产化,这个问题一直影响到核工业集团利益和国防安全,例如核潜艇、核动力航空母舰等所需核级锆一直未能在本土生产。而核用海绵锆生产提炼过程中分离的金属铪,同样在核电、核武器、航天等众多领域具有军事、战略意义。东方锆业拥有贯通的锆产业链(见图6-23),并在核用锆等领域实现产业化,将锆产业链横纵向延展,除了与核电装备产业对接外,还可以与国防军工、航空航天锆材料需求对接,争取尖端精密加工机会。

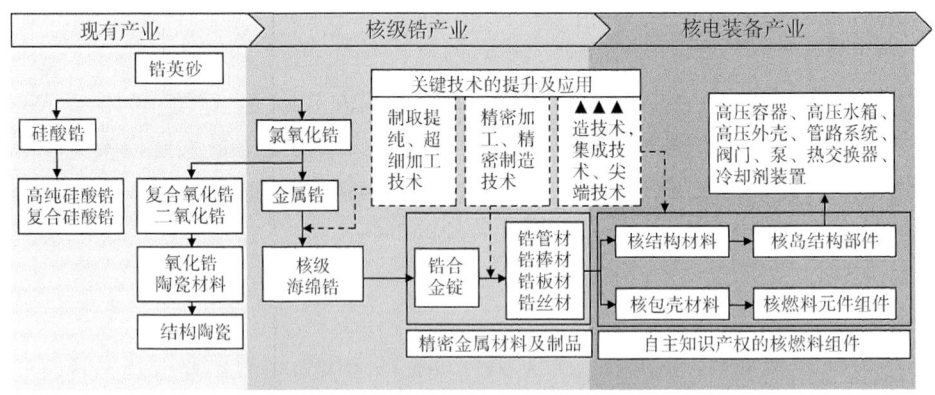

图6-23 汕头锆材料向核级锆方向转变

资料来源:海通证券20130415研究报告——东方锆业(002167)中核入主,参与一流核级锆产业体系建设。

(六) 电子信息产业基础

汕头电子信息产业有国家级的研究所汕头市超声仪器研究所(SIUI)作为技术依托,汕头超声仪器研究所1978年获国家第一机械工业部批准成立,创建30多年来,始终致力于医学影像系统及工业检测设备的研发和制造,成为世界知名,集医学超声显像诊断系统、医用X射线影像系统、工业检测设备的研发、制造和销售于一体的国家重点高新技术企业。

超声电子则在印制电路板(PCB)、液晶显示器(LCD)、覆铜板(CCL)和超声仪器方面都有较强实力,PCB方面超声电子在国内内资企业中规模最大，微孔板是未来增长最快、科技含量较高的产业方向，在手机、电子书、汽车电子等领域得到大量应用。超声电子另一发展方向则是触摸屏，超声电子基本掌握了触摸屏的核心技术，随着智能手机的日益普及，电容式触摸屏未来发展前景广阔、空间巨大，超声电子掌握了电容式触摸屏的核心技术，并掌握了电容式多点并行触摸屏技术，目前国内仅有四家电容式触摸屏上市公司，超声电子就是其中之一，超声电子还是联想乐 Phone 触摸屏的唯一供应商。

汕头与中国空间技术研究院合作的航天数字化仿真研发基地项目，将打造成以上海、深圳证券交易所卫星通信网服务为起点，面向南方区域16省份的卫星通信终端研发、生产、运营服务的专业化平台，成为中国民用航天技术研发、产品制造和技术服务的南方中心。

汕头的电子信息产业的产业方向与周边厦门、深圳电子信息产业有明显差异，随着移动互联网时代的来临，汕头的液晶模组业务将得到最大程度的应用，汕头的电子信息产业将和深圳、厦门的电子信息产业相连接，构筑电子元器件、消费电子终端、投资电子终端、互联网以及软件等大产业链格局。

（七）电子信息产业方向

从周边大区域分析，横向由珠三角的深圳、惠州以及海西经济区的厦漳泉、福州构成沿海相邻城市，这些城市普遍把电子信息作为主导产业。其中深圳形成了以软件、互联网和 IC 设计为主体的电子信息产业链高端产业集群；厦门形成了以国际品牌为主导，计算机、视听通信终端设备为主体，电子元器件为配套的较为完整的产业链；福州市形成以显示器为龙头，延伸到新型电子元器件、集成电路等产业集群。沿海地区电子信息业分布较为密集，汕头应该做差异化选择，以超声电子为龙头，在新型液晶显示、专用电子设备等领域拓展产业空间。

发挥汕头市在关键电子元器件方面的综合配套能力强、产业规模大与产业集群等多方面的优势，以龙头企业作支撑，大力推动汕头市关键电子元器件以及相关产业的发展，为高端新型电子信息产业的发展提供坚实的电子元器件支持。

发展主动式 OLED 显示器件，加快完善装备、材料等配套产业链，形成 OLED 生产线成套集成能力，提升产业价值链。研发智能玩具液晶模组、智能家电液晶模组、工业自动化智能模组等并将其成果产业化。推动平板显示产品升级转型和液晶显示上下游配套产业发展，促进产业集聚。

通过关键零部件的自主生产，扩大高性能超声仪器规模化生产，扩大产品出口规模，建成亚洲医学影像技术和工业超声检测技术科研、生产基地和出口基地。

六、特色金融与创意产业模式下的转型

汕头金融业和创意文化产业都是产业结构中的短板,是制约制造业发展的主要障碍,但同时两大产业在粤东都拥有比较优势。金融业形成了银行、保险、证券等金融机构并存和分工协作的金融体系。截至2011年底,全市金融机构存、贷款规模相当于粤东其他三市的总和。部分金融机构把汕头作为粤东的行政中心或区域管理总部,创兴银行汕头分行更是在我国大陆地区的唯一分行。

2009年,汕头的工艺玩具业、印刷业、音像材料业三大支柱文化产业共实现总产值287.4亿元,占汕头市八大支柱产业总产值的25.4%,奥飞动漫是国内第一家将动漫内容与播放平台融为一体的全产业链企业,2013年奥飞动漫收购国内动漫创意第一品牌"喜羊羊",汕头华文获"全球设计印刷界奥斯卡"大奖。

(一)汕头金融服务业不足严重制约经济发展

从汕头的投资环境分析,外资企业发现汕头在20世纪80年代是硬环境不足——缺电、路难走,90年代后软环境问题凸显——四乱、金融服务不足。从统计数据分析汕头累计引进外资78亿美元,现在实际存留的外资企业股东权益只有81亿元(人民币),大约90%以上的外资撤离汕头。汕头拥有外部良好资源——潮商,但政府机制转换迟缓,金融商贸、中介服务的不足导致企业隐性成本的增加。汕头应该以金融服务业作为突破口,塑造良好的经营软环境(见图6-24)。

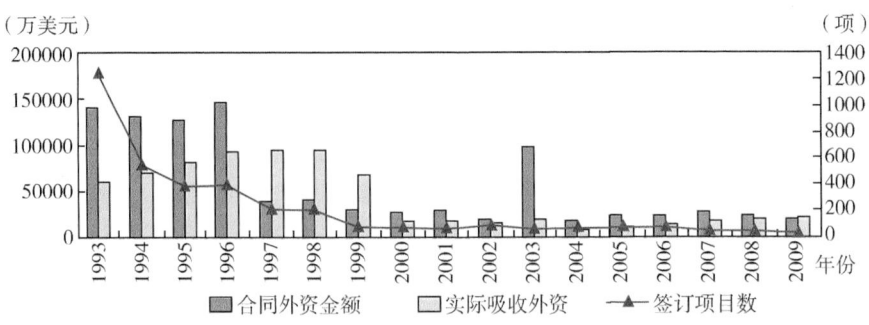

图6-24 汕头引进外资历年统计

资料来源:《汕头市统计年鉴》(2010)。

汕头台资企业引进后大部分注销和停产，正常经营的不足半数。这与政府行政干预太多、服务配套不足等原因有关（见图6-25）。

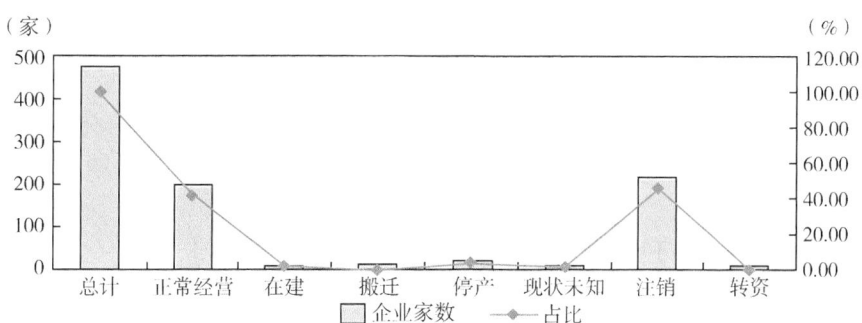

图6-25　汕头引进台资情况统计

资料来源：汕头大学2003年调查报告。

汕头民营企业融资难问题非常突出，金融市场呈现二元结构，中小民营企业无法进入银行系统融资，只有依赖民间借贷。根据2010年统计数据，汕头金融系统存贷比在海西经济区各城市中仅略高于潮州，金融系统大量资金闲置只能拆借给其他城市，造成资金利用效率的浪费（见图6-26）。

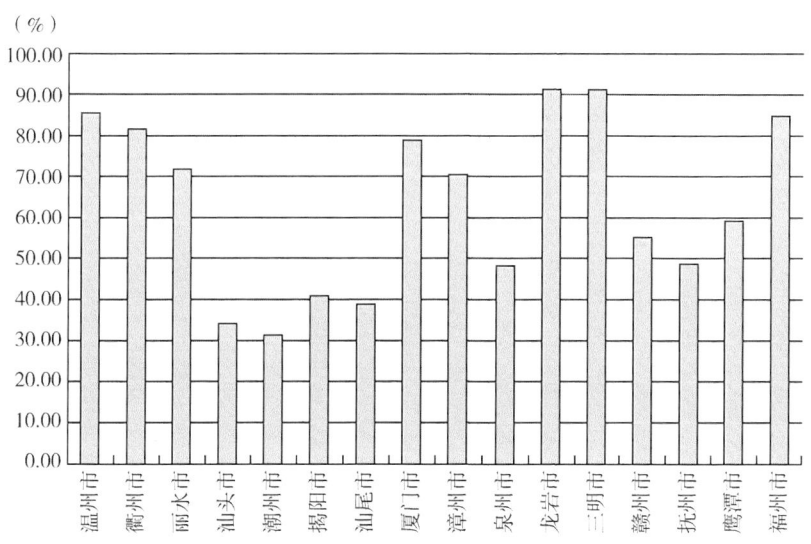

图6-26　海西经济区主要城市存贷比（2010年）

资料来源：根据海西各市2010统计年鉴计算。

（二）汕头金融业基因——侨批特色服务

侨批由民间自发兴起，由"水客"递送海外华侨汇回家乡的款项和家书或简单附言而逐步发展，形成一定规模的专门办理华侨附有信件汇款业务的私人金融机构，侨批局。

侨批局适应华侨需求，由各乡本土人员负责递送，保证华侨和侨属的资金安全，发展迅速，形成了遍及海外的经营网络，成为全球潮汕人的主要沟通渠道。

侨批的特色服务在于：乡情服务，即服务人员都是本乡本土熟稔之人，即使地址不详也不畏艰险送到侨批。

经营网络，遍布乡村的繁密网络，覆盖每一户侨属家庭；数据档案，对侨居各地潮汕人的姓名、籍贯，有侨批、回批往来的侨户及其眷属情况，一一建档存查；自发兴起、自我管理。

随着侨批业务的增加在当时的各种客观条件下逐渐发展起来，于20世纪30年代前后形成了功能齐全、纵横交错的经营网络。侨批局按功能可分为收揽局、中转局、投递局三种基本类型；按规模及经营网络又可分为大、中、小型三类批局。各类批局各具特色，共同构成了侨批的经营网络（见图6-27），潮汕侨批局对当时潮汕地区经济的影响很大。据陈春声教授统计，1935年在汕

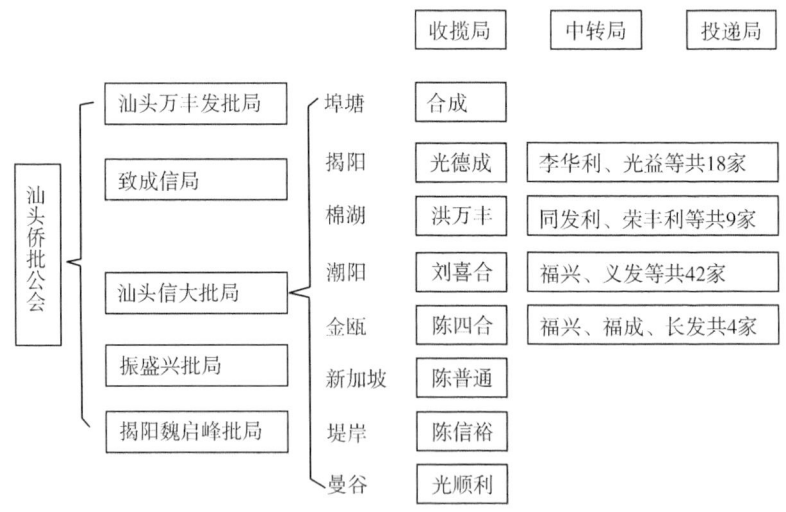

图6-27 汕头侨批公会组织结构

资料来源：何敏波. 简述侨批业发展过程中的潮商精神.

第六章 汕头特区产业选择

头邮局领有执照的批局共110家,其设立于海内外各地的"分号"共790家①。

"致成信局"专营侨批业务,统一印制信封、回执,寄款人先领取表格,填写好收款人姓名、地址、寄出款项的数额和寄款人的姓名、在新加坡的通信处等,然后到信局去交款。信局的伙计就在账簿上登记、编号,并照表格填写的内容再抄进账簿,逐日移交给司柜汇入总账;经理室有专人负责对收寄的侨批进行查核、对照,准确无误之后在侨批背后盖上"致成信局"的印章,并复制出一份清单,交办事员回澄海时直接交给家乡的"致成批馆",由批馆聘用的侨批派员(俗称"批脚")按固定的派送路线,将批信和批银如数送到收款人家里,然后再将收款人的回批汇集起来,再由专人送给在新加坡的亲人。

侨批的快速发展还得益于侨批公会的成立。众多的海内外侨批局为适应海内外业务发展的需要自发成立同业自律管理组织,负责海内外侨批局之间的沟通和协调,与政府沟通,保障侨批业务的安全,对同业进行合理分工。

侨批既是一笔集合性、流动型的灵活巨资,又是一股足以操持"商贸互动"、"盈亏互补"的金融实力。如当年樟林港最大的红头船主蔡彦、陈伍合(孝天)等,都是集海运业、侨批业和贸易业于一身的鼎鼎巨贾。他们操持资本"互动"、"互补"的本领,可与现代金融集团相媲美。如他们从港埠全局的利益出发,为保护小船主之货船平安抵达,便动用侨批业盈利之款项,倡办"红船债"。何谓"红船债"?据黄光舜《闲堂杂录·卷四》红船债条:"红船债者,洋船能平安往返,则厚纳其利,否则一笔勾销之债务也。"②

侨批带动现代金融发展。1921年以前每年海外侨胞寄回的批款票有几千万大洋,1921年以后每年的批款超过1亿元,1931年以后一度超过2亿元。③

由于大量侨汇吸引,1899年后各银行陆续在潮汕设立分支机构,老金融机构银庄也不断增加,仅汕头市1932年就有银庄60多家。

侨批带动实业投资。近代(1889~1949年)海外侨胞寄回批款(侨汇)在汕头投资兴办企业的资金,折合人民币共达5300多万元,在汕头创办了自来水公司、振发布局、开明电灯股份有限公司以及绵发、昌发两家机械榨油厂,光绪十五年(1889年)至民国三十八年(1949年),海外侨胞在潮汕地区投资兴办各类企业有4062家,投资总额为7976万多元(折人民币)。④

侨批与国有银行的竞争。国民政府时期国民党试图控制侨批,侨批局依靠其

---

① 陈春声. 近代华侨汇款与侨批业的经营——以潮汕地区的研究为中心 [J]. 中国社会经济史研究, 2000 (4).
② 陈训先. 清代潮帮侨批业对我国原始金融市场的贡献 [J]. 汕头大学学报, 2005 (5).
③④ 王炜中. 潮汕侨批史话 [J]. 世界潮商, 2010 (1).

城市产业成长与治理结构变革

广泛和根深蒂固的网络关系在与政府的谈判中占有有利地位,获得生存下去的机会,但业务的发展受到邮政和国有银行的挤压,但官方侨汇机构内部运转效率低而成本大,远不及侨批局的乡村网络和灵活经营,侨批局的运营一直延续到1979年。

侨批的强大生命力就在于根植性的经营网络、精细分工和低成本经营,这是大银行很难做到的;侨批的发展同时说明潮汕人对于金融业的持续需求,潮汕人资本流动需要得到这种最熟悉的根植性服务,后来潮汕人开办的现代商业银行也都把服务潮侨作为最重要的业务。

侨批的重要性还在于这是潮汕人自发组织的私人银行,是联通海外潮汕人与家园之间的资金渠道,吸纳了巨量的资金,是最早的多币种跨境交易,积累了外汇市场套汇交易风险对冲的经验。侨批还形成了海外潮商和家园亲人的完整档案,将两个潮汕紧紧联系在一起。汕头现在需要的就是发展联系海外和家园的金融服务机构,打通资金和信息渠道,恢复全球潮汕一体的经济关系。

(三) 潮商的产融结合

潮汕人在商业领域的成功得益于潮汕地区浓厚的创新创业氛围,潮汕文化中吃苦耐劳、重信守诺的传统,但也和潮商擅长资产管理、产融结合、有金融意识有关系。在泰国,有陈弼臣、陈汉有父子的盘谷银行,郑午楼的京华银行,胡玉麟参股的泰国第一银行,李智正的大城银行;在新加坡,有四通银行、华联银行、亚洲商业银行;在马来西亚,有全马第二大的大众银行;在中国香港,有廖创兴银行、香港南洋商业银行、嘉华银行;在中国澳门,有南通商业银行。潮商的产业发展到一定阶段就会有意识地与金融业结合起来,或参股金融机构,或将金融管理思路运用到实业经营中。

潮商的商业才华与金融意识的融合在侨批中得到充分体现,本来只是水客把老乡的辛苦钱和信件送回家乡,但随着海外潮人的增多,成功的潮商看到其中滚动着的巨大资本,放弃成熟的生意,专营侨批业务,在潮汕和海外之间搭建资本联系的桥梁。侨批既是一笔集合性、流动型的灵活巨资,又是一股足以操持"商贸互动"、"盈亏互补"的金融实力。如当年樟林港最大的红头船主蔡彦、陈伍合(孝天)等人,都是集海运业、侨批业和贸易业于一身的鼎鼎巨贾。他们操持资本"互动"、"互补"的本领,简直令人难以想象。如他们从港埠全局的利益出发,为保护小船主之货船平安抵达,便动用侨批业盈利之款项,倡办"红船债"。庄世平的祖父庄书良老先生,由于经营有方,形成了一个繁荣的家族集团,而庄世平也在家族侨批生意的熏陶中成功创办南洋商业银行和澳门南通银行。

在泰国,潮商从米业起家扩展到其他行业,最后形成以金融业为核心多元化发展,以盘谷银行、曼谷京华银行、黉利栈银行为代表,盘谷银行集团以商业银行为中心,业务涉及证券公司、投资信托、保险等金融领域,还有租赁、通信、制造业、商业、服务业、房地产等行业,泰籍潮商体现了"商者无域"的理念,一业通则百业旺,善于综合利用商业资源,实现资金流转的最大效率。

香港潮商以李嘉诚为代表,在地产、金融等领域有重大影响,李嘉诚擅长以投资眼光做实业经营,业务遍布全球,产业涉及多个领域。旗下的和记黄埔是典型的全球性企业,来自欧洲的收入占和记黄埔总收入的45%,相比之下,中国香港占17%,北美占15%,中国内地占9%。李嘉诚的伟大商业成就主要来自两笔交易:一笔是他1987年对赫斯基的投资;另一笔是他1999年2月在技术周期高峰时,以146亿美元将英国手机公司奥兰治(Orange)出售给德国曼内斯曼公司(Mannesmann)。奥兰治交易帮助和记黄埔实现了150亿美元的创纪录年度净利润。

深圳的潮商资本正有序地从房地产市场退去,转向以保险业为主的金融领域。目前,至少在生命人寿、阳光保险、前海人寿、珠江人寿四家保险公司的身后,隐现潮商身影,他们作为大股东在其中起着控制作用。此外,在基金、银行等领域,潮商资本也正加速汇集。潮商代表张峻,开始创业做电子,1990年后转做房地产,现在则成立富德金融控股公司,将覆盖生命人寿、财险公司、销售公司、养老险公司和资管(香港)公司,发展势头直逼平安集团。

(四)汕头发展特色金融服务基础

1. 汕头是最早的金融信息港

潮汕人的商业才能是自小在家乡磨炼,受家族传承,经出海考验,在海外发展成熟,因此潮商相较于徽商、浙商具有国际化的鲜明特点,即最成功的潮商都在海外,而且形成很大的群体。而且潮汕人出海,家还在潮汕,输出的是企业家资源,流入的是资金和信息,一代代的潮汕人奔赴最有赚钱机会的地方,打造出潮商首富群体,汕头在历史上就发挥了资本配置的作用,输出企业家人力资本,输入货币资本和商业信息,各类商业信息在汕头交汇、碰撞,最后把未来企业家和最合适的商业机会配置到一起,推动新一代潮商的成长。

2. 汕头可以利用海外潮商金融资本和金融人才

泰国金融业基本为潮商所控制,潮商在新加坡、马来西亚、印尼等地的金融业也有较大影响。新加坡、马来西亚的金融巨子陈锦泉;把大众银行打造成马来西亚第二大银行的郑鸿标。陈锦泉的竞争要诀就是"善于捷足先登",不是继承,而是创新。他判断新加坡有可能成为世界金融中心之一,发展条件也日趋成熟,在 1965 年,他与陈鹏泽、蔡普中合伙,创立了亚洲商业银行,最大程度分享新加坡国际金融中心的商业机会。

3. 汕头可以利用珠三角和海西经济区深化改革机遇

海外潮商有巨量的金融资本,百年积淀的商业经验,政商两界的人脉基础在居住国拥有重要影响力,但东南亚国家市场容量有限,难以找到大量投资机会。而国内随着十八大确立推动改革开放进一步深化发展的方向,珠三角和海西经济区拥有大量的投资机会。因此汕头可以利用深化改革的机遇,吸引海外潮商资本回流。

4. 汕头可以借用国内潮商的智力和资本

国内潮商虽然国际影响力不及海外潮商,但在珠三角和京沪等地同样有相当影响力,仅仅深圳潮商在深圳资金市场上就有超过 1800 亿元的资金,深圳潮商全面进入保险、银行、基金等金融领域。国内潮商在同一个经营环境下,资金的调拨更加方便,体制更为熟悉,对家乡的产业发展有独特看法,对家乡投资机会有更多的关注。国内潮商发展金融业非常积极,深圳潮商一直在筹划"潮商银行"。因此汕头如果能利用"潮商银行"等金融机构,把国内潮商发动起来,参与家乡规划与建设,则可将汕头可利用资源扩大 2 倍以上,汕头的快速发展有了更雄厚的基础。

5. 汕头可以借助潮汕人网络发展根植性金融服务

侨批建立的根植性服务网络是潮汕人经营的精髓,泰国盘谷银行有泰国最大的零售客户基础,它拥有 17 亿家企业和零售客户账户,250 多个商业中心和一个全国性的网络约 950 个分行。香港的廖创兴银行,香港南洋商业银行、嘉华银行等无不利用华人网络提供根植性服务。而中国金融业当今最稀缺的就是民间根植性服务,大银行模式无法满足需求,这一机遇为发展潮商银行提供基础。

6. 全球资本过剩提供发展特色金融机遇

随着次贷危机的发生,欧美消费信贷不得不进入去杠杆化的过程,这使得市场需求进入缓慢上升阶段,以中国为代表的发展中经济体受到外部市场增长乏力的影响,工业化的正常演化受到冲击,可能会提前结束工业化进程直接进入后工业化时代,大量的产业资本面临无投资项目可投的窘境,剩余资本亟待找到合理的投资渠道,20 世纪 50 年代的离岸金融服务大发展,汕头在吸引海外潮商资本,提供资产管理服务方面有先天优势。

(五) 特色金融业发展方向

深圳前海位于深圳和香港的西部通道,相邻的区域有 15 平方公里。2011

第六章 汕头特区产业选择

年这里尚是一块未开发的土地。深圳特区吸取改革开放30多年的经验，实施体制机制创新，前海定位产业链最高端，打造成深圳产业转型升级的平台。2012年前海获得国家22条先行先试政策，明确将建成我国金融业对外开放实验示范区。前海金融主要从以下三个方面开展试验：

（1）跨境。利用前海特殊的地理位置，作为国内金融机构的前沿与香港的金融机构、金融市场和金融资源对接。

（2）开放。接受全球资本为其在中国内地和中国香港的投融资、交易、托管、清算、结算等提供综合服务。

（3）创新。作为中国的金融试验区，尝试试行人民币资本项目可兑换、利率市场化、汇率市场化、金融机构混业经营和混业监管等。

前海的政策优势是跨境的人民币结算，资本项目可兑换。深港之间人民币的往来比较活跃，粤台之间和海外潮商与潮汕之间人民币跨境交易的需求同样强烈。从2012年2月6日起，中国银行对中国台湾地区跨境人民币业务全面启动中国银行台北分行正式提供人民币清算行服务，3月汕头分行成功办理粤东首笔对台人民币跨境汇款业务。汕头可以申请再将人民币跨境交易资格扩大到其他银行。全面启动汕头对台、对外窗口作用。

广州南沙利用广州在珠三角地区的龙头地位为产业提供配套服务，大力发展与实体经济相关的产业金融创新业务。

借鉴上海，依托粤港联合创新示范区着力建设现代金融服务区，在粤港澳金融合作、商品期货、航运物流金融、保险改革创新等方面先行先试。

广州南沙的案例则主要体现为产业金融创新，通过发展科技金融、汽车金融、航运金融、房地产金融等产业特色金融服务，使得产业发展与金融业服务交融在一起，形成"产融结合、产融双驱、产融平衡"。汕头产业发展受制于融资的问题非常严重，玩具、内衣服饰、锆材料、超声电子等产业专业性强，需要特色的金融服务，汕头可以探索成立玩具产业支行、服饰产业支行，在产业金融方面进行有益探索。

珠海横琴重点发展离岸金融，组建多币种产业投资基金，为国际自由贸易提供配套服务。

横琴将设立跨境保险公司、基金管理公司、人民币海外投资基金等新型金融机构，利用CEPA机制重点引进港澳金融机构，打造中外资股权投资基金集聚地。通过举办高端金融论坛和大型招商活动，进一步扩大横琴新区的国际影响力。

横琴案例的特点在于离岸金融业务，多币种自由交易的市场机制。潮商分散在世界各国,要集聚潮商资金首先就要面临多币种的结算问题,如果外币能够自由进出汕头参与投资产业投资基金,有助于汕头集聚最广泛的潮商资金。

温州市金融综合改革试验区。2012年3月28日的国务院常务会议确定了温州市金融综合改革的12项主要任务。①规范发展民间融资;②加快发展新型金融组织;③发展专业资产管理机构;④深化地方金融机构改革;⑤建立直接投资渠道;⑥积极发展各类债券产品;⑦发展地方资本市场;⑧建立多层次金融服务体系;⑨开展个人境外直接投资;⑩加强社会信用体系建设;⑪完善地方金融管理体制;⑫金融综合改革风险防范机制。

温州的金融改革则是突破民间资本地下运营的难题,通过一整套的制度设计把民间金融规范化、阳光化。汕头同样面临民间资本如何阳光运作的难题,如能获得温州一样的政策支持,将会激活民间资本的活力,国内潮商资金就会回流。

珠三角金融改革创新综合试验区。在环珠三角的梅州市建设"农村金融改革创新综合试验区",其中包括农村宅基地和土地承包经营权抵押贷款、深化农村信用社改革,加快发展适合农村特点的村镇银行、贷款公司、农户资金互助社等新型金融机构。

梅州案例则是农村金融改革的突破,农村宅基地和土地承包经营权抵押贷款是汕南地区大量家族企业解决融资问题的关键,汕头可以借鉴梅州经验。

泉州金融服务实体经济综合改革试验区。泉州金改将支持上市公司优化重组,扩大直接融资规模。支持符合条件的企业发行非金融企业债务融资工具、企业(公司)债。支持开展区域集优票据试点。建立健全中小企业再担保体系,提供增信服务。积极推进非上市公司股份转让试点。泉州支持企业交易所制定符合条件的仓库为期货交割库。鼓励民间资金发起设立或参股村镇银行。开展石化鞋业纺织服装产业投资基金试点。

泉州案例的政策突破在于中小企业增信服务,区域集优票据试点。汕头众多的中小企业无法进入国家金融渠道,民间融资同样面临拆借利率高、期限短等问题,如能通过直接融资渠道发行集优票据,则小企业融入大市场,有利于中小企业资本化,实现规范化发展。

距英国70英里的耿西金融岛是一个国际性的离岸金融中心,虽然人口仅6万多,但当地拥有45家国际银行,150多家财富管理公司,银行存款数达到1250亿英镑。耿西岛得益于独立的司法管辖权地位,不依赖免税优惠,通过严格的监管体系和低税政策成为全球第12大金融中心。

天津滨海新区建设离岸金融中心:用10~15年的时间,建成重要的离岸基金中心、重要的离岸保险中心和重要的离岸银行业务中心。力争到2020年,成为全球拥有包括人民币及其各衍生工具所有交易品种、24 小时不间断运行的离岸市场和规模较大的离岸人民币交易结算中心。

2009 年上海借鉴耿西金融岛在洋山港试行离岸金融服务。确定在离岸银行业、期货保税交割和离岸再保险三个方面试点，利用特殊的税收政策和丰富的金融资源吸引国际航运机构和金融机构，扩大国际货物中转。

耿西岛、天津滨海和上海洋山港的案例则说明离岸业务需要与监管政策和税收政策联系起来，汕头可以利用保税区的特殊税收政策，推动离岸银行业、航运金融业的发展。

汕头可选产业方向主要有以下几个方面：

(1) 民间根植性金融服务。中国当前改革的重点是金融业，金融业最稀缺的是民间根植性服务。大银行模式无法满足民间的创业、置业、消费和投资需求。潮商从侨批起发展出构建根植性服务网络的基础，汕头可以华兴银行、村镇银行为基础，鼓励更多民间资本参与，积极筹建"潮商银行"，发展民间根植性金融服务。

(2) 离岸金融服务。汕头外资金融机构南洋商业银行、盘谷银行、廖创兴银行、德富泰银行，已经开展部分离岸金融服务，但由于没有独立的离岸中心监管和税收政策，主要业务将转向深圳前海。汕头有潮商外资银行，对台窗口优势，汕头如能利用综合保税区试行特殊税收政策和独立监管政策，将推动大批潮籍外资、台资金融机构进驻。离岸金融可先从航运金融业、保险业试点，逐步向银行、基金等金融机构开放。

(3) 潮商资产管理。汕头金融产业如能获得独立监管政策，发扬侨批传统，将有助于大量潮商资金回流，推动汕头成为全球潮商的资产管理中心和资金调拨中心，推动汕头投资型经济的发展。可争取筹建"潮商银行"，为全球潮商的跨境资金往来服务，进而可成立"潮商基金"为全球潮商资产管理服务。

(4) 区域资本市场。以 24 家上市公司为基础，推动企业发债融资，建立股权、债权、票据交易等多层次资本市场，吸引潮商资金回流，盘活汕头民间资金，推动资本向优质企业集中，减少家庭作坊，扩大"食利族"。推动企业跨境投资，引进各类金融机构和中介公司，对接潮商域外投资。

(5) 中小企业融资平台。汕头可利用建设根植性金融服务网络的战略选择，在直接融资和间接融资双渠道进行创新，可在试点区域集优中小企业集合票据，非上市公司股份转让，股权交易中心，玩具纺织服装产业投资基金，创业投资基金。建立健全中小企业再担保体系，提供增信服务；民间资金发起设立或参股潮商银行、村镇银行，试点农村宅基地和土地承包经营权抵押贷款。

(6) 产业金融。汕头玩具、内衣属于特色细分行业，专业性较强，可试点动漫玩具支行、服饰产业支行，引进产业投资基金、各类中介服务机构，构筑产业金融体系。

(7) 科技金融。可引进风险投资，试点科技支行，支持高科技和创意产业发展。

七、潮商总部基地

1. 汕头的总部经济基础

从经济基础条件、社会基础条件、商务服务、科研环境以及文化水平等方面来看，汕头发展总部经济的总体环境和发展能力位于粤东之首。相较于揭阳和潮州，汕头的人才供给、国际化环境、文化的包容性、区域配套条件、城市基础设施和人居环境，以及相对发达的现代服务业及其配套体系等具有明显的优势，应当发挥这一优势吸引全球潮商，构建全球潮商总部基地。

2. 汕头总部经济发展方向

汕头凭借现有基础可以吸引潮州和揭阳的企业考虑把总部设在汕头，但要吸引全球潮商，汕头还需要提升城市环境，完善商业设施，促进产学研一体化，引进证券、基金、会计、法律等专业机构，增强政府服务功能，发挥特区"先行先试"的权利，提供更开放的环境和市场化制度。汕头相较于深圳、广州处于明显劣势，潮商总部首选深圳，大量资本沉淀在深圳的资本市场和货币市场，就是因为深圳临近香港，市场开放，制度灵活。汕头也有自身的优势，汕头是潮商的家乡，乡族资源丰富，汕头可以提供城市最佳位置和商业环境，汕头可以方便联系珠三角和厦漳泉。汕头要想吸引全球潮商，需要有良好的金融环境、便利的交易条件、低税政策等，需要有特色金融服务。

（1）全球潮商总部中心。在珠港新城，以便利金融交易环境为基础，引入各类中介机构，吸引全球潮商进驻。东海岸新城可以作为第二总部中心。

（2）区域潮商总部基地。在峡山建立汕南总部基地，主要吸引纺织产业链上设计、制造、营销企业总部；在澄海莲阳河建立汕北总部基地，主要吸引玩具产业链上创意研发、制造、营销企业总部。

八、创意研发产业

汕头拥有汕头大学、职业教育学院、职业学校，26个省级以上企业技术中心，33家省级工程技术研发中心，4个国家火炬计划产业基地，汕头现在产学研结合还不密切，民间的创新研发和高等院校的结合还有很大空间，搭建产学研公共服务平台、高校资源共享、高校教师旋转门等还有很多创新空间，可引进更多高等院校资源，在校区周围设立研发创意产业园区，推动产学研的深度结合。

汕头在动漫、内衣设计上已经有部分创业设计资源、人才沉淀。汕头可以利用精致休闲的独特氛围，优质的山水条件，搭建平台，建立创意设计工坊，吸引优秀创意人才，提供公共展示空间，推动创意作品与企业需求的对接，使汕头成为迸发创意灵感，实现创意创业梦想的城市。

汕头正在引导企业从单纯的生产加工向产品创意研发和品牌营销发展，走高端化、集群化、品牌化发展道路。奥飞动漫收购了国内动漫第一品牌"喜羊羊与灰太狼"，汕头企业投资拍摄的《火力少年王》、《铠甲勇士》、《果宝特工》、《机甲兽神》、《蛋神奇踪》等剧集推向市场，使企业动漫品牌得到进一步丰富和沉淀，中国本土动漫英雄品牌逐渐得到了市场和消费者的认同。2010年，汕头动漫玩具产业实现产值28亿元，如果按照国际动漫玩具产业的收入比例，动漫衍生品占80%，动漫创意产业则大概有5.6亿元收入规模。而在内衣、毛衫设计，印刷设计等产业创业设计收入估计也有4亿元，一个约10亿元的产业已蔚然成形。

抽纱刺绣的工艺，有着悠久的文化历史，一直以来，澄海充分利用着侨乡和劳动力资源等优势，既引进了西方新潮服装文化理念，又融合了潮汕传统抽纱刺绣工艺，形成了鲜明的潮派风格。心灵手巧的女工按照设计图案，在机织毛衫平纹片上手工刺绣花朵，手工钩织花边，手工串缀珠、片、皮等饰物，以千变万化的技巧构成千姿百态的毛衫新潮款式，使其艺术价值与实用功能融合得体，独树一帜。

曼妮芬制衣有限公司将传统工艺与现代技术相结合，在文胸最为重要的功能、外观和寿命这三方面，拥有多项自主知识产权。

动漫产业的市场非常广阔，日本动漫产业的年营业额达到230万亿日元，已经占日本GDP十几个百分点，成为了日本第三大产业。日本动漫产业通过政府扶持，链式运营模式，成熟的市场和东京动漫节打造出一个超过汽车产业的支柱产业。

圣地亚哥产业转型

圣地亚哥以阳光、海浪、沙滩打造城市怡人的风情,同时城市还有美国最集中的博物馆群和最大的文化公园,有极富创意的街区和建筑,有著名的设计公司,全球最大的动漫节

1985年以前,美国加州圣地亚哥地区经济发展缓慢,失业率居高不下,地区创新能力不足,主导产业以国防工业和旅游业为主

20几年间,圣地亚哥地区从一个过去以国防工业和旅游业为主的地区转变成如今的美国第三大科技中心和全球创意文化中心、世界动漫节举办地

圣地亚哥的成功主要归于上述三方面原因,其中社会组织UCSDCONNECT发挥了巨大作用,通过建立一个技术聚落(Cluster),有效整合区内各类资源,而非仅针对个别公司服务。它将圣地亚哥地区的各种资源集中到一起,包括大学、科研机构、企业和中介服务机构等,形成了一个"没有墙的育成中心"。

圣地亚哥的成功经验反映城市通过塑造良好居住环境、引进创意人才、出台创意产业扶持政策,形成良好商业环境,搭建公共服务平台就有可能形成较好的产业发展氛围,推动研发创意产业的发展。

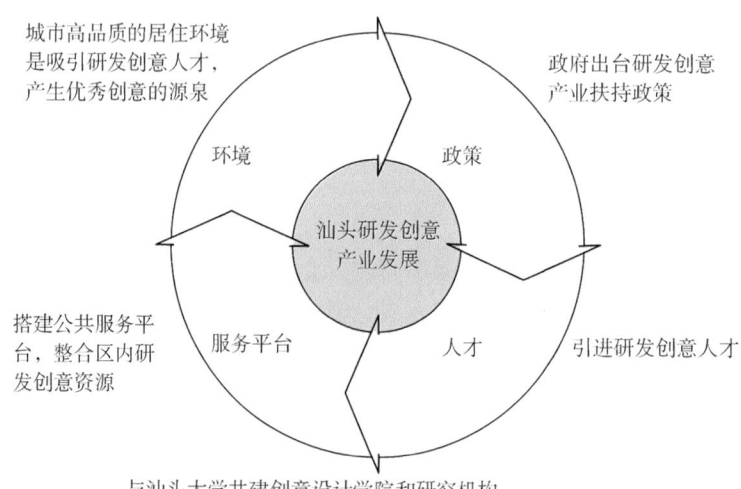

图6-28　汕头研发创意产业发展路径

资料来源:根据相关资料整理。

创意研发产业发展方向主要有以下几个方面：

（1）科技研发。汕头可利用2所高等院校和3所职业学校的基础，继续引进国内外教育资源，在澄海设立玩具电子、玩具材料创新研发园区，在汕南设立纺织技术，通过产学研一体化政策，高校教师"旋转门"制度，吸引更多专业人才，把科技资源与产业发展相结合。汕头也可以与国内外知名院所结成战略合作关系，利用"外脑"发展科技研发服务产业。

（2）创意设计产业。小公园街区到滨江路是非常有特色的历史街区，非常适合创意人才设立工作室；澄海设立动漫创意园，潮阳、潮南设立服装设计园；吸引外部人才，打造东南沿海创意中心，形成对粤东、粤中、赣南、闽西的辐射，推动产业更快的成长。

（3）电影电视。汕头创意产业在依托制造业发展的同时，也可推动动漫电影电视独立发展，由产业文化化逐步向文化产业化方向发展，国内"喜羊羊"系列电影电视已经开创了文化产业化的道路，电视迄今播出已突破500多集，图书销量也超过百万册，在图书销售排行榜上长期位居前10名，是小学生最喜爱的口袋书之一。4部电影创造5.3亿元票房是国产动画片最高纪录。同时带动了玩具、饰品、服饰、书包等一系列衍生品。汕头已经制作了高质量的动漫电视，有自己的特色卡通人物，可以尝试向电影电视独立发展的方向转型。

（4）主题公园。汕头如能在卡通人物中塑造非常有代表性的、识别度非常高的人物形象就可以进一步向大型主题公园的方向发展，建设"东方迪士尼"。国内小朋友非常喜爱迪士尼，因为我们还没有可以替代的其他主题公园。事实上娱乐业的地域文化特点应该是非常明显的，如果汕头能够从东方文化中提炼出适合东方小朋友的有特色的游玩项目，结合代表性的卡通人物故事，就有可能发展出新的产业方向。

九、汕头产业三种转型路径比较

汕头具备从三种不同路径进行产业转型的条件，但也面临着转型的种种障碍，汕头产业发展要从现在的"低端锁定"困局下解脱出来，需要借助外部资源的助力，需要改善现有的市场规则不健全现状。海外潮商历经百年的成熟市场洗礼，具有投资家乡的热情和资本，因此引入海外潮商资本，与海外潮商全面对接是汕头改变现状的最佳路径。而从这样的角度分析，发展特色金融是最好的对接路径，潮商资本要回流汕头必然要有较为完备的金融市场，投资获利的机会，外币资金直接兑换的便利，因此优先发展金融业就显得非常重要。

从自然要素驱动模式看，汕头一直有商贸的传统，但难以取得像义乌那样的突破，主要原因在于没有周边的密集制造业集群的支持。而会展等高层次服务业由于缺少较高形态商贸经济的支持，高端制造产品的支撑，良好服务环境为基础，难以形成高端品牌。

从资本要素驱动模式看，汕头精细制造产业集群需要从内源融资转变为市场融资，需要借助外部的资本力量，在整体产业水平较低的情形下，资本很难从资金运转效率更高的深圳流向汕头。因此优先发展金融服务，利用特区自主立法权打造金融特区，学习耿西岛模式，抓住现在全球资产过剩的机遇，对于汕头是产业转型的主要突破口。

第七章 京津冀都市圈

第一节 京津冀产业现状

京津冀城市群包含以北京市和天津市为中心,以石家庄、保定、秦皇岛、廊坊、沧州、承德、张家口和唐山为重要节点,以通州新城、顺义新城、滨海新区和唐山曹妃甸4个工业新城为延伸,14个城市构成"2+8+4"的城市群格局,占地183704平方公里,人口7605.13万人,已初步具备发展成世界级都会区的基础。

京津冀产业集中在钢铁、石油、电力等原材料加工产业,其中钢铁产业集聚程度最高,钢铁业2008年总产值占全国钢铁业总产值的24%,钢铁业目前正处于深化重组,结构调整,产业升级阶段。河北省的唐钢、邯钢等整合成河北钢铁集团,而首钢也向唐山转移产能,钢铁产业呈现以唐山为核心,以邯郸和承德为两翼的产业格局。

2008年,三大城市群地区生产总值(GDP)达到12.51万亿元,占全国比重(指占GDP总计的比重)达到38.2%,拉动全国GDP增长4.5个百分点。其中,长三角地区生产总值达到6.55万亿元,占全国比重为20.0%。珠三角地区生产总值达到2.97万亿元,占全国比重为9.1%。京津冀地区生产总值达到2.98万亿元,占全国比重为9.1%。三大城市群长三角、珠三角领先一步,地区发展较为均衡,已进入工业化中后期,环渤海略微滞后,地区发展不平衡,除北京具有后工业化特征外,其他城市处于工业化中期。但中国经济由南向北推移的战略格局已经形成,环渤海将成为中国最具增长活力的地区(见表7-1)。

城市产业成长与治理结构变革

表 7-1 三大城市群三大效应指标

	长三角城市群	珠三角城市群	京津冀城市群
规模效应指标			
GDP（亿元）	53964.8	29745.57	29834.74
地方财政收入（亿元）	5794.79	2248.16	3740.864
工业总产值（亿元）	112305.7	56197	40437.83
工业增加值率（%）	25.70	25.21	29.43
人均 GDP（元）	64308.5	62336.55	37972.52
集聚效应指标			
城市 GDP 占区域比重（%）	82.39	83.33	90.32
城市工业总产值占区域比重（%）	86.57	85.9	88.73
地均进出口总额（美元/KM^2）	8052688	11998892	2105369
地均直接利用外资（美元/KM^2）	377339	309026	89798
辐射效应指标			
人均社会消费品零售总额（元/人）	20732	19681	13234
人均固定资产投资（元/人）	28902	16451	17773

资料来源：长三角、珠三角、京津冀各城市 2009 年统计年鉴。

如果按照城市群形成的经济效应，即规模效应、集聚效应和辐射效应对三大城市群进行对比分析，我们发现长三角的规模效应最为显著，而京津冀的规模效应较弱，京津冀的工业增加值较高，但人均 GDP 却远远低于长三角和珠三角，反映出京津冀人口中产业工人比例不高，产业的规模还没有把劳动力资源充分挖掘和调动起来，未来还有较大的增长空间。

从集聚效应指标分析，京津冀的城市集聚效应还是比较强，但同时反映出腹地小的劣势。而进出口总额和实际利用外资指标则明显处于劣势，反映出京津冀对内部资源的集聚能力较强，但缺乏吸引外部资源的能力，京津冀应增强与全球市场的联系，大力发展外向型经济，加大引资步伐，提高对外部资源的吸引力。

从辐射效应指标分析，长三角辐射能力较强，而京津冀和珠三角的辐射能力都较弱，珠三角的辐射能力受制于自身的地域狭小，京津冀则主要根源于产业集聚能力不足，规模效应未充分发挥，当然对周边的辐射能力就较弱。

从城市群的三种效应展开分析，京津冀还有较大的空间增大产业规模，还有待增强吸引外部资源的能力，需要打通对大腹地的辐射，形成更广阔的资源

第七章 京津冀都市圈

双向流动。这些都需要我们考虑是否应该在京津之外增加一个新支点,这个支点更接近于腹地,产业上尚有较大的配置空间,能够形成部分产业的集聚中心,成为外部资源进入京津的重要通道和沟通平台,石家庄具有承载这种职能的基础,但产业上可能还需要更多的准备。

京津冀主导产业均以资源密集型的能源和重化工业为主。京津冀除北京外二产比重都在50%以上,而且呈逐年增加态势,如表7-2所示。

表7-2 京津冀三次产业结构

	第一产业比重(%)		第二产业比重(%)		第三产业比重(%)	
	2005年	2008年	2005年	2008年	2005年	2008年
北京	1.4	1.08	29.5	25.68	69.1	73.25
天津	3.0	1.93	55.5	60.13	41.5	37.94
河北	14.9	12.57	51.8	54.22	33.3	33.21

资料来源:《国家统计年鉴》(2006,2009)。

一、京津冀主要工业产业

京津冀在第二产业中最突出的是钢铁、石油、交通运输设备、电子信息、医药、电力等行业,年产值占全国总产值的10%以上,其中钢铁行业尤为突出,占全国总产值的24%。如表7-3、表7-4、表7-5所示。

表7-3 京津冀主要工业产业

黑色金属冶炼及压延加工业			石油及炼焦加工业		
省市	行业总产值占全国总产值比重(%)	行业总产值占本地工业总产值比重(%)	省市	行业总产值占全国总产值比重(%)	行业总产值占本地工业总产值比重(%)
北京	1.33	2.02	北京	2.14	6.58
天津	5.08	6.32	天津	1.87	5.32
河北	17.50	42.46	河北	4.16	4.77
合计	23.91		合计	8.17	

资料来源:《中国工业经济统计年鉴》(2009)。

表 7-4 京津冀主要工业产业

交通运输设备制造业			通信设备计算机及其他电子设备制造业		
省市	行业总产值占全国总产值比重（%）	行业总产值占本地工业总产值比重（%）	省市	行业总产值占全国总产值比重（%）	行业总产值占本地工业总产值比重（%）
北京	3.45	11.08	北京	5.43	22.91
天津	3.97	10.92	天津	3.84	13.89
河北	1.94	2.83	河北	0.35	0.66
合计	9.36		合计	9.62	

资料来源：《中国工业经济统计年鉴》（2009）。

表 7-5 京津冀主要工业产业

医药制造业			电力、热力的生产和供应业		
省市	行业总产值占全国总产值比重（%）	行业总产值占本地工业总产值比重（%）	省市	行业总产值占全国总产值比重（%）	行业总产值占本地工业总产值比重（%）
北京	3.35	2.53	北京	4.16	11.93
天津	2.50	1.63	天津	1.41	3.47
河北	4.54	1.56	河北	5.06	6.59
合计	10.39		合计	10.63	

资料来源：《中国工业经济统计年鉴》（2009）。

钢铁、医药、电子信息、医药制造等产业已经初步形成集群化发展态势。北京首钢股份有限公司是目前我国上市公司中最大的钢铁联合企业之一。拥有从焦化、烧结、炼铁、炼钢到轧材，前后工序能力配套的生产体系，主体生产设备达到了国际同行业先进水平。2008年成品钢材年生产能力在800万吨以上，主要产品是线材。河北钢铁股份有限公司2008年钢材产量合计1939万吨，仅次于宝钢股份的2281万吨，在国内钢铁类上市公司中名列第二。河北钢铁股份主要由邯钢和唐钢组成，其中邯钢总产能在580万吨以内，唐钢总产能在1200万吨，主要产品为板材、线材、棒材、型钢、焊管等140多个品种400多种规格；板材比重在60%以上，长材品种规格齐全。其中，螺纹钢483万吨，线材274万吨，热轧板534万吨，冷轧板246万吨，中厚板314万吨；

合并后的河北钢铁股份将作为河北钢铁集团的唯一上市平台,将逐步吸纳集团资产的注入,逐步将舞阳钢铁和宣钢注入上市公司。注入后,上市公司将增加900万吨钢产能,超过宝钢成为国内第一大钢铁上市公司。

京津冀都市圈二产比例超过50%,工业主要集中在钢铁、石油、电力等资源型行业,同构性强,产业结构不合理,产业偏重第二产业和重化工业。

随着首钢向曹妃甸地区转移产能,与钢铁相关的炼焦、机械等产业相继出现梯度转移迹象,但电子信息、汽车等产业没有形成梯度转移,北京的汽车业也没有在河北进行零部件配套,反而与珠三角形成产业配套关系,先进制造业没有实现梯度转移,原因在于河北省电子信息、汽车等产业的基础薄弱,传递梯度落差过大,无法吸引资本投资。

二、京津冀主要产业集群

京津冀产业集中在重化工业,其中钢铁产业和汽车制造业最为突出,钢铁产业在全国具有重要地位。京津的电子信息产业也形成了较大规模。而医药制造业和医药流通业的代笔企业也属于行业内龙头企业(见表7-6)。

表7-6 京津冀主要产业集群

	京津冀产业集群分布及主要企业
钢铁产业集群	·北京、天津、河北 ·首钢、唐钢、邯钢、承德钒钛、天津钢铁等
电子信息产业集群	·北京、天津 ·北京中关村(联想、方正)、天津高新技术开发区(摩托罗拉等)
汽车产业集群	·北京、天津、河北 ·北京现代、天津夏利、保定双环、长城、中兴、定州长安客车、保定市汽车零部件工业基地、河北长安汽车零部件工业基地、长城汽车零部件工业基地等
医药制造	·北京、天津、河北 ·华北制药、石家庄制药、北京医药、双鹤药业、天士力等

资料来源:北京、天津、河北三地"十一五"、"十二五"规划资料。

第二节 京津世界级城市的产业提升

北京在2004~2020年城市规划中明确提出要建设世界级城市,纽约、伦敦、东京等世界级城市一般具有五个特征、六个支撑条件。五个特征即国际金融中心、决策控制中心、国际活动聚集地、信息发布中心和高端人才聚集中心五方面。六个支撑条件即一定的经济规模、经济高度服务化、聚集世界高端企业总部、区域经济合作紧密、国际交通便利、科技教育发达、生活居住条件优越。

为适应北京建设世界级城市的要求,北京先后提出CBD东扩、城南发展、大中关村建设等发展规划,建设以西部城区中关村为典型代表的高新技术产业发展区域,以东部城区CBD为代表的高端商务产业发展区域,以及重点打造城南高新技术制造业发展区域。通过打造重点功能区带动区域发展,推动城市经济全面升级,推动北京市向全面发展、功能齐全、定位高端的产业布局方向发展。

2008年,北京市将调整产业结构、改变增长方式作为工作重点,并发布实施了六大产业调整振兴规划,包括电子信息、汽车、新能源、装备制造、生物和医药、都市型工业等,逐步淘汰和转移落后产能。同时政府出台政策、建设服务平台,推动科研机构参与发展高新技术产业,通过完善商业设施推动高端商务产业发展,吸引和培养技术人才推动高端制造业的发展。

2009年北京市的主要产业发展定位于大力发展战略性新兴产业。其中包括加快新能源汽车产业化、积极发展风能和太阳能等可再生能源产业、大力发展生物医药产业等。同时,近年来发展势头较好的文化创意产业也逐步成为城市未来发展的主要方向之一。

天津则将产业方向定位为高端化、高质化、高新化产业,推动传统优势产业集聚升级,随着大飞机、大火箭、直升机、无人机、航天器等一批龙头项目的落户,航空航天产业聚集区已初具规模;整合原临港工业区和临港产业区形成新的临港工业区,大功率机车维修制造基地、中海油海上钻井平台模块制造等一批项目开工建设,将建设成为国家级重型装备制造基地;南港工业区重化基地也正在加紧建设之中。

依托雄厚的制造业基础,推动战略性新兴产业发展。通过引进国家级大院大所、行业龙头企业,加速科技成果的研发、转化和产业化,使天津的创新能力明显提高,大大提升了产业竞争能力。在电子信息领域,超百万亿次曙光计算机建成投产并投入使用,使我国成为世界上继美国之后第二个能生产高性能服务器的国家。在新能源领域,第二代薄膜太阳能电池、第三代聚光太阳能电池相继研制成功,正在加速实施产业化,使天津光伏电池进入国内领先水平;锂离子动力电池关键核心技术实现重大突破,将使天津成为国内最大的动力电池生产基地。在装备制造业领域,随着单机2兆瓦、5兆瓦风力发电机组项目的开工建设,天津成为全国重要的兆瓦级风力发电成套装备制造基地;在生物医药领域,自主研发了目前国际上唯一纯中药治疗脓毒症的注射液,填补了传统中药在世界急救医学领域的空白。

第三节 河北省产业机遇与挑战

一、河北省产业现状

河北是钢铁大省和农业大省,钢铁产业遍布全省,唐山产能最大、发展优势最明显,农产品加工则主要分布于石家庄、三河市、张家口,尤以石家庄最为突出(见表7-7)。

表7-7 河北省主要产业集群

	主要内容
钢铁产业集群	·唐山、石家庄、邯郸、承德、宣城 ·唐钢、石钢、邯钢、承钢、宣钢、敬业集团
煤炭能源产业集群	·邯郸、邢台 ·冀中能源峰峰集团、金牛能源、冀中能源邯郸矿业集团
电力产业集群	·保定、邯郸、邢台 ·河北大唐发电公司、河北兴泰发电公司、河北马头发电公司
农产品加工产业集群	·石家庄、三河市、张家口 ·河北圣元、河北福成五丰、石家庄双鸽食品、石家庄华牧、河北一山牧业、石家庄神喻王、中国长城葡萄酒
医药制造产业集群	·石家庄、安国 ·石家庄生物医药产业集群(华药和石药)、安国中医药产业集群

资料来源:河北省"十一五"、"十二五"规划资料。

河北省优势产业大多集中在矿产、冶金、火电等高污染高能耗产业，或是纺织业、农产品加工等低附加值的劳动密集型产业。

钢铁行业占全国产能的1/5，河北钢铁集团产能达5000万吨/年。火电发电量占全国的5.48%（2005），占京津唐用电量的70%以上。

农产品一直在全国有较强知名度，沧州大枣、清河羊绒、辛集皮革等特色品牌，以及乳业、肉制品、养殖业、葡萄酒在国内占有重要市场地位。

河北近年来大力扶持装备制造行业，形成以保定天威、唐山轨道客车、宣化工程机械、中钢邢机冶金轧辊等骨干企业为核心的十大基地。

河北是京津腹地，农产品产量较高，农副产品加工业规模较大。但京津蔬菜的主要来源却是山东寿光。

二、河北省产业机遇与挑战

河北省的产业明显集中在钢铁、煤炭、电力等原材料加工领域，为京津的产业升级提供前端保障，京津的前端产业可以逐次向河北转移和集中，首钢向唐山的迁移反映了这种趋势。这种转移有利于河北提升产业规模，如河北的钢铁产业集中全国近1/5产能，在国内的优势明显。

河北省的原材料加工业产业分散，技术水平低，品种短缺，配套京津的能力不够，如钢铁行业拥有企业近500家，年产600万吨以下的中小规模企业约占四成，其中大多为民营企业，非国有企业钢产量占到全省钢总产量的2/3左右。产品档次低、附加值低、板管带比低，产品以建筑需求为主，而附加值高的汽车板、电工钢、硅钢、特殊钢等产品较少。而且京津向世界级城市的发展还需要以低碳环保作为目标，京津现在的能源消耗均以煤炭为主，空气质量较差。河北省的原材料加工虽然可以与京津高端制造形成产业配套，但均属高碳产业，随着京津能源消耗模式的转变，河北必然需要随之而调整。

第四节 京津冀产业分工与协作

京津地理区位相邻，经济联系紧密，产业结构上形成较为明显的差异和互补关系。北京产业结构呈现三二一的产业格局，以现代服务业为主；天津则是二三一，制造业占主导地位。京津在电子信息等产业越来越多地呈现北京偏重研发创新，天津偏重制造的产业链分工格局。河北虽然经济总量不小，但产业结构中一产比例较大,农业和农产品特色明显,工业则偏重化工、冶金等原材料加工业,三产明显不足,与京津形成产业差异,京津冀具有构筑产业一体化的基础。

京津产业转移构筑京津冀产业协作基础。京津化工、冶金等原材料加工企业正在向河北进行产业转移,首钢炼钢厂迁至曹妃甸,200万吨钢材主力设备移居迁安,大大增强了唐山的工业基础,同时也带来了产业结构的深层次调整。一个以河北为原材料加工基地、天津为制造中心、北京为服务中心的大产业格局蔚然成形。

河北的农业特色和产业落差有利于形成互补对接的产业格局。河北的无公害蔬菜、反季蔬菜、绿色食品、畜禽产品、花卉等已占北京市场相当大的份额。北京高新技术产业的优势与河北传统产业改造升级也有很好的互补性,如唐山陶瓷集团与天津大学合作开发高科技陶瓷、晶源电子有限公司与北京航空航天大学合作开发电子通信设备等。

京津产业链延伸将与河北形成连锁对接。京津的机械装备等产业在全国范围进行产业配套,无疑增加了配套成本。如北京现代汽车与国内40多家配套厂建立了协作关系,其中20家建在北京,另外20多家分布在上海和江浙,而河北没有一家。河北可根据京津各类主导产业的前向、后向和旁侧关联效应发展相关的配套产业。商业、服务业则可与京津实行连锁经营或跨区服务,如已经对接的连锁超市、移动通信跨区服务、博物馆和旅游景点"一票通"等。

京津大都会区蔚然成形。美国城市发展经历了从以单核城市集中发展为特征的传统城市化向以中心城市与外围地区互动发展为特征的大都会区化发展的两个相互衔接的阶段。我国的珠三角城市群、长三角城市群以及环渤海城市群的崛起,已经隐隐显露出三个大都会区的雏形,中国未来各类产业资源将进一步向大都会区集中,大都会区内的各级城市将展开充分的产业协作和产业内分工,大都会区边缘的门户型城市(如石家庄等)将享有外部资源进入通道、内部产业向外扩散的辐射源的独特作用。

第五节 京津冀企业治理结构变革

京津冀国有企业在经济生活中占绝对比重,在改革开放之初长三角乡镇企业聚合国企生产要素和农村剩余劳动力时,京津冀相对沉寂。但是随着改革进入企业股份制改造和资本市场阶段,重石化产业成为市场投资热点,京津冀利用国有企业改革激发的能量,推动国有、民营、外资的融合发展,产业不断创业升级。

联想的治理结构变革就是在京津冀改革大潮中,抓住机遇不断推动股权结构改革,推动企业不断创新发展。创立之初联想从中科院计算所投资20万元起家,是纯正的国有企业。但柳传志争取到管理层自主经营的权利,并在20世纪80年代后期开始对股权结构改革进行构想,他创造性地提出了"对职工按股份分红",即在企业每年的利润中,为职工们提出35%的分红权。这一想法既符合当时的国家政策;又与股份联系,为将来的产权改革预埋了伏笔。这样既保证了企业高层领导新旧顺利交替,又为后来的企业改制创造了条件。1997年柳传志开始说服财政部、国有资产管理局等部门将国有股的35%股权出让给联想的员工。经过漫长的等待和复杂审批,最终经国务院特批,成立了员工持股会,将35%的分红权分到员工身上,并在2001年将其转化为股权。

1994年联想在香港成功上市,联交所要求公司治理更加透明,上市也使联想的管理与国际接轨。2004年12月8日,当时在中国个人电脑市场占有近30%市场份额的联想集团宣布,以12.5亿美元的现金和股票收购知名品牌IBM的全球台式电脑和笔记本业务,跨入国际市场。

联想控股依然是一家只有两个股东的国有控股企业——中国科学院(下称中科院)持有其65%股权,剩下的35%由联想控股职工持股会拥有。尽管管理层取得35%的股权曾是一个不小的突破,但毕竟只是部分解决了创业者的回报问题。联想控股"一股独大"的格局很难谈得上良好的公司治理,由于联想控股的业务重心已转向严重依赖人力资本的投资业务,国有控股对于激励机制的束缚已直接影响到联想的未来。

2009年9月4日,中国泛海控股集团有限公司(下称中国泛海)正式以27.55亿元买入中科院挂牌转让的29%联想控股股份,成为第三大股东,中国泛海与职工持股会在联想控股中合计持股达到64%。中科院出让联想控股29%股权之后,将从绝对控股成为相对控股第一大股东,中国泛海和联想控股职工持股会合计持有股份达到64%,令联想控股国有色彩大为淡化。按照柳传志的解释,联想控股由过去的国有控股转变为民营企业。

与联想改革路径不同,一些矿产资源类民营企业从承包国有工厂起步,通过经营者的大胆开拓,企业规模迅速做大,在当地政府支持下实现转型发展,但是股权结构等公司治理问题始终不清晰。河北敬业集团2006年在河北省百强企业中排名第8位,2005年在全国制造业500强企业中排名第194位,销售收入在河北省34家冶金企业中排第10位,钢产量排在第11位,是石家庄民营企业第一利税大户。李赶坡从1988年筹建平山县化工厂起步，迅速发展成长为一家横跨化工、钢铁、发电及服务多个领域、跨地区的大型企业集团。但是企业何时改制？股权结构如何？我们却始终不得要领，敬业集团也始终没有谋求上市，在河北省整体市场环境较为落后的背景下，政府与市场的边界非常模糊，企业与政府的关系没有清晰界定，企业的发展受到当地政府很大影响。

第八章　石家庄产业选择

石家庄处于距离北京和天津300余公里的方圆半径内，邻近煤炭资源大省——山西、人力及矿藏资源大省——河南以及制造业大省——山东，具有连接资源与生产、产品与市场的天然优势，同时产业上皮革、医药、纺织等优势产业与京津形成一定差异，具有成为区域产业集聚中心，分担京津部分经济职能的可能。石家庄自古就是燕晋咽喉，是京津天然门户，但石家庄却没有和京津形成产业上的紧密联系，京津与周边要素资源的流动不是以石家庄为主要通道，石家庄也没有和京津之间形成产业上的相互支撑，周边省市没有把石家庄作为进入京津的重点支点，使得石家庄坐拥山西煤炭和河南人力资源便利却没有形成产业的聚集地。石家庄如何体现京津冀重要节点城市，门户地位，如何发挥"第三极"的作用？石家庄需要增强产业配置和服务能力，形成产业上集聚效应；需要承接和吸收京津及周边产业资源，形成规模效应；需要加大投资力度，扩大服务半径，把京津的产能辐射到更辽阔的腹地。

第一节　石家庄市产业现状

石家庄地处华北平原，是"华北粮仓"、"华北商埠"和"中国药都"。位于东经114°29′，北纬38°04′，北靠首都北京和港口城市天津，东临渤海和华北油田，西依巍巍太行山脉并与全国煤炭基地山西省毗邻。

石家庄土地肥沃，四季分明，雨热同季，具有优越的农业生产条件，是全国粮、菜、肉、蛋、果主产区之一。冬小麦生产总量和单产均居北方冬麦区之首，是国家确定的优质小麦生产基地，被誉为"华北粮仓"。

石家庄北靠京津，南通中原腹地，石家庄是全国铁路、公路、邮政、通信的重要枢纽，中国北方地区重要的客、货中转站，具有"华北商埠"区位优势和便利的交通条件。从2001年国务院批准"重要商埠"城市发展定位以来，现已建成"全国十大市场"2个，各类商品交易市场720多个，其中成交额超亿元市场50多个。

生物医药产业是石家庄市最具特色的优势产业，医药生产加工综合能力居全国前列，是名副其实的"中国药都"。石家庄具有横跨半干旱、半湿润两个地带的自然条件，为包括医药药材种植、化学药原料的生产供应、医药产品的研究开发、医药产品的生产加工、医药商品的流通服务和医药信息技术的交流都创造了得天独厚的条件。目前，医药工业企业有近300家，医药经营企业640家，药品零售商店300余家，有6家企业跻身全国医药工业企业利润百强行列，形成了一系列国内外知名品牌。

一、石家庄经济总量

石家庄GDP规模在河北省仅次于唐山市，2004~2008年石家庄GDP平均增长率为14.89%，复合增长率为14.82%（见图8-1）。

2004年以来，石家庄在省会城市排名中不断下滑，竞争力不断下降。2004年省会城市GDP排名，石家庄第8位，2005年、2006年省会城市GDP排名，石家庄第9位，2007年省会城市GDP排名，石家庄第10位，2008年省会城市GDP排名，石家庄第11位（见图8-2）。

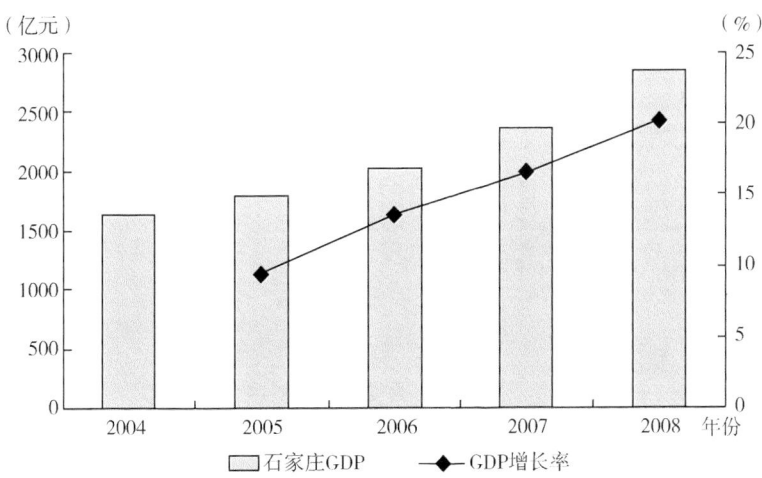

图8-1 石家庄及唐山GDP总量规模及增长情况

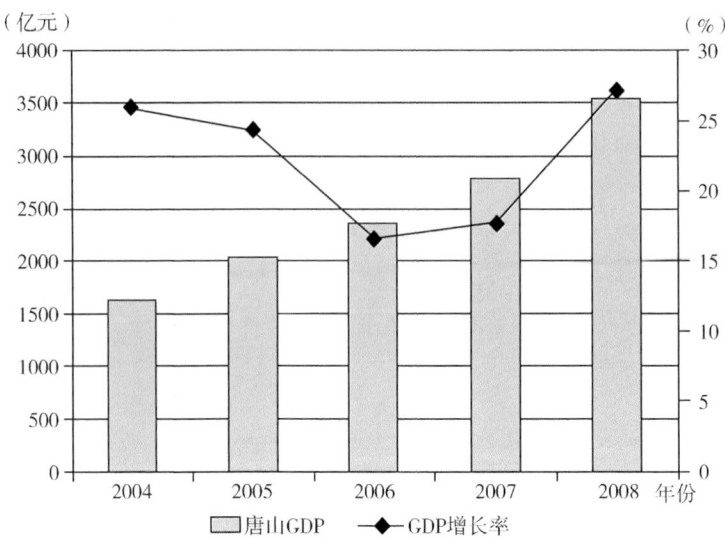

图 8-1 石家庄及唐山 GDP 总量规模及增长情况（续）

资料来源：《国家统计年鉴》(2005~2009)。

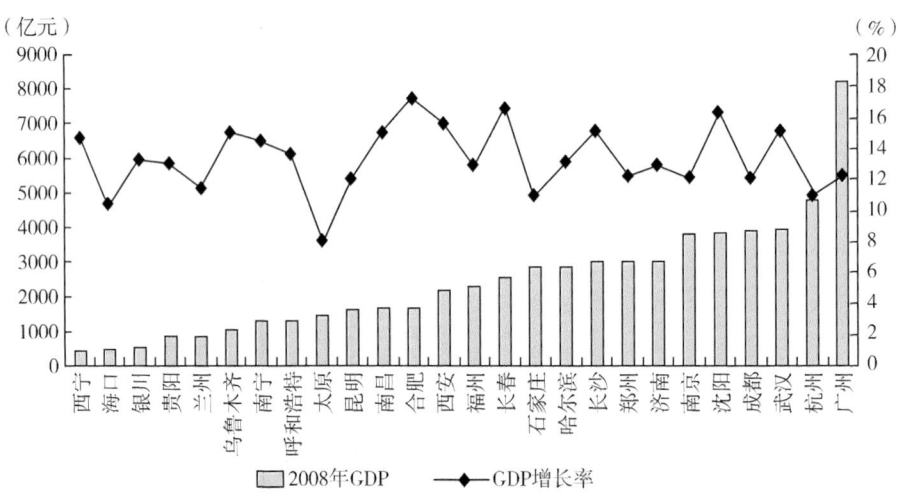

图 8-2 2008 年石家庄与全国省会城市 GDP 及增长率对比

资料来源：《国家统计年鉴》(2009)。

石家庄经济地位不断下滑的主要原因是近年来增长速度偏低，和兰州、昆明等发展速度相当。

第八章 石家庄产业选择

石家庄土地面积15848平方公里，在26个省会城市中排名第7位，在环渤海地区排名第1位，远高于排名第二的沈阳市12881平方公里，但GDP排在沈阳和济南后面。GDP在26个省会城市中排名第11位，单位面积GDP在26个省会城市中排名第16位，人均GDP在26个省会城市中排第19位，反映出经济还有很大的发展空间。

二、石家庄产业结构

石家庄市是典型的工业化中期特征，农业比重不断减小，而工业比重不断加大，第三产业也有微弱上升。对比全国26个省会城市，石家庄第一产业比例明显偏高，平均高出5~7个百分点；第二产业比例略高；而第三产业比例大大低于26个省会城市平均水平，相差近10个百分点。如图8-3、图8-4、图8-5、图8-6所示。

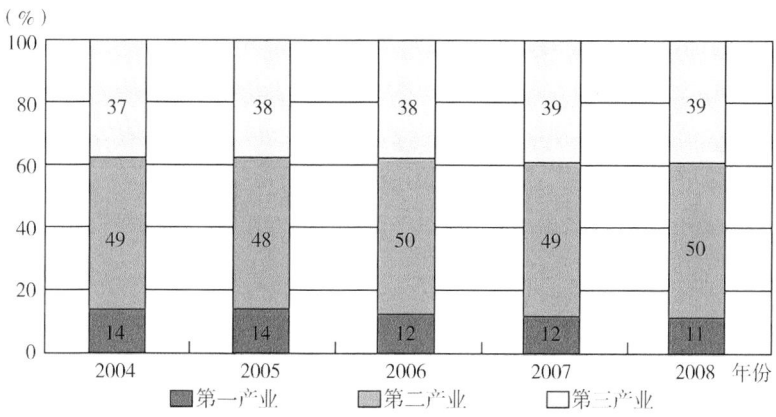

图8-3 2004~2008年石家庄三次产业结构比例

资料来源：《石家庄市统计年鉴》（2005~2009）。

石家庄市是农业大市，第一产业的比例一直保持在10%以上，在全国26个省会城市中第一产业规模排名第2位，仅次于哈尔滨（见图8-5）。

第二产业水平居中，在26个省会城市中排名第9位（见图8-6）。

第三产业比例偏低，零售业不发达，2008年零售业总额在26个省会城市中居第13位。

2008年全社会固定资产投资规模在26个省会城市中排第12位，2008年固定资产投资占GDP比例为60.84%，在26个省会城市中排第11位。

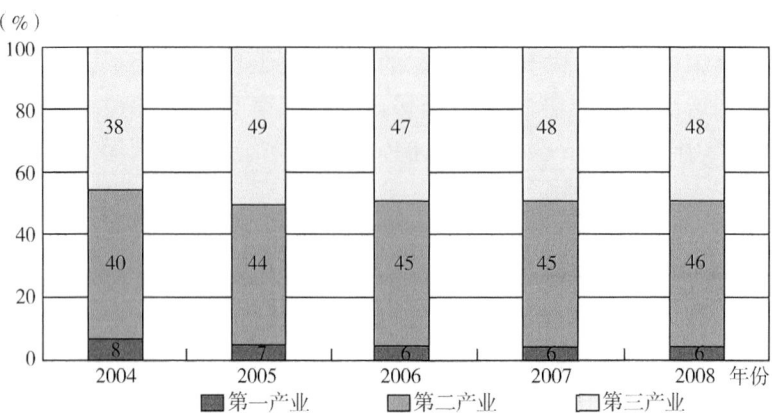

图8-4 2004~2008年26个省会城市三次产业结构比例

资料来源：26个省会城市统计年鉴（2005~2009）。

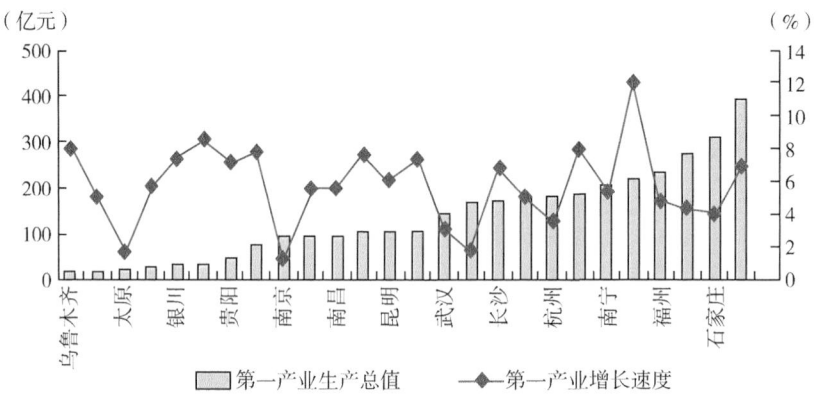

图8-5 石家庄与省会城市第一产业增加值及增速比较

资料来源：《国家统计年鉴》（2009）。

石家庄经济外向型程度不高，进出口总值在26个省会城市中排名第14位，出口总值排第8位，实际利用外资排第19位。

从石家庄的一二三产业结构可以看出石家庄第三产业比例过低，与省会城市的平均比例相差较大，这与石家庄邻近京津的地理位置、华北商埠的称号是极不相称的。石家庄第三产业的落后可能已经影响到其第二产业的发展，工业结构偏重原材料加工，产权交易不活跃，上市公司数量不多，国有经济比例过高，混合所有制企业偏少，这些都反映了石家庄金融业发展滞后，金融市场对资源的配置能力不够，金融服务意识薄弱。作为一个"后发"的国家，各地区

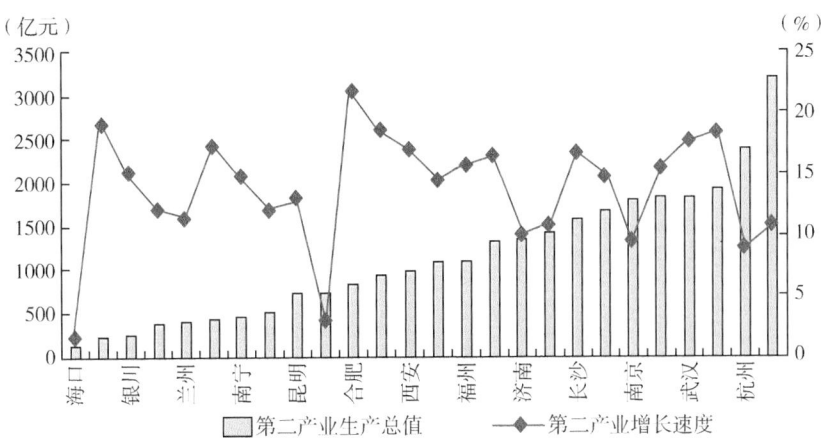

图 8-6　石家庄与省会城市第二产业增加值及增速比较

资料来源：《国家统计年鉴》(2009)。

承接国际产业程度的大小直接决定地区经济的发达程度，石家庄的引资远远落后于沿海省会城市，也低于较多内地省会，经济的外向程度不够，限制了石家庄的产业与国际接轨，产业创新升级的速度不快，第二产业的发展也受到限制。

石家庄第一产业中农林牧渔各行业农业占最大比重53%，其次为畜牧业占41%，林业和渔业占的比重都较小（见图8-7）。

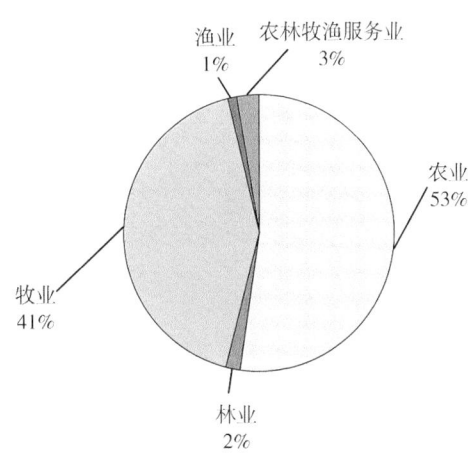

图 8-7　石家庄第一产业结构

资料来源：《石家庄市统计年鉴》(2008)。

农业中蔬菜占49%,谷物只占38%,水果坚果占12%,中药材占1%。林业中则以林产品为主要产值贡献对象,占总产值的77%。

第三产业中物流占比最高,高出26个城市平均水平近一倍,显示石家庄在物流领域形成一定规模,金融业和房地产业占比偏低,反映石家庄在投资领域活跃程度不够(见图8-8、图8-9)。

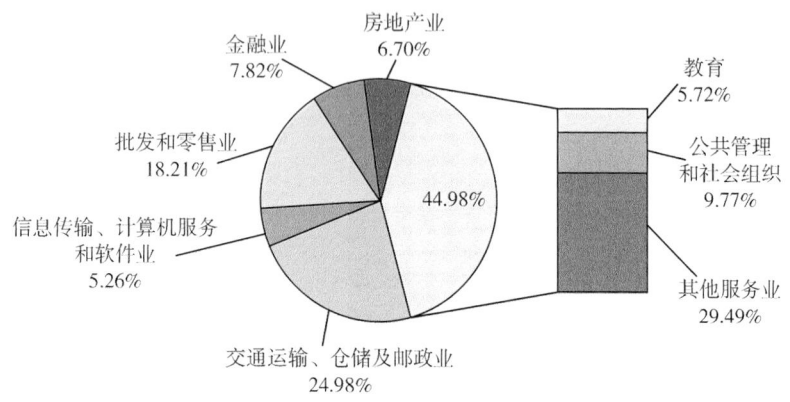

图8-8 石家庄第三产业结构

资料来源:《石家庄市统计年鉴》(2008)。

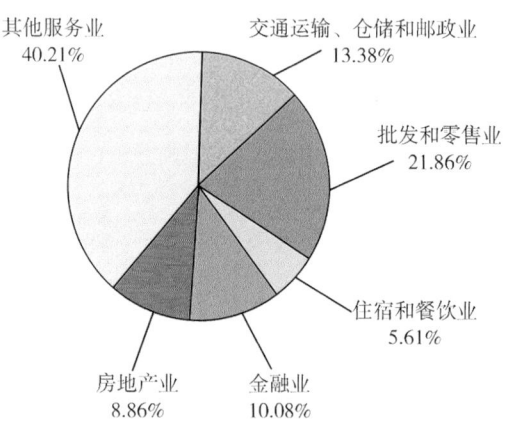

图8-9 全国26个省会城市第三产业结构

资料来源:《国家统计年鉴》(2008)。

三、石家庄主要产业

2008年石家庄第二产业生产总值占GDP的一半,工业在石家庄经济中占最重要地位,在工业中石家庄集中在重化工业(化工、钢铁、电力、石油、金属和非金属制品、通用设备制造,见表8-1),行业产值占石家庄总产值46.39%,但石家庄比较优势最显著(区位商最高)的行业是皮革、毛皮、羽毛(绒)及其制品业和医药制造业(见图8-10)。

表8-1 石家庄重化工业占比

重化工业行业	产值(千元)	占石家庄总产值比例(%)
金属制品业	9792507	2.97
通用设备制造业	13660627	4.15
石油加工、炼焦及核燃料加工业	17494787	5.31
电力、热力的生产和供应业	20851661	6.33
非金属矿物制品业	22310048	6.77
黑色金属冶炼及压延加工业	34295973	10.41
化学原料及化学制品制造业	34408863	10.45
合计	152814466	46.39

资料来源:《石家庄市统计年鉴》(2008)。

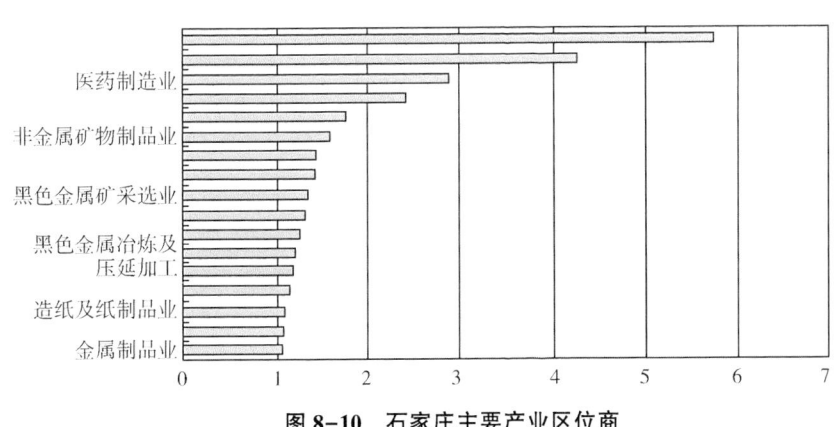

图8-10 石家庄主要产业区位商

资料来源:《国家统计年鉴》(2008)、《石家庄市统计年鉴》(2008)。

石家庄的比较优势产业（医药制造业、皮革/毛皮/羽毛（绒）及其制品业、食品制造业、纺织行业）在河北、京津冀都市圈，甚至华北地区都具有明显的比较优势，但从全国来看则存在比较优势不突出、技术落后、产业集中度不高等问题。如2007年石家庄医药制造业总产值219.88亿元，而上海2007年医药制造业总产值为388.96亿元①，差距明显。石家庄皮革/毛皮/羽毛（绒）及其制品业2007年总产值为239.72亿元，其中辛集皮革业产值不到100亿元，而浙江海宁一县2007年规模以上皮革工业实现产值130.81亿元，皮革经济总量、皮革服装产量、皮革交易量、皮革服装及相关制品出口量四个指标均列全国同行第一②。石家庄食品制造业2007年总产值141.52亿元，只占全国食品工业总产值的0.44%，远低于上海的263亿元。纺织工业2007年总产值204.37亿元③，远远落后于苏锡常、南通、杭州、嘉兴、湖州等长三角城市。

石家庄在一些细分行业特色很鲜明，如在化学原料药的青霉素、维生素C和土霉素等产品领域规模领先，拥有全球比较优势。在皮革皮衣方面辛集"中国皮革皮衣之都"与浙江温州"中国鞋都"、浙江海宁"中国皮革之都"、广州花都"中国皮具之都"等并列为全国九个皮革特色区域。此外像博深金刚石工具多年来保持着每年30%的增长，其中新产品收入均占当年营业收入的35%以上，牢牢坐定金刚石工具龙头企业的位置。石家庄钢铁的轴承钢、食用菌、大枣、核桃、雪梨加工等都具有自身独特的特点。

石家庄拥有国家半导体照明产业化基地，形成了设计制造具有自主知识产权的高端芯片为核心，以外延材料生产和芯片封装为重点的半导体照明产品生产体系，形成具有较强竞争力的半导体照明产业群体。石家庄具有发展动漫产业的人才、区位、文化等方面的优势，2009年专业的动漫公司已发展到66家，相关公司2000多家，年动漫制作能力接近10000分钟。年产值达到10亿元以上，带动了3万多人就业。全市动漫产业门类齐全，涵盖了漫画、插画、报刊、图书、动画片制作、网络游戏、手机游戏、动漫衍生产品等领域。初步形成了"创、产、学、研、销"的产业体系。2009年底，石家庄有3家动漫企业通过国家首批动漫企业认定，也是河北省仅有的3家。④

---

①③ 上海、石家庄2008年统计年鉴。
② 辛集、海宁2008年统计年鉴。
④ 本节数据来自石家庄"十一五"规划资料。

第八章 石家庄产业选择

表 8-2 石家庄主要产业集群

	主要内容
规模领先产业	·石化、生物医药、钢铁、电力产业
比较优势产业	·医药制造业、皮革/毛皮/羽毛（绒）及其制品业、食品制造业、纺织工业
特色产业	·化学原料药生产、皮革制品、金刚石工具、轴承钢、农产品加工
新兴产业	·半导体照明、动漫产业

资料来源：根据石家庄"十一五"、"十二五"规划资料整理。

（一）生物医药产业

石家庄有医药生产、医疗器械、医药包装等企业 289 家，医药经营企业 640 家，占全国生产能力的 12%，医药产值在全国 7 个医药工业集中城市中仅次于上海。其中，华药集团是全国最早最大的抗生素和半合抗生素基地，综合实力位居全国第一；石药集团是世界上最大的头孢菌素母核生产基地；神威药业是全国最大的软胶囊生产基地和中药产业化示范基地。

2007 年石家庄实现产值 219.88 亿元，实现主营业务收入 218.03 亿元，完成利润总额 29.58 亿元。2003～2007 年石家庄医药产值实现年均复合增长率 11.44%，而上海在 2003～2007 年生物医药产值实现年均复合增长率 15.89%（见图 8-11、图 8-12）。

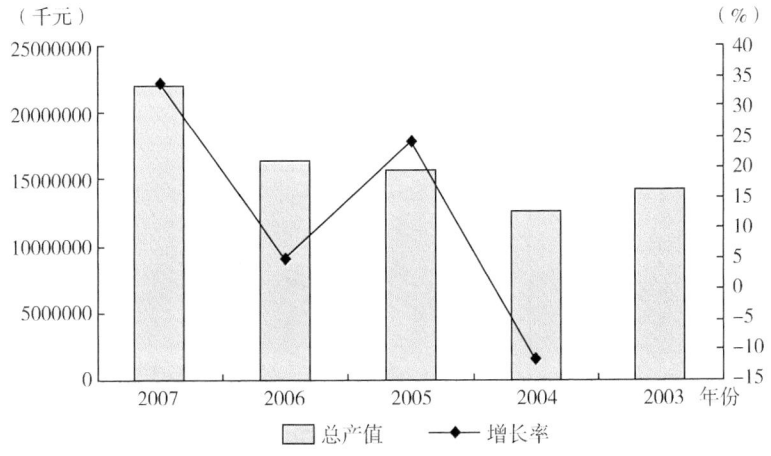

图 8-11 2003～2007 年石家庄医药制造业总产值增长情况

资料来源：《石家庄市统计年鉴》（2004～2008）。

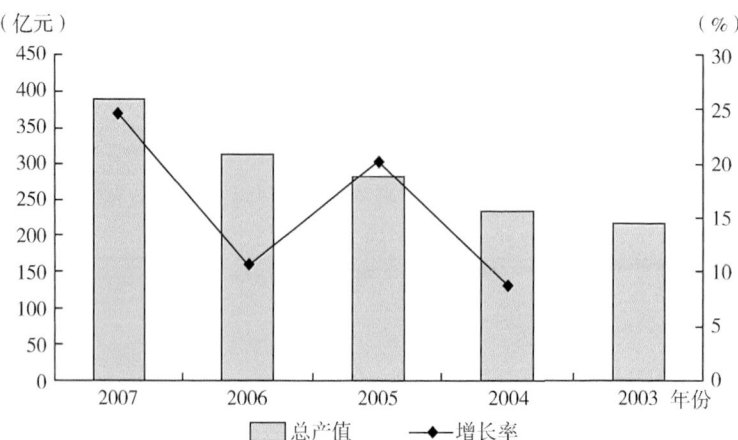

图 8-12 2003~2007 年上海医药制造业总产值增长情况

资料来源：《上海市统计年鉴》（2004~2008）。

石家庄与上海比较，近 5 年来医药制造业总产值规模差距越来越大，2003 年两者差距 73 亿元，2007 年差距拉大到 169 亿元。而 2003~2007 年 5 年间石家庄医药制造业总产值年度复合增长率落后上海 4 个百分点。两者的差距主要体现在产业链的完整性和产业链两端——研发创新、化学制剂、中成药、商业流通等细分行业（见图 8-13）。

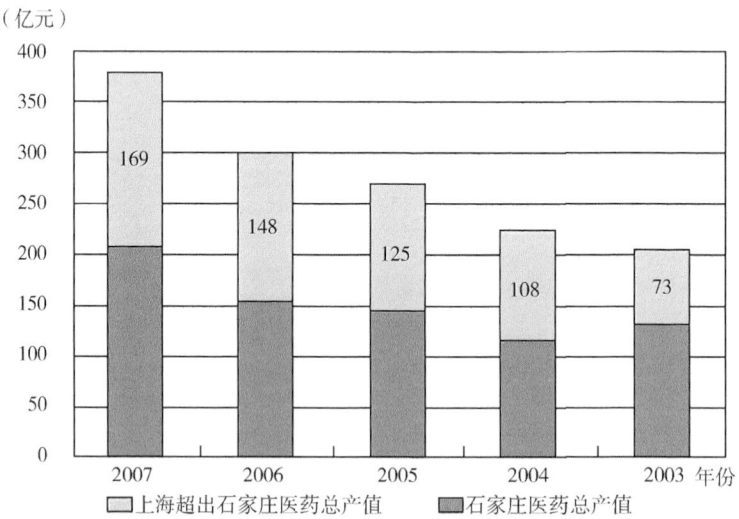

图 8-13 2003~2007 年上海与石家庄医药制造业总产值对比

资料来源：上海、石家庄统计年鉴（2004~2008）。

第八章 石家庄产业选择

在化学原料药领域，石家庄可生产24大类中的13大类35种产品，年生产能力30万吨，占全国总生产能力的35%。石家庄青霉素、维生素C和土霉素产品产量，分别占中国总产量的40%、50%、90%，占世界总产量的16%、30%和65%。石家庄化学原料药产量居世界第一的有青霉素、7-ACA、柯柯豆碱、土霉素和维生素C 5种产品，居全国第一的有链霉素、无水葡萄糖、阿维菌素、维生素B12等8种产品。原料药生产量2006年30.8万吨，2007年29.0万吨。

上海可生产原料药品种类为216种，实际生产175种。2007年原料药产量完成1.9万吨。生产量最大的是维生素E粉2521吨，丹参1130吨，维生素A 992吨。在24大类中上海可生产21类，产量最多的维生素类6242吨和生化药2482吨。其中上药集团头孢类、培南类抗生素生产方面占据领先地位，在抗艾药物的研究方面，上海迪赛诺和浙江华海以及厦门迈克和东北制药一起构成中国主要的国际抗艾原料供应商。

从全球原料药产业链分析，由基础原料药—特色原料药—仿制药—专利药构成完整产业链，而石家庄主要集中在基础原料药领域，全球产能过剩，利润率低，价格波动大。特色原料药是以浙江海正和华海为代表，海正公司的抗肿瘤类表柔比星等18个品种已进入美国市场，15个品种获得COS认证。华海药业的普利类和沙坦类心血管原料药市场供应量第一。上海迪赛诺和浙江华海的抗艾原料药也属于规模日渐增大的特色原料药。

在化学制剂领域，上海可生产的制剂品种692种，实际生产642种，产量最大的是维生素AD胶丸、依那普利片、地高辛片。上药集团是中国规模最大的医药产业集团，产品的品种规格达6000多种，头孢类产品国内市场占有率第一。化学和生物制剂领域主要产品涵盖抗感染、消化道、心血管、呼吸道、抗癌等治疗领域，拥有相对完整的产品剂型，其中注射剂、缓释制剂、软胶丸剂、气雾剂的生产技术全国领先，一类新药"培菲康"打开了微生态制剂的新空间。在中药领域，六神丸为国家机密产品，杏灵颗粒被美国FDA批准进入Ⅱ期临床，黄酮提取术是国内唯一在中国、美国、澳大利亚拥有自主知识产权的技术。

石家庄在化学制剂方面的产品少，市场份额小，为增强自身竞争能力，石家庄积极调整产品结构，2009年华药投资20亿元的新型头孢项目启动，建成达产后，预计可实现年销售收入80亿元，利税13亿元。将从根本上优化企业的产品结构，延伸产业链条，扩大产品集群，促进产业升级，实现规模效益，使华药一举成为国内头孢行业的领军企业。石药集团也在谋求战略转型向产业链两端延伸，石药集团牵头组建了中国医药行业第一个由企业为主体、产学研紧密结合的抗生素技术创新战略联盟，着眼抗生素领域关键技术的突破，不仅确立了石药集团和石家庄市在国内抗生素领域的盟主地位，而且将推动抗生素产品研发技术的革新。不仅如此，石药集团还在国家十一五"重大新药创制"申报中，承担了10个研发课题，为储备医药"重磅炸弹"做足了铺垫。目前在研的创新药物Exendin-4，将成为治疗糖尿病的全球领先基因工程药物。在中成药领域，在中国香港上市的神威药业主营中药注射剂，主要产品参脉注射液、清开灵注射液、黄芪注射液、银杏叶提取物注射液在国内占有较大市场份额。

除了制药环节的对比外，石家庄和上海在医药商业方面差距更大，上海是国内最大的区域性医药市场，占全国总市场规模的1/10，上药集团是国内仅次于国药控股的第二大医药分销商，石家庄在医药商业领域还没有形成全国性的品牌。

从石家庄与上海在医药产业方面的对比可以看出，石家庄的劣势是整条产业链的劣势，石家庄的医药产业竞争能力只集中在产业链中附加值最低的环节——基础原料药，在其他方面投入过少，能力不足。与上海为代表的长三角医药产业集群和广药为代表的珠三角医药产业集群相比差距明显，产业结构不合理、产品结构不合理导致整体竞争力不足，这种不合理的部分原因可能就是对医药产业的投入过少，扶持力度不够，石家庄正在积极应对，推动现金流充沛的能源企业收购医药企业，通过传统产业反哺先进产业，推动产业结构调整。

（二）皮革/毛皮/羽毛（绒）及其制品业

石家庄皮革业主要分布在辛集市，可生产服装革、鞋面革、家具革、皮革服装、裘皮服装等300多个花色品种，已形成集皮革交易、皮革加工、制衣制件、皮革机械、皮革化工、原辅料以及市场销售、物流产业、商务信息为平台的生产、销售、服务为一体的产业链。2005年全市注册皮革业1105家，实现销售收入82亿元，上缴税金17亿元，出口创汇534万美元。2008年，生产革皮3900万张，皮装570万件，皮鞋450万双，皮具2700万件，实现销售收入105亿元，上缴税金2亿元。

石家庄有34家企业通过ISO9000质量管理体系认证，两家企业通过ISO14000环境管理体系认证，36个品牌的皮装获准佩挂"中国真皮标志"，4个品牌的产品获准佩挂"中国真皮标志生态皮革"。"束兰"、"东明"、"伊鹿奇"3个品牌皮装荣获"中国名牌产品"称号，"束兰"牌皮装荣获"中国裘皮衣王"，"西曼"牌皮装连续荣获"中国十大真皮衣王"，14个产品荣获省名牌产品和著名商标称号。

石家庄皮革业形成了以制衣区、制革区为依托，集市场交易、制革毛皮、制衣制件、机械化工、原辅材料、物流信息等配套齐全的产业集群。产品出口以俄罗斯和边贸口岸为主覆盖东欧地区，并出口到美国、加拿大、韩国、日本、越南等欧美、中亚十几个国家和地区，内销产品覆盖全国各地。

2009年8月6日，投资10亿元开工建设占地380亩的中国（辛集）国际皮革城。同时，开辟"中国皮革商城"精品旅游购物专线，到2011年，已把中国（辛集）国际皮革城建成中国北方规模最大、档次最高、名牌最多、品种最全、服务最优、世界知名的皮革产品交易展示中心。

2005年，海宁皮革业总产值达130亿元，皮革皮件业经济总量列全国第一；皮革服装产量全国第一，生产皮衣2500万余件，占全国产量的1/3；皮革交易量全国第一，其中皮毛经营量占世界皮毛经营量的1/4；皮革服装及相关产量出口额达58亿元，列全国第一。2007年全市规模以上皮革工业实现产值130.81亿元，皮革经济总量、皮革服装产量、皮革交易量、皮革服装及相关制品出口量四个指标均列全国同行业第一。2009年底，全市拥有皮革工业企业2000多家，从业人员约7.5万人；年创现价工业产值177亿元，实现产品销售收入172亿元，年产皮革服装2813万件（套），鞣制革皮产量折合牛皮为1260万张，皮革沙发530万套。皮革工业经济总量、皮革服装产量、鞣制革皮产量、皮革沙发产量、皮革制品出口交货值等，连年位居全国第一。从1994年起海宁市每年举办一次海宁中国皮革博览会（原海宁中国皮革服装展销会），该博览会是中国层次最高、规模最大、影响最广的皮革博览会之一，成为中外皮革界的盛会。从1999年12月起，海宁先后投资建设中国皮革城、中国皮都科技工业园、皮革城箱包皮具加工区，形成集生产加工、设计开发、产品展示、外贸服务等功能为一体的海宁中国皮革城出口加工区。海宁皮革产品成为进入美国市场的免检产品，牛皮革沙发摆进了白宫。同时，海宁"白领氏"、"三星"等皮革企业还与意大利"普罗帝"、法国"耶纳诺"等知名品牌合作生产和开发市场。

石家庄辛集与浙江海宁皮革产业的共同特点：石家庄辛集与浙江海宁均非皮革出产地，但是由于处于皮革集散地，以贸易带动加工，由加工向大规模生产制造发展，最终形成皮革交易、皮革加工、制衣制件、皮革机械、皮革化工等较为完整的皮革产业链。石家庄辛集与浙江海宁都拥有成为皮革加工中心的基础，两地及周边地区纺织业、化工业均较为发达，奠定了制革、制衣的技术和产业基础。石家庄辛集与浙江海宁均注重品牌培育,形成了一批国家品牌和地方品牌,如石家庄的"束兰"、"东明"、"伊鹿奇",海宁的"卡森"、"蒙努"、"雪豹"、"兄弟"、"宏洋"等。两地均建设大型皮革城,依托皮革城形成产业集聚,提升产业层次,发展对外贸易。

通过对比我们发现浙江海宁皮革产业相比石家庄辛集有明显优势,体现在:海宁皮革产业国际化程度高,从1994年起海宁就每年举办一次海宁中国皮革博览会,博览会成为中外客商交流的平台,获得大量的海外市场信息,为海宁皮革的出口奠定基础。海宁以海外市场需求为目标,通过学习和借鉴意大利、法国的成熟技术,不断提升自身的产业技术水平,积极进行品牌培育,通过与意大利、法国等国际知名品牌合作,开拓国际市场,提升品牌的国际知名度(见表8-3)。

表8-3 石家庄辛集与浙江海宁皮革业对比

	总产值规模	产业集群	品牌	技术创新	出口
石家庄辛集皮革业	2005年总产值82亿元	形成了以制衣区、制革区为依托,集市场交易、制革毛皮、制衣制件、机械化工、原辅材料、物流信息等配套齐全的产业集群	"束兰"、"东明"、"伊鹿奇"3个品牌皮装荣获"中国名牌产品"称号,"束兰"牌皮装荣获"中国裘皮衣王","西曼"牌皮装连续荣获"中国十大真皮衣王"	推行绿色环保工艺,致力于打造"生态皮革"	以俄罗斯和边贸口岸为主覆盖东欧地区
海宁皮革业	2005年总产值130亿元	形成(制衣制件、汽车制革与皮革箱包)生产加工、设计开发、产品展示、外贸服务完整产业链,"卡森"、"蒙努"、"雪豹"、"兄弟"、"宏洋"5家企业年销售额超过5亿元	拥有中国驰名商标3个,中国名牌产品2个	2003年以来,皮革行业投入技术改造资金达到42.53亿元。政府投入2600万元资金用于科技创新服务平台建设,引进了方圆皮革检测中心、中国皮革和制鞋研究院、温州大学等研发机构,组建了皮化研究公共实验室	以美国、意大利、法国等为主

资料来源:根据相关资料整理。

海宁皮革业的优势还体现在其注重技术创新。2003年以来,海宁皮革行业投入技术改造资金达到42.53亿元。政府投入2600万元资金用于科技创新服务平台建设,引进了方圆皮革检测中心、中国皮革和制鞋研究院、温州大学等研发机构,组建了皮化研究公共实验室。辛集的皮革业技术创新还集中在解决排放污染、工艺环保等问题。

海宁皮革业的优势体现在其注重培育大型企业,推动产业向纵深延伸。海宁利用人才、技术、品牌、市场优势,着力扶持一批重点骨干企业上规模、上水平,向集团化方向发展,使之成为全国皮革行业的领头羊。截至2009年底,全市皮革行业年销售收入500万元以上规模企业达148家,有21家企业年销售收入超过1亿元,其中"卡森"、"蒙努"、"雪豹"、"兄弟"、"宏洋"5家企业年销售额超过5亿元。创立于1987年的浙江卡森实业有限公司,是目前我国最大的皮革产品生产商和软体家具制造商。2005年10月,"卡森国际"在中国香港成功上市,成为国内第一家在香港主板上市的家具制造企业。海宁蒙努集团有限公司等建立了省级企业技术中心,成功跻身于全国民营企业500强。海宁还推动企业向箱包皮具、皮革原辅料和皮鞋等多门类皮革产品,成为长三角地区特色旅游购物中心和全国皮革专业市场龙头。

海宁皮革业的优势还体现在其产业层级全面超越石家庄。依照"里兹模型"划分的纺织工业7个发展阶段:维生阶段、起飞/早期工业化、快速成长阶段、发散/整合阶段、产业发展量质俱增阶段、高弹性低整合阶段、创意独具实质整合阶段和产业发展新形态阶段。石家庄应处于发散/整合阶段,产业集中度低、企业规模小。而浙江海宁已经形成了大企业带动三大产业集聚区共同发展的局面,其产量和质量不断提升,明显处于产业发展量质俱增阶段甚至更高层级。

(三)纺织业

石家庄纺织业已形成以棉纺织、印染为主,兼有化工化纤、毛纺、针织、服装及纺织机械器材等门类齐全的纺织工业体系,是石家庄建设的"五大基地"之一。纺织行业拥有重点工业生产企业52家。其中,棉纺织25家,印染5家,服装6家,针织7家,毛纺4家,化工化纤1家,纺织机械器材4家。主要企业包括常山纺织集团、河北鸣鹿服装集团、石家庄旅游装饰集团、晋州纺织厂、赵州纺织集团等。形成了以坯布、印染布、服装为主导产品的格局,主导产品以外销为主,直接、间接出口达80%以上,靠一流质量、一流信誉、一流服务,跻身于国际市场,远销世界六十多个国家和地区。其中:棉坯布系列产品在国内外市场享有盛誉,素有"南纱北布"之称;府绸系列产品出口日本,曾获"金马赏杯奖";石家庄常山纺织股份有限公司的"翠竹"精梳纱线被河北省列为创立中国名牌的三个纺织品牌之一。纱卡、府绸系列产品被列为出口免检产品;彩色棉条绒产品入围中国流行面料;"鸣鹿"服装系列产品在国内外市场具有较高的知名度,全棉防皱衬衣曾获"国际金奖",被列为河北省名牌产品和重点保护产品。

截至2005年底,石家庄纺织工业主要设备和生产能力为:棉纺纱锭335万枚;布机77万台(其中无梭织机9207台),棉印染能力6亿米,化纤能力28万吨。主要产品产量:纱41万吨,化纤26万吨,布16亿米,印染布7亿米,服装5538万件,皮衣713万件,制革14894万平方米。无梭织机比重为12%、清钢联比重为23%、自动落筒比重为342%,均居全省第一位。规模以上企业主要经济指标:从业人员83万人,主营业务收入1438亿元,在8个工业行业中居第7位,占全市工业的73%,实现利税145亿元,在8个工业行业中居第8位,占全市工业的69%。①

石家庄的纺织业保持着快速发展的势头,2003~2007年连续保持20%以上的增长速度,年度复合增长率达到28%(见图8-14)。但我们也发现石家庄纺

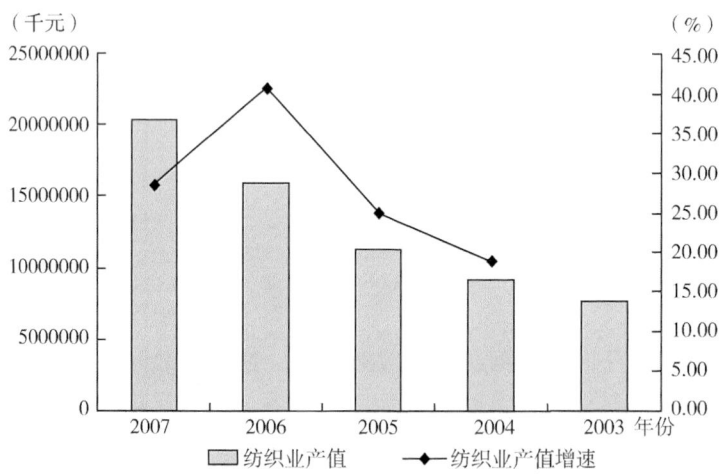

图8-14 2003~2007年石家庄纺织业产值及增长率

资料来源:《石家庄市统计年鉴》(2004~2008)。

---

① 石家庄"十一五"规划资料。

织业产值规模还偏小,在与长三角城市群的比较中石家庄仅能排名第十(见图8-15)。而长三角更为强大的是纺织业的下游纺织服装业,但石家庄的纺织服装业不具有比较优势,规模较纺织业小很多,构成产业发展的短板。

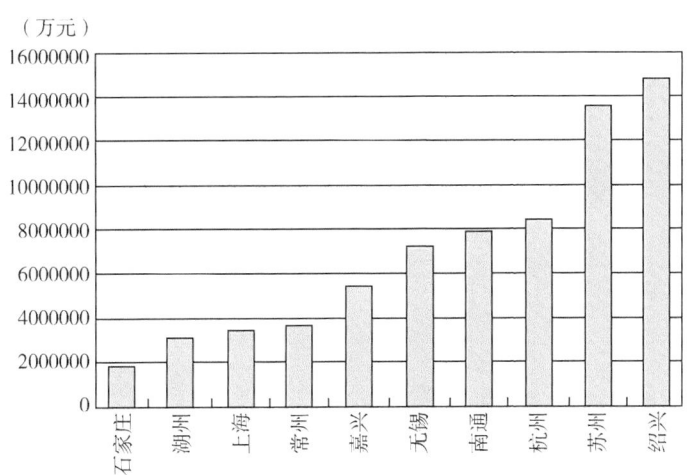

图8-15　2007年石家庄纺织业总产值与长三角主要城市对比

资料来源:石家庄及长三角各城市统计年鉴(2008)。

石家庄纺织业在河北省有明显优势,但河北不是中国的纺织业主要生产区,中国纺织工业主要集中在浙江、江苏、山东、广东、上海、福建六大省份,出口额占全国80%左右。广东主要出口中国香港;浙江的出口产品附加值不高;江苏、山东以棉制品为主,利润较高;上海是主要的出口口岸;福建以针织、机织服装成衣为主。上海的纺织业已经减速,市场为江浙两省所替代。山东纺织业在环渤海经济圈已显示出强大的领头作用,其纺织业的发展具有很强的发展潜力。广东纺织业由于产业结构调整而增速放缓,产业向中部省份转移。中西部地区随着技术能力的提升,物流水平的提高,将会加快发展速度,承接东部沿海地区产业转移。京津地区纺织业虽然比较优势不强,但装备水平较高,随着京津产业结构的调整,也有向河北进行产业转移的趋势。石家庄作为河北省纺织强市、环渤海纺织大市,在承接产业转移,抢占市场空白方面具有优势。

(四)食品业

改革开放以来,石家庄市的食品工业一直保持了持续快速发展的势头,产业规模不断扩大。"十五"期间食品工业的增长速度既高于全市工业平均增速,"十一五"期间食品工业继续保持较快增长,2003~2007年食品业年度复合增长率达到26%以上(见图8-16)。石家庄食品业(包括食品业和农产品加工业)2007年实现产值345.98亿元,与长三角城市群比较仅次于上海的497亿元(见图8-17),与上海不同的是石家庄的农产品加工业规模一直超过食品业,因此石家庄的食品业发展方向应是在强化农产品加工优势的基础上提升食品业的规模和层次。

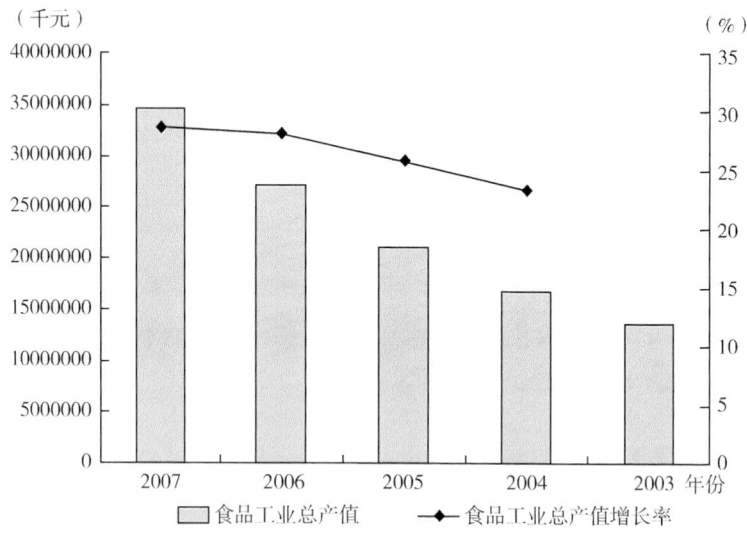

图8-16 石家庄食品业增长情况

资料来源:石家庄市统计年鉴。

石家庄市的食品工业涌现出一批有实力、有特色、有巨大发展潜力的骨干企业,其中珍极集团、双鸽集团、赵县兴柏集团、赵州利民糖业集团、凯隆达食品有限公司、石家庄洛杉奇食品有限公司、石家庄嘉禾啤酒、新乐国人啤酒等企业已经成为对全市食品工业发展有重大影响和带动作用的龙头企业。形成了一批有较大市场占有率的品牌产品,"珍极"、"金凤"、"双鸽"、"嘉禾啤酒"等都已是在全国市场有影响的国家和省级名牌产品。三聚氰胺事件虽然导致三鹿品牌的倒塌,但石家庄还是华北最具有发展乳业基础的地区,从长期看可能更有利于石家庄乳品业的健康发展。

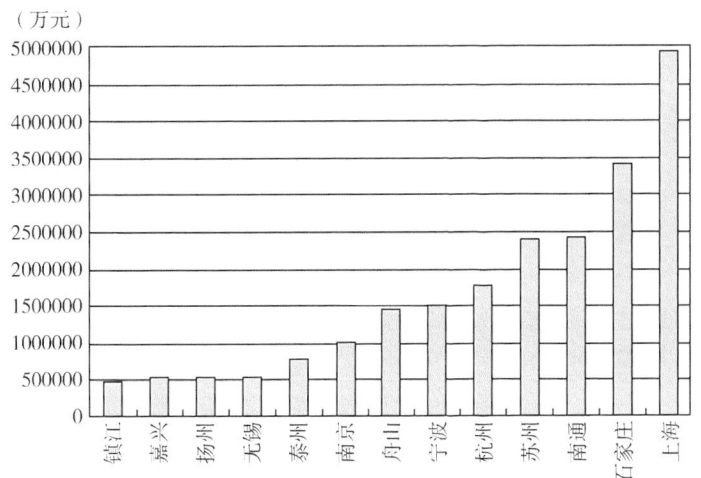

图8-17 石家庄与长三角城市群食品总产值对比

资料来源：石家庄及长三角各城市统计年鉴（2007）。

食品业存在的主要问题：

首先是食品业规模与农业基础不匹配。石家庄市地处华北平原最富庶的地区，是农业大市，食品工业与其农业发展的趋势和地位不相适应，2005年石家庄市食品工业总产值与农业总产值的比重为0.25∶1，发达国家这一比例一般达到了2∶1~3∶1，而我国台湾省也已达到了1.3∶1，表明石家庄市食品工业发展仍然滞后于农业的发展。

其次是粗加工多，精加工少。石家庄食品的精深加工发展较慢，一些食品工业发展较快的门类如方便食品、特色食品、软饮料、果蔬食品和食品添加剂行业发展速度较慢。县域食品工业产品档次低，新产品开发少，产品门类不全，区域特色不明显。

最后是企业规模小，技术水平偏低。石家庄市的食品企业除珍极、嘉禾、双鸽等少数拥有国内领先技术并具备一定规模的企业外，多数企业规模偏小，布局分散，低水平重复。企业科研开发、技术改造投入不足；科技人员少，自主研发能力薄弱，产品更新换代较慢。

（五）化工业

石家庄市是河北省化工企业相对集中的地区，截至2005年底有规模以上化学工业企业263家，其中石家庄炼油股份有限公司、石家庄焦化集团有限责任公司、石家庄化工化纤有限责任公司、石家庄市电化厂、河北东华化工集团公司、石家庄金石化肥有限责任公司、石家庄白龙化工股份有限公司、石家庄第一橡胶股份有限公司、石家庄金鱼涂料集团、石家庄双联化工有限责任公司、河北辛集化工集团有限责任公司、河北诚信有限责任公司、河北正元化工集团、河北敬业企业集团、河北新化股份有限公司等企业在国内有较高知名度。其中化肥、钡锶盐、苯酐、水杨酸、氰化钠、氨基己酸、医用橡胶制品等在国内具有较大市场份额。

化工业存在的主要问题：

整体布局欠合理。 目前石家庄市化学工业企业布点分散，中小企业较多，不具备规模化、集约化的生产格局，未形成产品链。随着城市的发展，愈加显现出总体布局的欠缺，当前的化工企业布局已不适应整个城市发展的需要，比如东北工业区位于城市二环线以内，电化厂、滹沱河化肥厂等企业位于城市水源地，油漆厂已近于城市中心等。

产品结构初级，缺乏上下游一体化的完整的产品链。 产品门类单一，初级产品多，高级产品少；原料产品多，深加工产品少；高能耗工艺多，节能环保工艺少。总体技术水平、装备水平较低，缺少大企业和拳头产品，大多数装置未达到经济规模，生产成本高，竞争力差，难以形成规模效益。高附加值产品比例偏低，缺乏高新技术、新产品、新工艺，如电子用化学品、皮革用化学品、造纸用化学品等新门类精细化学品以及国家鼓励发展的化工新材料等几乎空白。

研发力量较薄弱，科研和创新能力不足，在国际、国内市场占有重要份额的产品不多，掌握的核心技术和拥有自主知识产权的技术少，产品品种和质量不能适应市场快速变化的要求，导致企业抗风险能力较差。

水资源需求大，污染严重。 由于企业分散，规模不足，工艺技术落后，加工能力较小，导致许多小型化工企业水资源消耗大，能源消耗高、环境污染严重，环境保护和"三废"治理任务繁重。

（六）装备制造业

石家庄的装备制造业较为分散，平均分布在金属制品业、通用设备制造业、专业设备制造业、交通运输设备制造业、电气机械及器材制造业和仪器仪表及文化办公机械制造业六大产业，涉及产品2000多种。截至2005年底，石家庄装备制造业入统企业398家，职工108万人，总资产2368亿元、完成工业总产值253.3亿元、工业增加值74.8亿元、实现销售产值246.6亿元、主营业务收入 236.6 亿元、利税 24.2 亿元、利润 15.6 亿元,分别占全市工业的 13.4%、11.6%、11.96%、11.5%、11.1%、10.5%、11.95%,在全市 8 个工业行业中居第三位,在河北省 11 个设区市中居第二位。①

石家庄装备制造业在内燃机零部件(金刚集团)、水泵(石家庄强大泵业集团)、电机(河北电机股份有限公司)、内燃机车(石家庄市动力机械厂)、工程机械(石家庄煤矿机械有限责任公司)等领域占有一定优势。装备制造业近年来一直保持较快增长,年度复合增长率达到 38%,高于河南省会郑州的增长速度(见图 8-18)。

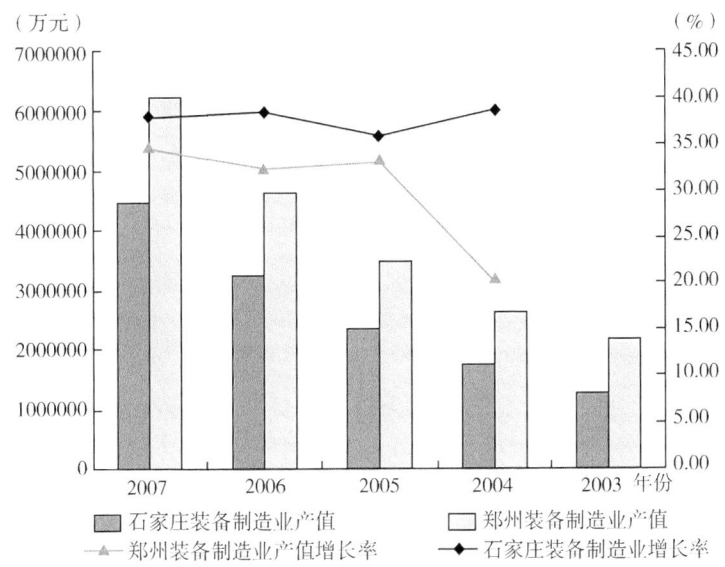

图 8-18 石家庄装备制造业总产值与郑州对比

资料来源:石家庄和郑州统计年鉴。

但石家庄装备制造业总体规模偏小,与郑州差距较大。缺乏整机和成套设备企业,缺乏像保定的天威集团这样的领军企业,产业分散,没有形成明显的上下游产业配套,没有形成产业链。

北京、天津的装备制造业非常发达,而装备制造业在全球的梯次转移趋势非常明显,石家庄作为省会城市有人才、物流、配套的优势,京津冀的钢铁、

---

① 石家庄"十一五"规划资料。

电力、化工等产业为装备制造业的发展奠定了良好基础。

石家庄的装备制造产业基础不如保定，河北省确立了以保定输变电设备及新能源设备、邢台冶金轧辊、唐山轨交及冶金机械、邯邢紧固件为核心的装备制造业发展规划，石家庄面临很大的竞争压力，石家庄可利用金刚集团内燃机零配件和定州微型车的基础与北汽等大型汽车企业合作直接切入产业链高端，发展电动汽车等高新技术产业。

（七）电子信息业

石家庄市是六大"国家863光电子成果转化产业基地"之一，是国家半导体照明产业化基地、国家动漫产业基地、国家（火炬计划）软件产业基地。虽然电子信息产业规模不大，增长速度波动较大，但有一定产业基础，产品较有特色，是河北省电子信息产业重点发展地区。2005~2008年，全市电子信息产业主营业务收入年均增长36%。到2008年底，全市电子信息产业在统企业149家，从业人员3.28万人，完成主营业务收入132.8亿元，同比增长25%；实现利税14.4亿元，同比增长29%；实现工业增加值30.6亿元，同比增长16.8%。形成了以通信、计算机信息服务、软件与系统集成、电子元器件、电子材料、电子专用仪器和设备、电力电子、光电子等为主体的产业体系。①

河北省电子信息产业自"十五"以来，呈加速发展趋势。中国电子科技集团石家庄信息产业基地是河北省发展电子信息产业的重要基地，位于鹿泉高新技术产业开发区，规划面积2207.4亩，以中国电子科技集团第13所、54所为主体，首期进入中国电子科技集团石家庄信息产业基地并开工建设的9个重点项目总投资10.66亿元，其中包括数字集群通信系统、3.5G固定无线接入系统、无线电监测系统、弱场通信系统产业化、CDMA扩频通信系统产业化和硅材料、微波混合集成电路、微波通信模块等技术成熟、市场前景广阔的高技术产业化项目。其中：硅外延材料产业化项目年可实现销售收入3亿元，成为全国最大、国际一流的硅外延材料产业化基地；微波混合集成电路项目年可实现销售收入2.41亿元，成为国内最大的微波混合集成电路生产基地。截至2007年7月底，石家庄信息产业基地建设进展顺利，累计完成销售收入3亿元，工业增加值1.3亿元，实现利税5022万元②（见图8-19）。

---

①② 石家庄"十一五"规划资料。

第八章　石家庄产业选择

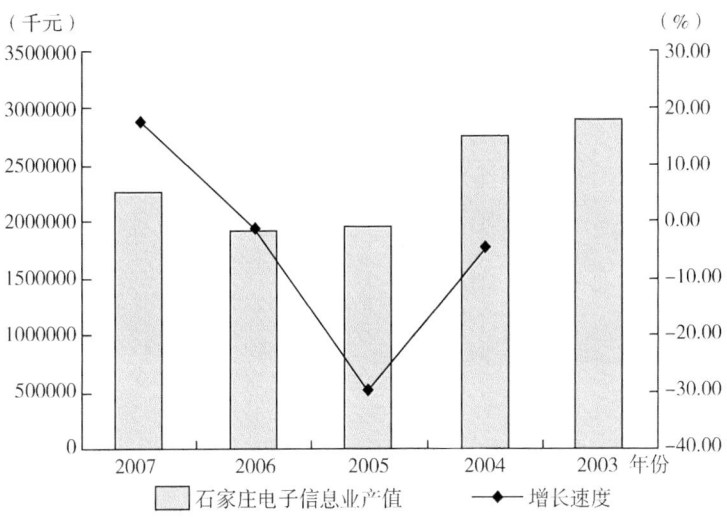

图 8-19　石家庄电子信息业产值及增长率

资料来源:《石家庄市统计年鉴》(2004~2008)。

基地建成了国内最高级别、最大规模的硅外延净化厂房,建成了国内最大的硅外延片供应基地和射频集成电路企业。基地二期工程总投资 3.9 亿元的半导体照明产品产业化项目已完成投资 2500 万元,项目建成投产后可形成年产 LED 外延片 12 万片、6480 万只陶瓷外壳、封装 2.51 亿只、800KW 功率 LED 应用产品的生产能力,实现销售收入 5 亿元,利税 1.6 亿元;二代卫星导航项目也已完成工程设计。

我国的电子信息产业从珠三角发端,逐步向长三角、环渤海梯次转移,2007 年长三角 16 个城市电子信息产业占全部工业总产值的 15% 以上,2004 年以来上海的电子信息产值占工业总产值比重超过 20%,而且呈逐步增加趋势,电子信息产业已经成为现代城市发展的重要基础性产业,石家庄要改善产业结构,提高原材料加工、装备制造业的产业层次,也需要推动电子信息业的发展(见图 8-20)。

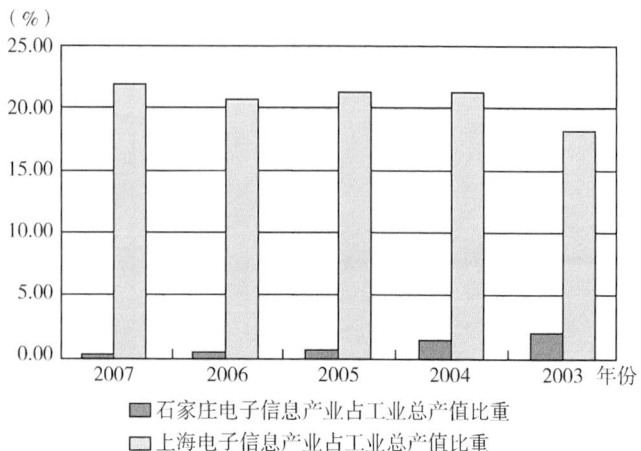

图 8-20　石家庄电子信息产业占工业总产值比重与上海对比

资料来源：石家庄及上海统计年鉴（2004~2008）。

（八）石家庄郊县产业集群①

石家庄体现出典型的城乡二元经济结构特征，市区的医药、化工、纺织等大工业鲜有在郊县的配套企业，而郊县的主要产业集群如辛集的皮革产业集群、井陉钙镁产业集群、灵寿石材产业集群等没有顺势而为，实现产业升级，向市区集中，而停留在原材料初加工的低级阶段。

石家庄共有大小产业集群约 36 个。其中规模最大的为辛集皮革产业集群，2009 年营业收入达到 257 亿元。最小的为栾城镇鞋业产业集群，2009 年营业收入为 6 亿元。国际市场占有一定市场份额的有辛集皮革产业集群 10%，新乐市电热毯产业集群 1%，高邑县建陶产业集群 0.5%。在国内占有较大市场份额的有新乐市电热毯产业集群占国内市场 40%，辛集市皮革产业集群 17%，赵县淀粉产业集群 10%，高邑县建陶产业集群 10%，灵寿县石材产业集群 10%，平山县石材产业集群 3%（见图 8-21）。

产业集群分布较为松散，较多产业存在同构和重合（见表 8-4），而不是产业链的相互配套；产业层次低，基本上停留在原材料加工阶段；产业集群增长参差不齐，高速增长产业集群较少，部分产业集群已呈明显的停滞退化的特征（见表 8-5）。

---

① 石家庄市工信局 2007~2009 年民营年报。

第八章 石家庄产业选择

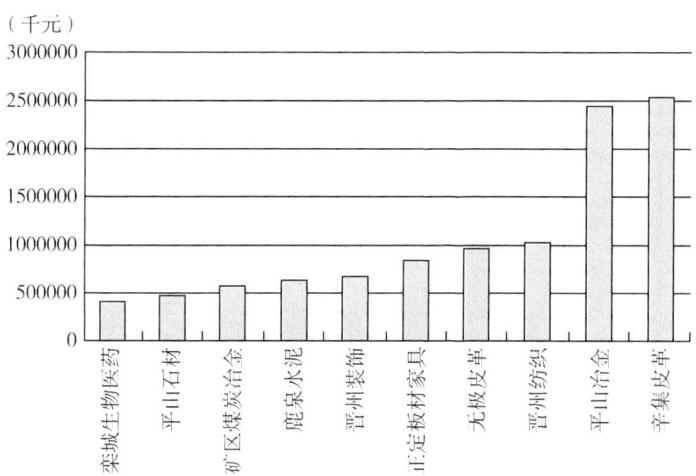

图8-21 石家庄郊县十大产业集群产值

资料来源：石家庄工信局2009年民营经济年报。

表8-4 产业集群同构现象

集群名称	2009年营业收入（万元）	2007~2009年增长率（%）
晋州纺织产业集群	1077047	33.62
栾城南高纺织产业集群	156700	18.00
高邑纺织产业集群	100991	15.11
藁城纺织服装产业集群	95000	6.66
赵县纺织产业集群	83826	18.37
灵寿石材产业集群	226294	-7.32
平山石材产业集群	533000	44.20
新乐石材雕刻产业集群	123500	24.43
无极皮革产业集群	1025148	28.52
辛集皮革产业集群	2575957	16.76
新乐板材产业集群	236000	3.31
正定板材家具产业集群	894667	7.49

资料来源：石家庄市工信局2007~2009年民营年报。

·221·

表 8-5 石家庄郊县产业集群增长情况

集群名称	2009年营业收入（万元）	2007~2009年增长率（%）
高速增长产业集群		
新乐电热毯产业集群	320000	115.14
平山石材产业集群	533000	44.20
稳定增长产业集群		
鹿泉水泥产业集群	700650	34.93
晋州纺织产业集群	1077047	33.62
矿区煤炭冶金产业集群	638813	33.13
无极皮革产业集群	1025148	28.52
新乐石材雕刻产业集群	123500	24.43
高邑建陶业产业集群	97576	20.86
赵县淀粉产业集群	405844	20.34
赵县纺织产业集群	83826	18.37
栾城南高纺织产业集群	156700	18.00
辛集皮革产业集群	2575957	16.76
晋州装饰建材产业集群	721885	15.13
高邑纺织产业集群	100991	15.11
成熟型产业集群		
井陉钙镁产业集群	148000	13.44
藁城屯头宫灯产业集群	210000	11.47
藁城粮食加工产业集群	100000	11.11
正定板材家具产业集群	894667	7.49
栾城生物医药产业集群	456000	7.00
藁城纺织服装产业集群	95000	6.66
停滞型产业集群		
新乐板材产业集群	236000	3.31
栾城镇鞋业产业集群	60385	3.00
栾城服装产业集群	61500	0.00
深泽耿庄日化产业集群	63600	-3.29
灵寿石材产业集群	226294	-7.32
平山冶金产业集群	2500000	-18.35
河北高营产业集群	168449	-34.99

资料来源：石家庄市工信局2007~2009年民营年报。

石家庄郊县制造业主要以民营经济为主要构成，2006~2008年主要产业集群平均年复合增长率达到16.25%，发展较为活跃，郊县的产业以资源型和劳动密集型产业为主，表现为层次低，与市区产业的联系弱，同构严重，缺乏整体层面的规划和引导。

局部地区部分产业具有特色，正定板材、高邑建筑陶瓷2007年被河北省评定为"河北省区域特色产业基地"，新乐市电热毯产业、辛集市皮革产业、赵县淀粉产业、高邑县建陶产业集群、灵寿县石材产业集群2008年在全国的市场份额都占到10%以上。郊县产业中大型领军企业较为缺乏，总体表现为企业数量多、规模小。如晋州市有127个化工企业，无极县有100个，井陉县有112个。郊县产业应该加强同类整合，以优势产业集群为并购主体，集中水泥、钢铁、煤炭、化工等产业布局，发展循环经济；集中医药、纺织、石材、板材等产业产能，以大企业为龙头进行产业链梳理和整合；重点发展食品加工业，与农业配套形成农产品种植、农产品加工、食品生产等完整产业链。

(九) 石家庄三产现状及特点

石家庄是全国铁路、公路、邮政、通信的重要枢纽。2005年，石家庄市各种运输工具年货运量8590万吨，年货物周转量139.4亿吨公里。拥有道路运输行业经营单位26710家，其中货物运输22689家，集装箱运输2家，危险品运输88家，大件运输3家。公路密度2公里/平方公里，2005年完成公路货运量5727万吨，货物周转量531336万吨公里，车辆总数为6万多辆，其中普通货车5.7万余辆，专用载货汽车为3116辆，集装箱车9辆，大件运输车2辆。

2008年全市交通、仓储、运输业的在统企业为611家，实现的增加值为260亿元，占全市GDP的比重为9.2%，较"十五"末期增加了2个百分点。在统企业从业人员为7万人，占全社会在统企业从业人员的8%。三环内的仓储面积保有量已达120万平方米，占全市仓储面积的80%。2008年全市物流业营业额为700亿元，其中：河北中储物流、顺邦物流年营业额均在100亿元左右，润丰物流、国大36524连锁、物产集团、棉麻公司、土产公司营业额为10亿元以上，钢铁、煤炭、商贸等产业物流的配送网络建设也具备了一定规模。

石家庄物流业存在缺乏综合协调机制，不能提供综合性、全方位的物流服务，第三方物流发展缓慢，现代物流服务功能不高，物流人才缺乏等问题。

目前石家庄制造业自营物流仍是主流，物流外包的比例多年来一直维持在

城市产业成长与治理结构变革

15%以内,而美国和日本的这一比例近70%,欧洲为76%。自营物流难以达到发达国家物流企业的专业化、柔性化运作的层次,由于大宗商品仍以自营物流为主,石家庄的物流企业没有有利的市场环境,提供第三方服务的能力也较弱。

石家庄物流业的信息化程度弱。尽管石家庄的通信、邮政业虽然有了很大的发展,物流的各个环节和电子商务已有了一些现成的软、硬件系统,但各个系统如何协调配合,实现企业、政府电子商务系统与内部集成化信息系统、伙伴间纵向信息的集成,形成开放式的集成化物流系统尚待进一步加强研究和管理。石家庄没有发达的信息产业基础,很难像南方沿海城市一样发展物联网,信息化能力的缺失大大降低了物流效率。

石家庄物流业起步晚、基础差、行业准入门槛低、物流整体发展水平不高,不可避免地会出现物流服务水平低下的现象;另外,由于从业人员素质低、服务意识差,服务质量差已成为整个行业的普遍现象,石家庄市没有专门的物流研究机构,在物流科学技术及理论研究上不深,受过专业训练的物流从业人员太少,难以满足现代物流业发展的需要。

石家庄没有建立完整的物流产业体系。现代物流产业作为一种复合产业,涉及从工农业、商业到运输、仓储、信息服务等各经营领域,各个行业的发展势必影响整个产业体系即物流业体系和发展。但就目前来看,石家庄市运输、仓储、城市配送、信息服务等诸多方面的物流服务领域建设非常薄弱,物流企业服务内容仅停留在仓储、运输、搬运上,整体经营方式、管理水平和技术装备落后,很少有物流企业能够提供综合性、全方位的物流服务,第三方物流发展缓慢,现代物流服务功能不高。

商贸流通业规模大。2007年石家庄社会消费品零售总额上升为821.1亿元,共有大型商品市场726个,成交额1374亿元,其中南三条小商品市场和新华集贸中心年成交额分别达到了336亿元和330亿元。各类民营、私营企业52963家,从业人员66.14万人,个体工商户18.5万户,从业人员37万余人。

网点覆盖广。2007年石家庄商业网点达到18万多个,从业人员约75万人,石家庄一级商业中心实现了上规模、上档次,二级商业中心和社区商业设施建设明显加快。

商贸流通业态全。1995年后,石家庄引进和建立了一大批百货店、专卖店、仓储店、特许加盟店、连锁店、便利店、尾货折扣店、大型超市、大卖场、购物中心、商品摩尔、批发市场、商业街、电子购物、影视购物等新型商业业态。国际大厦、北国商城、东方城市购物广场、燕春花园酒店、世贸广场、世纪大饭店等一批高规格、大规模的新型商业设施投入运营。

商贸流通业存在着与工业比例不协调，发展滞后；商贸流通业结构失调，缺少品牌企业，石家庄商业企业数量众多，规模偏小，竞争激烈；政府服务不到位；企业包袱重、融资难；经营成本增加；企业竞争不规范等问题。

石家庄的金融服务业发展相对滞后，全市共有省级以上银行分支机构20余家，金融业集中在市区中心自强路，除银行外还有少量证券、保险机构，风险投资基金、创投机构等缺乏。

石家庄有发展旅游业良好的基础，拥有国家历史文化名城1处（正定），国家级风景名胜区3处（苍岩山、嶂石岩、西柏坡），国家AAAA级景区8处（苍岩山、隆兴寺、抱犊寨、天桂山、天山海世界、西柏坡、驼梁山、五岳寨），国家AAA级景区4处（赵州桥、东方巨龟苑、荣国府、水上公园），国家AA级景区4处（清凉山、龙凤湖、赵云庙、仙台山），国家级森林公园1处（五岳寨），国家地质公园1处（嶂石岩），全国农业旅游示范点1处（东方巨龟苑）。培育形成了"一庄、一坡、一桥、一佛"四个全国第一的概念性旅游品牌，"红色旅游、绿色旅游、古文化旅游、新都市旅游"四大系列旅游特色产品，"红色成功之旅"等六条特色精品线路，"正定千年古韵历史文化旅游节"等五大旅游节庆活动。

旅游业存在与周边差异化不明显，定位不清，游客数量不少但营业收入低，周边配套差，缺乏整体规划和景点梳理，企业参与程度低等问题。

（十）石家庄农业现状及特点

石家庄农业资源丰富，现有耕地59万公顷，主要农作物有优质玉米、小麦、棉花、梨、枣、核桃等，品种多、种植面积大，是河北省粮、棉主产区，被国家确定为优质小麦生产基地，有"北方粮仓"之称。现已发展成为中国北方绿色农业基地之一。全市林业发展迅速，拥有林地面积506万亩，其中生态防护林237万亩，果品经济林249万亩，速生丰产用材林20万亩，森林覆盖率达到21.8%，林业产业总值达到46亿元，目前尚有宜林荒山、荒滩300万亩。西部山区山场资源广阔，适宜发展生态林和干果经济林，滹沱河、沙河等五条河流故道，沙地资源丰富，适宜发展防风固沙林、速生丰产用材林和经济林。

石家庄农业基本达到"一县一品"，随地形和水土环境而变，品种多、规模大。全市已形成多个农产品交易市场，如藁城的禽蛋市场、行唐的红枣市场、新乐承安的花生米市场、高邑的蔬菜批发市场、深泽的农副产品批发市场、晋州的果品和蔬菜批发市场。石家庄已成为周边地区农产品交易中心。

四、石家庄产业与周边城市协作关系

石家庄周边环绕着四座城市，分别为保定、衡水、阳泉和邢台。其中保定以天威集团、长城汽车为代表的装备制造业在省内占有领先优势，而石家庄在内燃机零部件、轴承等方面可以和保定形成配套；衡水的金属丝网和橡胶化工产业有比较优势，而石家庄的钢铁冶炼可以与之形成上下游配套；山西阳泉的煤炭能源产业有比较优势，煤炭资源和石家庄的煤化工、钢铁冶炼以及电力等企业形成上下游配套；邢台的煤炭能源和电力产业有比较优势，与石家庄的电力和钢铁等产业同样形成呼应。

石家庄除了和周边形成产业链联系的优势产业如化工、钢铁、电力、石油等外，还形成了一些自己特色的产业集群，如生物医药产业集群、皮革产业集群、纺织产业集群、食品制造产业集群等。而皮革、生物医药和食品制造是区位商最高、最具有比较优势的产业。但这些产业难以像重化工业和装备制造业一样迅速形成巨大的规模，而石家庄的重化工业，如化工、钢铁、电力、石油等区位商不是特别突出，因此石家庄经济总量排名下降从中可能找到部分原因。

石家庄是燕晋咽喉，是晋煤外运的主要通道，是山西联系京津的中枢。山西要打通与京津的经济联系必然要利用石家庄地理优势，石家庄要接轨京津也需要山西的产业输入。山西的煤炭产业、装备制造业、旅游业等产业必然与石家庄的煤化工、装备制造业以及旅游业形成产业上的相互关联和紧密联系。

五、石家庄产业发展存在的问题

石家庄的产业发展存在的核心问题是结构失衡，具体体现在一产富集、三产不足、轻重失调、粗精不平、内需有余、外向不足、传统有余、创新不足以及城乡二元、产业分离等。

（一）一产过高、三产过低

石家庄三次产业结构中一产比例高达11%（2008年），超过全国省会城市平均水平近6个百分点，第一产业的绝对规模在全国省会城市仅次于哈尔滨，反映了石家庄在农业领域的优势，同时也反映出石家庄未能将农业与工业较好结合起来，农林产品的工业化程度不高。

石家庄的三次产业结构同时反映出三产比例过低，不到40%，低于省会城市平均水平近 10 个百分点，反映出石家庄市场发育欠缺，城市居民的消费、投资不活跃，金融业不发达，现代服务业发展整体滞后于省会城市发展的需求，必将导致第一和第二产业发展受到很大的限制。

（二）轻重失调、粗精不平

石家庄以重化工业为主，工业中化工、冶金、机械、建材等产业比重在 57% 以上，而食品、纺织等轻工业比重过低，轻工业不发达使得市场中石家庄的消费品过少，影响石家庄城市品牌的塑造，同时使得石家庄未来向都市工业发展过程中面临较大挑战，大量重工业企业需要进行转移。

石家庄的轻重工业从纺织到化工，从食品到冶金，基本停留在粗加工阶段，为其他地区提供半成品和原料，无法分享产业链中高利润环节，限制了石家庄工业的积累和发展。

（三）内需有余、外向不足

石家庄工业除化学原料药以外需为主外，基本上面向国内市场，较多工业品销往珠三角和长三角，为这些地区的出口产品提供原辅材料。农林产品也经周边天津等城市营销包装后走向市场。经济外向程度不足，使得石家庄与外部市场隔离，游离于全球主流市场之外，无法及时跟踪全球的商业资讯和产业发展动态，企业的经营管理和战略调整难以跟上世界的最新趋势和潮流。

（四）传统有余、创新不足

石家庄产业以原材料加工居多，外在形象"傻大粗笨"，电子信息、高端装备等新兴产业比例偏低，石家庄工业产业面临的共性问题是装备落后和信息化程度不高，类似动漫这样的创意产业在石家庄凤毛麟角，高科技开发区中还是以传统制造业为主，创新科技力量不足。

（五）城乡二元、产业分离

石家庄城乡之间严重分离，城市对乡村的辐射弱，乡村对城市贡献少。城市的优势产业医药、纺织等与县域产业缺乏有机联系，城市游离于所处区域，没有形成珠三角、长三角城乡之间良性竞争，城乡连片发展的局面。

（六）自我封闭、缺乏协作

石家庄的独特优势是地理位置的优势，是交通要道的优势，是东临齐鲁、西通三晋、南连豫鄂、北靠京津,贯通中国中南部与京津联系的中枢节点,应该发挥联系南北、协调多元经济的作用。但石家庄恰恰缺乏经济协作意识,与周边省市没有建立经济协作机构,除晋煤外运通道带来的被动式的产业关联外,没有形成主动式的产业承接和协作,没有发挥南北大通道门户的协调功能。

六、石家庄改变现状的两条路径——结构调整、外部承接

鉴于石家庄产业发展中存在的结构失衡的核心问题,参考国际上城市发展的一般规律和国内城市发展的先进经验,我们认为石家庄改变产业现状的途径有两条:第一条是结构调整。依托农业规模大、优势突出的特点,大力发展农产品深加工和食品业,改变轻重结构失衡的局面;大力发展城乡共有的劳动密集型产业,加强城乡联系,建立连片产业带,改变城乡二元的现象;限制现有的资源采掘和粗加工产业规模,引导发展深加工和高科技产业,改变现有的粗精不平的现状;发挥石家庄高校和科研院所的优势,积极推进产学研结合,鼓励和扶持创新创业,改变创新不足的局面。第二条是外部承接。石家庄应积极承接京津、长三角、珠三角、日韩、欧美等地区的产业转移,加大招商力度,吸引各产业的全球龙头企业进驻,直接参与全球产业链分工,改变现有产业外向程度不足的局面;石家庄应广泛吸纳各方资本,鼓励境内外风险投资公司、产业投资基金参与投资石家庄各类企业,发展金融产业和资本市场,改变现在三产不足的现状。

第二节 石家庄商业文化与制度环境

一、古代石家庄多元文化与商贾传统

石家庄是一个商业集散地,也是一个不断由移民加入而发展的地区。早在公元前两千多年前,商民族部落首领王亥贸易于有易氏,就以此作为商品贸易周转地。汉唐时期,这里土地肥沃、水网密布,交通发达,物产丰富。不仅是商品漕运的中转地和集散地,而且是桑麻纺织品和铁器的重要产地。丝纺织技术水平居于全国前列。《汉书·地理志》记载,常山郡都乡县(今平山县境内)有铁官,蒲吾县有铁山。冶铁业发达。西汉曾在平山县境内的滹沱河开

凿太白渠入漳水，沟通两条河流之间的水运。东汉永平十年（公元67年），修筑常山郡滹沱河的蒲吾渠，通漕船。当今的石津渠就是在汉代古渠道基础上修筑的。发达的水运为商品流通提供了便利。从南北朝到唐代的恒州（今正定）、赵州以及北面毗邻的定州，是中国最重要的丝纺织品产地和南北贸易集散地。中原王朝与北方少数民族，通过丝绸之路与西亚地区的贸易，有很多商品经过这里。尤其是一系列特种工艺丝纺织品，盛产于河北中部。北齐著名文学家颜之推在《颜氏家训》中说："北方农妇，织纴之事、锦绣之功，大优于江东也。"唐代《元和郡县图志》记载：恒州上贡朝廷的孔雀罗、瓜子罗、春罗，都是当时水平很高的特种丝织品。《通典·赋税》记载，唐朝全国每年常贡的丝纺织品总共3419匹，仅定州一州就贡1575匹，占全国的46%，恒州、赵州也是纳贡丝纺织品的主要州郡。在唐代敦煌莫高窟61窟名为《五台山图》的壁画中，就有镇州（今正定）城市景观和贸易场景图。

北宋的真定（今正定），是河北西路的首府，相当于现在的省会。这里不仅是宋辽边防物资的重要转运地，也是宋辽边境茶马贸易的重要集散地。北宋王朝曾在真定设河北西路都转运司。欧阳修、沈括等历史名人，曾经出任河北西路都转运使等职，管理河北地区的贸易和宋辽边境的茶马贸易。

明清时期，这里成为棉、铁等商品贸易集散地。获鹿被称为晋冀贸易的"旱码头"，是太行山以西各省与华北平原进行棉花、布匹、铁器贸易的重要集散地。明成祖建都北京，从江浙向真定、北京周围迁徙了一批名商大贾，繁荣河北的商业贸易，同时为弥补人口不足，先后六次从"地少人众"的山西向真定一带迁民；同时，从南京、陕西向真定征调军队，发展卫所军屯。诸如石家庄市的南高营、北高营、留营、北高基、东营、西营、赵县的杨扈、柏舍屯等村落，都是当时真定卫和神武右卫的军屯住所。

而随着正太铁路和京汉铁路的交会，一代又一代外来移民，加入到这座城市的建设和发展中，引发了石家庄这座现代城市的肇兴。土著文化在与一代又一代移民进行融合，文化开始多元化。也正是多元文化的交融，使这座城市形成了宽容、和谐、包容、开放的民风，绝少排斥外来商品和外来人口。五湖四海团结一家，包容天下，货贾四方。

二、现代石家庄缺乏商业品牌和地方特色

随着石家庄20世纪60年代以后被确定为河北省会，城市建设日新月异，居住人口逐步沉淀稳定下来，石家庄虽然由于自身所处的地理位置和历史形成

的南北商品集散地作用，商业仍然较为发达，但整体创新竞争的氛围，商品交易的活跃程度已远远落后于周边如郑州这样的城市，在中国主要商业城市，由于各地经商氛围不同和商业文化的差异，形成有区域特色的经商人群。如浙商、鲁商、粤商、闽商等，但石家庄没有形成地域的商业特点，没有在全国叫得响的商业领军企业和人物。石家庄的商业文化的断裂，与河北地区整体人文特点有关系，更与石家庄的制度环境密不可分。

（一）现代石家庄人轻商畏险、创业热情淡漠

张立波、杨英法（2009）将河北人总结为：虽然有踏实、勤奋、真诚、仗义、慷慨、安分等优点，但商业意识不强，不善经商。主要表现为：鄙商轻商，害怕市场，畏惧竞争，躲避风险，排斥时尚，鄙视冒尖，为面子而忘记利[①]。我们在石家庄及周边城市的调研中也感受到这一特点，石家庄外来经商者较多，本地人外出打工较少，民营企业较少、规模偏小，且基本集中在郊县。根据石家庄本地媒体报道，不少石家庄本地人尽管地处湾里庙、南三条等商业繁华地带，但只愿做地主坐收房租之利，也不愿做生意，一者没有经商的意识，二者受不了经商那个苦，因而也就永远富不起来。

（二）政府行政配置资源、国有经济比重过大

石家庄形成比较优势的医药、食品、机械、化工、纺织五大行业、六条产品链和六大产品群基本都是以国有企业为主导，十大企业集团除河北敬业集团为民营企业外全部都是国有企业。根据统计，2007年石家庄国有企业资产总额占到全部工业企业资产总额的69%，而民营和外资企业只占到31%，而同期全国国有企业资产占工业总资产的比重为57%，民营及外资企业为43%；2007年石家庄国有企业产值占工业总产值比重为48%，民营及外资企业为52%，而同期全国国有企业产值占工业总产值的比重为45%，民营及外资企业为55%。

民营经济散布在郊县和乡镇，辛集的皮革业、赵县的淀粉业、正定的板材家具、行唐的奶牛养殖、灵寿食用菌等还停留在农户合作、低层次加工的产业层次。民营经济缺乏政府层面的统一引导，民营经济是郊县经济的主要部分，但对全市的影响不大，市政府对民营经济的规划、引导动力不足，而各县出于区域经济的考虑必然导致产业的低水平重复、资源的低效使用以及环境污染等问题。

---

① 张立波，杨英法. 河北商业文化的建设构想［J］. 中国商贸，2009（9）.

第八章 石家庄产业选择

(三) 市场化程度不够

人们常用生产要素的市场化指数以及私人投资比例来反映一地区市场化程度,我们根据统计年鉴的数据进行计算发现石家庄的生产要素的市场化指数略高于全国同期平均水平,但私人投资比例长期低于全国平均水平,2000年以后才逐步接近。

生产要素的市场化指数("生产要素市场化指数"用投资的市场化代表,它是全社会固定资产投资中"利用外资、自筹投资、其他投资"3项指标的比重,因为这3项投资的规模基本是由市场决定、投资者自主决策的,其比重大小大致可以反映投资领域的市场化程度)① 石家庄市场化程度指标如表8-6所示。

表8-6 石家庄的市场化程度指标

年份	2000	2005	2006	2007
生产要素的市场化指数	0.79	0.85	0.90	0.90
私人投资比例	0.17	0.17	0.28	0.30

资料来源:根据石家庄1996~2008年统计年鉴数据计算。

全国市场化程度指标如表8-7所示。

表8-7 全国的市场化程度指标

年份	1995	2000	2005	2007	2008
私人投资比例	0.291304	0.147307	0.168373	0.262009	0.269895
生产要素的市场化指数	0.765173	0.733112	0.783560	0.808351	0.811942

资料来源:根据国家1996~2008年统计年鉴数据计算。

(四) 石家庄商务成本偏高

石家庄存在土地劳动力等价格不高,但行政审批时间长,诚信环境较为缺乏等弊病。根据2008年出台的《石家庄市固定资产投资项目联合审批试行办法》,"对纳入联合审批的投资项目分立项可研(核准、备案)、规划、建设三个

---

① 曾学文,施发启,赵少钦,董晓宇.中国市场化指数的测度与评价:1978~2008 [J].中国延安干部学院学报,2010 (7).

阶段实施联合审批，要在 60 个工作日内完成全部审批、行政许可事项"。上海的投资审批时间是 30 个工作日，苏州投资审批时间是 7 个工作日。在调研过程中我们听说多起地方官员与企业中的当地人员相互勾结侵害外来投资者利益的事件。

三、石家庄如何培育商业文化

石家庄市是国务院确定的华北商埠和重要的物流中心，也是具有深厚商业文化底蕴和独特人文精神的地区。政府应鼓励民营经济发展，吸引外资、民间资本到石家庄来实施企业并购，激活石家庄的产权市场；政府可以考虑设立创业支助基金鼓励石家庄人创业发展，在市区设立创业发展基地，吸引高校、科研院所以及厂矿企业人员创业投资，改变民风；政府还可以改善工作效率，提高行政执法的公信度，营造石家庄诚信自由的经商氛围。

第三节 石家庄产业结构调整

石家庄距离北京 300 公里，距离天津 250 公里，处于京津一小时经济圈范围内，北京在未来要成为世界级大都市，石家庄将成为北京大都会圈的一部分。考察全世界国际化大都会的发展过程可以看到，现代意义上的国际大都会需要较大的空间，在国际大都会的发展过程中，空间范围要突破行政区的界限。纽约、洛杉矶、伦敦和东京是世界公认的国际大都会，都突破了原有的行政区划范围。纽约大都市跨纽约州、康州、新泽西州，有 26 个县。纽约港横跨两州，港务局称纽约新泽西港务局。大洛杉矶地区包括洛杉矶县（Los Angeles County）、橙县（Orange County）、河滨县（Riverside County）、圣伯纳丁县（San Bernardino County）、文图拉县（Ventura County）等地区，一共有超过 100 个大小城镇。伦敦大都会由伦敦市与 32 个自治市镇共同组成。东京大都会包括东京都和周围 7 个县①。在空间面积上，美国"纽约大都会区"面积 32400 余平方公里，美国"大洛杉矶区"的面积为 29254 平方公里，京津冀国土面积 21.8 万平方公里，在京津为中心的 200 公里范围内拥有北京、天津与河北省的承德、张家口、保定、唐山、廊坊、沧州、秦皇岛、石家庄 10 个城市，有足够的空间承载一个大都会区的发展。

---

① 张强. 全球五大都市圈的特点、做法及经验 [J]. 城市观察，2009（2）.

未来的北京大都会区的发展将体现以北京为中心，各类生产要素资源高度聚集，经济活动、社会生活梯次性排开，形成以北京为现代服务业中心、天津为综合制造中心，其他城市按照要素禀赋资源和与京津的生产联合、技术协作、科学文化知识交流、物质交换、信息传递、财政金融流动等不同条件形成不同特点的生产力布局，最终形成专业分工明确、经济协同发展、社会生活多层次展开的区域经济综合体。

石家庄的产业从现状看存在与京津联系不紧密，要素资源单向流动，产业结构失衡等问题，从未来看石家庄正好处于北京大都市区的边缘，必然将和都市区内各城市形成生产要素自由流动、技术充分协作、信息自由交换的现象，大都市区向外的扩散将通过处于边缘区的核心城市向外传递，外围的要素资源将通过大都会区的边缘核心城市向内集聚，石家庄的产业就应该具有扩散大都市经济活力和集聚外围要素资源的双重特点，因此产业结构的调整就应该呈现近期现状不平衡，远期适应都会区布局要求的特点。

一、东京现代制造业发展的启示

东京最大的制造业集中沿着东京湾海岸。从东京延伸到横滨，京滨工业区是日本最大的工业园区。这个地区生产的货值占全国制造业产品的1/5。制造业人员大概占东京总劳动力的20%[①]。这里的制造业严重依赖于进口原料，并包括钢铁厂和造船厂、炼油厂、石油化工制造商，以及各种组装厂。有许多不同的产品，其中包括钢铁、化工、机械、木材、纺织品、数码相机及光学用品，电子设备，食品和其他消费品种类繁多。在东京的中心附近也有相当多的制造企业，在城市中心的制造业企业规模大多比较小。东京中心制造业超过40%的工人受雇于只有2~3人的工厂，另外还有近35%的工厂只有4~9名工人。在东京最大一类的制造业是印刷和出版。

20世纪五六十年代，钢铁业和化工业退出了东京的主导产业，从70年代开始，出版印刷、电气机械、运输机械、食品、一般机械处于东京的工业行业分布主导地位，从90年代开始，出版印刷业和电气机械业的总销售额占据东京制造业超过一半的份额。出版印刷业一直是前两位，而且比重不断加大，电气机械、运输机械的比重也在加大，而一般机械的比重在减少。东京的工业发展经历了初级工业化、重工业化、深加工化和知识技术密集化的过程。

---

① 张强. 全球五大都市圈的特点、做法及经验[J]. 城市观察, 2009 (2).

从东京制造业发展来看我们可以得到以下启示：

（1）都市型工业在大都市发展过程中发挥着重要的作用，都市型工业是指能够广泛吸收就业、为满足现代城市功能服务的都市工业型中小企业。一般具有劳动密集，花色品种变化快，耗水少、污染低、占地少的特点，如食品工业、服装服饰业、包装及印刷业等。从东京制造业结构的演化来看，都市型工业在整个过程中都发挥着重要的作用。

（2）东京地区土地成本、劳动力成本继续爬高，严重削弱其传统制造业的竞争优势。促使东京发展具有高附加值的知识技术密集型的高新技术产业，从以生产重、厚、长、大的重型化的产品为主向以高效、智能化的知识和信息服务活动为主的经济结构过渡。将传统制造业在新一轮国际分工进一步向生产成本较低的其他地区转移，甚至向邻近国家或地区转移。

二、匹兹堡的产业结构调整

匹兹堡位于两条大河交汇之处，区位条件好，因当地煤铁资源之利，美国内战期间钢铁工业与机械工业得以兴旺。1870 年钢铁产量占美国的 40%，被称为钢都。发达的钢铁工业造就强大的工会力量，美国全国性工会组织劳联—产联的总部就在匹兹堡。第二次世界大战以后，匹兹堡钢铁业与制造业就业人数开始减少，但这并没有促使匹兹堡实现产业多元化。20 世纪 80 年代开始，匹兹堡的钢铁业与机械工业失去了竞争力，失业率一度超过 15%[①]。经过 20 多年的痛苦转型，匹兹堡不但解决了钢铁业与制造业带来的环境问题，成为美国适宜居住的城市之一，而且已经成为服务业与计算机软件导向的城市，医药业、银行业、法律服务业、会计业、保险业、广告业发展迅速。这在很大程度上归功于当地的大学，匹兹堡大学培养了大量现代服务业人才，而卡耐基—梅隆大学培育了匹兹堡的计算机软件业。匹兹堡的服务业与计算机软件业基本都是新兴的，主要是由外地迁移过来的或由外地人创建的。已经废弃多时的钢铁厂也被夷平兴建了综合娱乐购物中心。

三、多特蒙德产业结构调整

多特蒙德市是鲁尔工业区最重要城市之一，以采煤业为基础，逐步发展钢

---

① 陈兵建，徐长玉. 资源型城市培育新经济增长点的国际经验及启示 [J]. 重庆社会科学，2011 (9).

铁、机械、电力等产业，1985年有约58万人口，为原西德第八大城市。多特蒙德煤矿地质条件本不优越，开采一个半世纪以来，矿井深度不断加深。20世纪60年代开始，虽然采取改进措施与煤矿现代化，鲁尔煤炭产业成本居高不下，不具竞争力。尽管德国政府对煤炭企业给予巨额补贴，多特蒙德最后一个煤矿还是在1987年关闭。尽管政府给予鲁尔钢铁工业大量补贴进行技术改造，但面对新兴国家还是失去竞争力，多特蒙德是第一个受到钢铁危机打击的鲁尔区城市。从1974年到1985年，鲁尔区钢铁工业就业人数下降了38%，1987年失业率高达17%[①]。由于煤炭危机与钢铁危机，其他依赖于这些行业的制造业企业也受到严重影响。虽然多特蒙德的大型煤炭、钢铁企业实施了多元化发展战略，但往往都投资于鲁尔工业区之外。

德国地方政府对当地经济规划起很大的作用。20世纪80年代初 Hoesch 公司关闭钢铁厂的决定，才促使多特蒙德政府形成一项新的地方经济发展政策，主要包括：其一，创新导向地方经济政策。吸引公共研发机构、高科技企业落户，建立促进区域技术与创新转移转化的机构，促进技术导向新企业创立，帮助当地企业实施技术创新。其二，促进就业政策。城市经济发展局帮助制造业创业企业找到合适的管理咨询顾问，提供免费的管理咨询服务；运用来自欧洲区域与社会基金及自有资金为就业提供资助；帮助小企业和创业者获得闲置或废弃的厂房。其三，工业用地再生政策。通过鲁尔房地产基金收购闲置的原工业用地，以比较合理的低价格出售给新企业，同时对城市基础设施进行改造。其四，重整当地钢铁工业政策。压缩产能，调整产品结构，增加产品的多元化，对钢铁企业进行现代化改造。

这些政策已经见到效果：钢铁工业通过技术更新已经恢复竞争力，但在城市中重要性在下降；依托大学与科研机构，当地技术导向的新企业，特别是环境技术、电子数据处理与软件开发企业有大发展；第三产业迅速发展，创造了许多就业机会，经济进一步多元化。随着煤钢联合体企业的萎缩与其在鲁尔区外部寻求发展、众多新兴企业的成长，多特蒙德原有的围绕煤钢联合体企业为中心形成的关系紧密的企业网络已被打破。

四、石家庄产业结构调整路径分析

从多特蒙德案例我们得出石家庄的规模领先产业石化、电力、钢铁等不具

---

① 钱勇. 国外资源型城市产业转型的实践、理论与启示［J］. 财经问题研究，2005（12）.

有发展潜力，这些产业在河北省就缺乏比较优势，由于身处河北资源产业大省，很容易建立长期稳定的供应商与客户关系。企业与主要客户共同开发新产品，产品的技术与功能从而被锁定。其次，供应商通常与核心企业中层管理人员有良好的工作关系，这在很大程度上削弱了供应商的市场营销能力。

多特蒙德密切的企业关系制约了区内企业对创新机会的察觉能力，使企业不去从其他渠道获取信息。这限制了多特蒙德联合体内机械制造企业的技术突破及其向有前途市场的转移。面对新技术提供的发展机会时，鲁尔区内企业仍一味寻求通过老技术的改进与提高而固守原有位置，这样只能被牢牢地锁定在现存的技术轨道内，发生了"帆船效应"。石家庄规模领先企业同样存在这样的问题，很多企业的装备落后，技术陈旧，由于暂时还能获得一定的利润阻碍了企业的技术创新和科技投入。石家庄可以学习多特蒙德的经验，首先对规模领先产业进行现代化改造，约束产能，加大创业研发，提升产业层次；其次制定创新引导政策，鼓励研发机构、高科技企业进驻，奖励高科技成果转化，形成创新创业氛围，实现产业结构不断朝新兴产业方向的转移；最后还要大力发展现代服务业，通过现代服务业支持创业企业发展，支持创新研发，形成以现代服务业与创新产业交互推动，重化工产业升级、创新产业规模扩大、第三产业快速发展的局面。

东京产业结构调整过程反映了结构的调整是一个渐进的过程，石家庄现在处于原材料加工阶段，应提高产业层次向深加工方向发展，再逐步向知识密集型产业发展。石家庄身处京津冀都市圈，未来北京大都市区的崛起将带来生产要素的双向流动，石家庄作为未来都市区的门户型城市，将承担扩散都市区经济活力和集聚周边要素资源的双重作用，因此产业将体现知识密集、劳动力密集和扩散性强的特点，石家庄将形成以后端服务型制造为特点的都市型工业，在都市型工业中食品业是重要部分，而石家庄的食品业本身比较优势明显，有非常好的基础，因此加大对食品业的投资，积极开展技术创新和装备升级，从农产品初级加工向深加工方向发展是适宜选择的方向。

从匹兹堡的案例我们发现城市的产业结构调整依赖于知识和人才，石家庄虽然顶级高校缺乏，但大专院校数量不少，合理发挥高校的优势，推动官产学研结合，通过优惠政策吸引一流院校来石家庄办分校或研究机构，通过知识积累和人才培养，推动产业升级和结构调整。

第八章 石家庄产业选择

第四节 石家庄承接产业转移

一、产业转移的理论依据

产业转移有撤退性产业转移和扩张性产业转移,一般人们谈论较多的是撤退性产业转移,实际上扩张性转移理论依据也较多。

撤退性产业转移理论包括弗农的产品循环说、小岛清的雁形模式以及梯度转移理论,小岛清根据日本对外直接投资的实践,在比较优势原理的基础上提出了"边际产业转移扩张理论"[①],该理论认为"对外直接投资应从本国(投资国)已经处于或即将陷于比较劣势的产业,可以称为边际产业(这也是对方国家具有显在潜在比较优势的产业)依次进行",通过产业的空间移动,以回避产业劣势或者说扩张边际产业,显现其潜在的比较优势。梯度转移理论认为,区域经济的盛衰主要决定于区域产业结构的优势,后者又取决于区域主导部门在生命周期中所处的阶段。如果主导部门处于创新和发展阶段前期,则该区域为高梯度地区。高梯度地区是产业创新活动集中的区域,随着时间的流逝和主导部门生命周期阶段的变化,区域主导部门趋于衰退并逐步由高梯度地区向低梯度地区转移。

扩张性转移的理论则包括刘易斯成本上升理论、普雷维什移入需求论、邓宁国际生产折衷论、小规模技术优势理论、全球价值链理论等,这些理论说明产业转移的发生不一定发生在企业衰退阶段,企业是希望通过市场重组和集成的方式对产业链中不同价值环节进行最优利用而调整其在全球各地的产能分配,从而造成产业的转出和置入。因此一些高端的研发制造环节也有可能从发达国家或地区转出,而进入研发和生产要素较为密集的一些不发达地区。

二、国际产业转移历史及趋势

第二次世界大战以来,国际产业转移在全球范围内完成了三次大的浪潮。

---

① 彭红斌. 小岛清的"边际产业扩张论"及其启示 [J]. 北京理工大学学报(社会科学版), 2001 (3).

城市产业成长与治理结构变革

第一次是20世纪50~60年代，产业转移的路径是从美国向日本和联邦德国转移。随着第三次科技革命的爆发，美国对其国内的产业结构进行了重大调整，将钢铁、纺织等传统产业转移到日本和联邦德国。

第二次是20世纪70~80年代，持续大约20年，日本成为主要转出国，而东亚"四小龙"是主要承接地。70年代初，转移的产业主要是劳动密集型的纺织业等轻纺产业；第二次石油危机之后，转移的产业主要是资本密集型的钢铁、化工和造船等产业；1985年"广场协议"之后，转移的产业扩展到包括汽车、电子等在内的已经实现了技术标准化的资本密集型和部分技术密集型产业。

第三次国际产业转移从20世纪90年代开始，产业从美国、日本、亚洲"四小龙"转出，主要向中国内地和东盟四国等区域转移。2008年金融危机后产业转移呈现整体迁移和高度集聚等特点。

三、国内产业转移现状

沿海产业梯度转移已呈现省内、省外"双转移"态势。如珠三角地区产业既向珠三角东西两翼、粤北山区转移，又向中西部地区转移；长三角地区产业既向江苏北部地区转移，又向中西部地区转移。

产业转移以加工制造业为主，尤其是传统劳动密集型加工工业。珠三角地区纺织、服装、食品、玩具、皮革、制鞋等产业转移最为迫切，电子信息、家电等也在开始寻求新出路。从全国看，纺织服装业、农产品加工、化工、家电制造、汽车零部件产业等是转移的主要产业。

龙头企业带领的产业链迁移的迹象越来越明显。惠普选择重庆西永微电子产业园作为其在西部的笔记本电脑出口制造基地及其亚太结算中心，其代工企业富士康马上跟进，在重庆也建立自己的生产基地，形成超2000亿元的庞大产业链集群，随后微软、IBM、NTT、中国台湾茂德、北大方正等国内外知名企业也相继入驻。

产业转移要求承接地应具有劳动力、土地、水等要素禀赋的优势，要有相对完善的市场环境，比较完备的产业配套。中西部地区承接产业转移存在经济基础薄弱、配套不足、引导不力等因素，也制约着珠三角产业向中西部地区转移，珠三角产业有向东南亚转移的趋势。中西部有产业特色和配套产业基础的地区最吸引东部企业前往转移。

（一）北京产业转移

北京随着其城市定位的变化，不断向周边进行产业转移，1993年《北京城市总体规划》提出：北京是全国的政治中心和文化中心，是世界著名的古都和现代国际城市。规划要求中心城区实施"退二进三"（二产外迁，三产进入），实现空间资源的优化配置。2004年北京完成了新版总体规划，该版规划的主题是科学发展，延续了1993年版的定位，但补充了四个城市发展目标：国家首都、国际城市、文化名城、宜居城市。在维护生态环境的前提下，发展生态友好型产业，发展金融、文化创意、旅游、物流等现代高端服务业，一些高耗能、高污染、环境非友好型制造企业被陆续转出。

"十五"期间，北京首都钢铁公司炼钢厂、北京焦化厂、第一机床厂铸造车间等一些大型企业，或整体或将部分生产环节迁移到河北省环京津的周边地区。

从2002年北京提出发展"绿色奥运、人文奥运、科技奥运"口号以来，包括首钢在内有近500家企业从首都转移到河北各市。

随着北京现代服务业的快速发展，必然将形成对土地、劳动力、资本等生产要素的争夺，传统重化工业钢铁、石化、炼焦等将加速向周边迁移。

在重化工业加速转移的同时，一些高科技企业由于商务成本等因素也在陆续转出，如IBM、三星、摩托罗拉等电子通信类企业将研发总部放在北京，纷纷将制造工厂转入天津、南京、深圳等其他地区，形成北京研发+外地制造的格局。

（二）天津产业转移

天津在电子信息、石化产业、汽车、石油专用管材、生物医药等产业有较强比较优势，化工、纺织等产业有梯次转移的要求。

天津与河北合作在沧州渤海新区改造现有老盐田，建立现代化的盐业化工基地和五金制造、塑料模具基地；天津滨海新区及宁河县与唐山曹妃甸新区在冶金、石化、海洋化工等产业开展协作。

天津市与河北省达成要在电子信息、汽车制造、化工、能源、建材等产业上的实现全面合作，实现产业链相互延伸和对接。

四、石家庄承接京津产业转移

石家庄虽然在原材料加工业方面有一定规模，但并不具有比较优势。

石家庄在食品业领域有较强的比较优势，京津的食品产业有绝对优势，石家庄农产品丰富，具备形成食品上下游产业链的条件。

石家庄在纺织业有比较优势，京津的纺织业有升级和转移的需求，石家庄靠近棉产区，可以和京津形成大产业集群。

石家庄装备制造业有一定基础，京津装备制造业有相对比较优势，京津冀的装备制造业产业链不完整，石家庄有承接零部件加工、专用设备等产业环节空间。

石家庄电子信息业依托国家级研究机构，起点较高；京津电子信息产业已形成产业链的相互衔接的关系，研发向北京集中，而制造向天津集中；随着天津制造业升级和商务成本的上升，相关制造环节必然向河北各市转移，石家庄有承接的机会和优势。

五、石家庄承接长三角产业转移

长三角装备制造业产业链最为完整，各城市间产业同构程度很高，根据研究长三角同构化程度最高的是化学原料及化学制品、电气机械及器材、纺织业、纺织服装、通用设备制造、专用设备制造、医药制造等产业，这其中涉及多个装备制造行业。

装备制造业对物流有较高要求，需要在全国均匀布局；河北的装备制造业相对薄弱，以吉利汽车为代表的车企并购、产能升级将引发全国各大车企新一轮的布点扩张风潮。石家庄作为北方交通物流枢纽，华北平原中心城市具有承接装备制造业的优势和条件。

长三角纺织产业同样同构化问题严重，上海等中心城市已逐步限制纺织业的生产，这些城市的纺织业装备水平和生产效率优于石家庄及周边地区，石家庄可利用自身的良好基础积极承接纺织业转移。

长三角的电子信息产业呈现明显的由南向北梯次转移的特征，随着长三角城市群经济一体化的迅速发展，商务成本将急速上升，而电子产品技术的快速标准化使得商务成本成为产业布局的关键因素；石家庄有成熟的产业基础，丰富的多层次教育资源，有承接电子信息产业的条件。

第五节 石家庄的产业定位

一、生物医药产业定位

(一) 全球医药产业现状及发展趋势

生物医药产业一直被认为是全球最具发展前景的高新技术产业,从1970年到2000年,全球医药工业产值增加了15倍。2000年以来医药产业继续保持高速增长势头,2000~2004年全球医药工业产值年均复合增长率达到15%,是同期GDP增速的3~4倍,2007年医药工业产值达到7120亿美元①(见图8-22)。

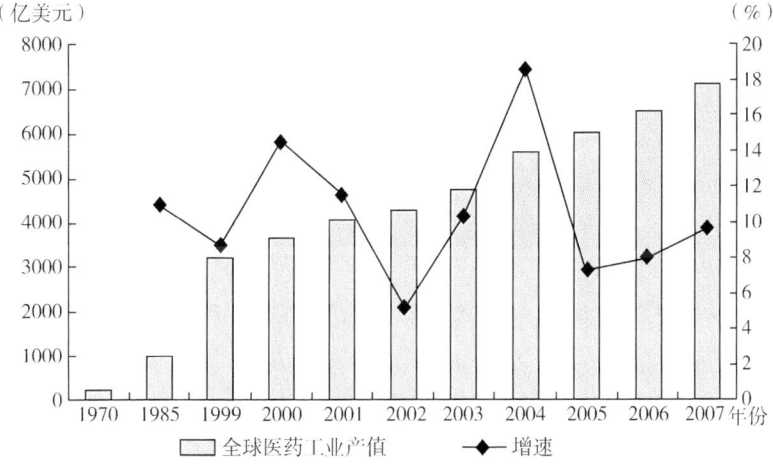

图8-22 全球医药工业产值

资料来源:IMS。

1. 国际医药产业结构

美国、欧洲和日本是全球最主要的医药生产国,根据欧洲制药工业协会

---

① 数据来自IMS。

(EFPIA)统计,2004年美国、欧洲和日本的医药工业产值占全球总产值比重高达86%,其他国家仅占14%。美国的医药工业从20世纪30年代开始占据全球领先位置,2004年美国医药产值达到2410亿美元,占全球39.3%,超过欧洲整体总产值,美国医药工业的发达与其发达的资本市场、鼓励药物创新的自由定价制度是分不开的。欧洲的医药工业以德国、英国和法国为代表,2004年德国约占全球市场份额的10%,英国占8%,法国占4%;日本在进入2000年以后医药工业增速有所放缓,全球市场份额有所下降,2004年医药工业总产值为662亿美元。①

北美、欧洲和日本是全球最大的医药销售市场,占据全球3/4以上的市场份额,且有不断增加的趋势。1989年三大医药市场份额为76%,1991年达到82%,2005年达到88%。美国是全球最大的药品零售市场,其药店零售总额占据全球一半以上的份额,日本排第二位,德国、法国、英国分列第三、第四、第五位(见图8-23)。

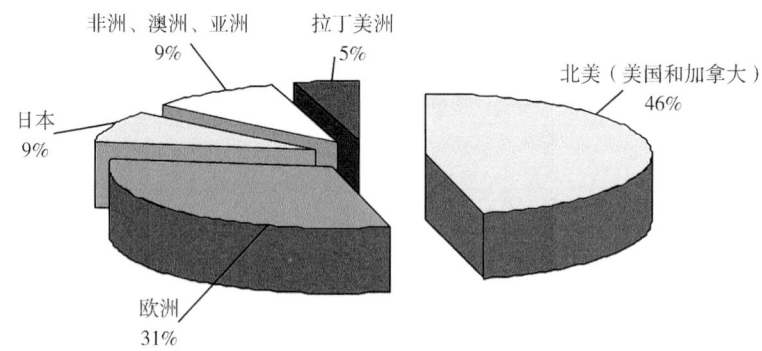

图8-23 全球医药销售市场份额

资料来源:IMS。

2. 产品结构

全球制药可以划分为化学制药、传统药物(以植物药为主)和生物制药三大类别。其中化学制药占据全球制药的主导地位,保持着85%以上的市场份额,生物制药发展迅速,市场比重逐年上升。化学药已形成"原料药—制剂"的产业链上下游垂直分工和"专利品牌药—非专利通用名药"的产业链专业化水平分工。美欧日集中了全球最主要的化学药生产企业,牢牢控制着全

---

① 数据来自IMS。

球专利品牌药市场,在全球医药市场上占据绝对主导地位。

3. 生物医药比重不断上升

随着生命科学研究领域的不断突破,以生物技术为主要特征的生物制药近10年来发展迅速,成为新药研发和医药制造的制高点,基因组学技术、蛋白质组学技术、生物芯片技术、干细胞和组织工程技术以及日益成熟的转基因技术和克隆技术等关键技术,正在推动现代生物制药成为制药行业新的增长点。

4. 传统药物市场份额保持稳定

植物药是传统药物中最主要的部分,世界各国在其市场准入上都有严格的审批和管理制度,全球传统药物主要可分为中国的中药、日本的汉方药、西方的植物药,2005年全球传统药物的产值为300亿美元,占全球药物市场的5%,平均年增长率为12%。

5. 仿制药增长在即

仿制药市场最近几年在全球制药业中引起广泛重视并进入快速发展阶段,其中的直接促成因素有二:一是"重磅炸弹"级药物专利到期;二是各国政府为削减药品开支,鼓励患者选用价格低廉的同效非专利药。在供需两方面的双重推动下,全球非专利药市场近两年的销售年增幅都超过20%,是专利药市场增速的4倍,医药市场总体增速的3倍。Research and Markets 公司 2007~2011年,仿制药市场的年平均增速达到13.62%。

2004年,全球仿制药市场为410亿美元,其中,美国、加拿大、英国、法国、德国、意大利、西班牙及日本八国的销售额为310亿美元,其余市场总计为100亿美元。美国的仿制药市场占全球仿制药市场的54%。美国、德国和英国对仿制药的使用比较普遍,按数量计,使用率可达50%~53%。美国和英国仿制药普及已有好些年,而德国仿制药普及则是近年来医疗体制改革的成果。日本人不习惯用仿制药:日本仿制药的利用率极低,仅为16%,而且还是近年来努力的结果。2003年,日本仿制药销售额仅为3800亿日元,占日本整个药品销售额(72500亿日元)的5.2%。日本仿制药使用率低的原因,主要是政府没有激励机制,没有参考价格制度,医生没有用通用名开处方的习惯,并且日本的用药文化就是相信品牌。

6. 化学原料药现状

化学原料药行业是制药产业的中药基础,世界生产的原料药已达4000多种,市场规模以每年7%左右的速度递增。目前世界上主要有5个原料药生产区域:西欧、北美、日本、中国和印度。

西欧(瑞士、英国、意大利、西班牙、比利时、瑞典、芬兰等):原料药的纯出口地区,目前原料药总产值接近60亿美元,堪称全球最大的原料药生产基地,占全球总量的50%,而出口量占其总产量的80%以上,遍及欧共体以外的广大地区。北美(包括美国、加拿大、墨西哥):原料药的主要进口地区,该地区每年约消耗各种原料药40亿美元,占世界原料药市场的1/3,由于环保方面的原因,许多污染较重的原料药该地区已不再生产,其原料药消耗量的一半为自产,另有50%依赖进口,近几年来,北美洲均需进口数百种、价值超过20亿美元的原料药,而且其依赖进口的比例今后有逐渐扩大的趋势,该地区生产量仅占全球总量的18%。

日本:日本是世界制药工业强国,其原料药市场规模介于美国和西欧之间,年需求量约为15亿美元,目前除极少数品种外,绝大部分为其本国生产,有预测认为,随着人力成本的上升和环境问题的凸显,日本将会向原料药纯进口国转变。目前基本处于自给自足的状况。

中国和印度:20世纪90年代末,世界原料药市场最大的变化就是中国和印度迅速崛起成为原料药出口国,开始和西欧争夺市场。中、印两国原料药出口各有侧重,中国主要出口大宗原料药(如维生素C、青霉素、G钾盐、对乙酰氨基酚、阿司匹林等),小品种为辅;印度主要以出口布洛芬和一些头孢菌素原料药为主。

当前世界原料药产业的格局是:欧洲从事高端原料药生产,中国、印度从事低端原料药生产。

(二) 我国医药行业发展

改革开放以后,我国医药工业进入了快速增长期,年均增长率接近20%,发展速度大大高于国内生产总值的增长速度。目前我国制药工业的增长速度已经是全球增长速度最快的区域之一。

与世界制药工业相比,我国制药工业最大的不同是中成药制造业在整个行业中占有相当大的比重。我国制药工业中最主要的还是化学制药工业,化学制剂和原料药销售额占50%以上的市场份额,中成药要占到22%,生物制药占9%①。

1. 化学原料药

化学原料药企业根据其生产的产品不同,可以分为传统化学原料药企业和特色原料药生产企业。我国传统原料药产品包括抗生素、维生素、皮质激素等

---

① 南方医药经济研究所。

产品，特色原料药产品主要是为那些专利即将过期或者刚刚过期的专利药生产的原料药，并且在世界范围内有重磅级销售水平的药品，同时生产企业已掌握成熟的避开专利的生产工艺技术并且国际规范市场所在国家的药品认证。

传统化学原料药产品的价格受到供求关系变化的影响较大，其价格波动的特点导致相应的制药企业利润也发生了较大的波动（见表8-8）。

表8-8 中国两类原料药企业

行业类别	主要产品	主要特点	代表性企业
传统原料药	抗生素类、维生素类、皮质激素类、解热镇痛类	生产工艺相对简单、利用规模优势取胜、产品价格波动	浙江医药、新合成、广济药业、石家庄制药、华北制药、东北制药、天药股份、新华制药等
特色原料药	抗肿瘤API、高血压API	生产工艺复杂、技术壁垒取胜	海正药业、华海药业

基础原料药在整个医药行业中受成本因素影响最为直接。全球石油价格的波动直接影响生产合成类原料药所需的一些有机化工原料价格；而发酵类原料药常用的发酵原料玉米、大豆、豆油也受国际农产品价格波动的影响；同时基础原料药的环保成本不断增加，制约了企业的长期稳定发展。

2. 国内原料药企业转型

青霉素原料药在国内产能一直处于过剩的状态，面对国际市场销售受阻，国内市场竞争加剧，各企业纷纷采取应对措施，客观上推动了行业产品结构的调整和技术升级的步伐（见表8-9）。

表8-9 2010年1~2月我国青霉素原料药主要生产企业的产量

公司名称	2009年1~2月产量（吨）	同期相比
石家集团河北中润药业	220	持平
珠海联邦制药	200	略有增加
哈药集团制药总厂	180	持平
河南新乡华星药厂	150	压缩3/5产能
华北制药	120	下降
合计	870	—

资料来源：中原证券。

2008年，在华北制药60多亿元的业务总收入中，抗生素的销售收入比例占到近七成。由于青霉素的利润已经非常低（1支青霉素的出厂价格不到1元），因此，较低附加值的抗生素比重过大，这导致了华北制药的利润还不及一些小企业的利润。至此，华北制药曾经引以为傲的青霉素光环完全消失，从"基石"成为"瓶颈"。为了克服该"瓶颈"，华北制药投资20亿元的头孢项目已开工，将在一年内建成，预计新增产值80亿元。华北制药将由生产青霉素向头孢转型，2011年销售收入达到100亿元。

在国际市场上，德国巴斯夫、瑞士罗氏曾经和中国的四大VC企业形成三足鼎立的竞争格局，占据世界VC市场的主导地位，2002年9月，罗氏将其属下的维生素业务和精细化工部以22.5亿欧元的价格整体出售给荷兰DMS集团。全球VC市场主要集中在欧洲、美国和日本等发达国家和地区。中国VC绝大部分出口到这些国家。长期以来，罗氏和巴斯夫公司占据了VC的绝大部分高端市场——医药市场。中国VC出口主要用于化妆品、饮料及饲料添加剂中。

华药、石药、东北制药和江山制药是世界前四大维生素C生产商，随着近年来国内其他企业产能扩大，四大厂商的市场份额有所下滑，2008年上半年和2007年相比，四大维生素C生产商的份额从91%下滑到85%。

3. 石家庄医药产业现状及问题

石家庄以基础原料药为主的医药产业结构急需改变，石药和华药已经在尝试产品转型，向产业链的两端延伸。生物制药是现代制药业创新的主要方向，石家庄在这一领域基本空白，忽视生物制药会导致石家庄失去医药产业创新发展的机遇。中成药在市场上占有一定份额，但过于集中在注射液细分市场，产品层级有待提高。石家庄有比较丰富的中药材资源，但中药饮片加工等细分行业却没有突出企业，形成产业链的残缺，石家庄医药商业与工业发展不协调，工商联动有待加强。

石家庄医药工业较为发达，但缺乏全国领先的医药院校和科研院所。北京是中国医药研发的中心，是医疗资源最集中的地区。石家庄应利用区位优势，加强与北京的产业协作，依托北京的研发资源，快速提升研发能力。

(三) 石家庄医药产业定位

1. 全球原料药中心+国内化学制剂重镇

以化学基础原料药为基础，向产业链下游发展，稳步提高化学制剂的市场份额，成为全国抗生素制剂的领先者。响应国家医改政策，大力发展仿制药和普药，形成品种全面覆盖的综合生产能力，形成规模优势。重点突破专利药研发，抢占产业链制高点，以点带面，提高石家庄制药的整体层次。

2. 生物制药先锋+现代中药领航者

石家庄在基因工程生物技术药物方面拥有很强的研发和产业化优势，发挥华北制药和石药集团大制药工业的优势，积极开展生物药物研发，与先进研发机构结成战略联盟，联合研制创新药物。发挥现有在中药软胶囊、注射液、颗粒剂等现代剂型方面的优势，积极探索中药新型给药途径，吸取古代验方和孤方合理内核，创新研发现代中药。

3. 对接京津，连锁互动，产业链全面覆盖的中国"药都"

在石家庄现有医药工业的基础上，对接京津医药研发和制剂技术，延伸原药制造产业链；协作京津大力培育大型的医药商业流通企业，跨区域连锁经营，工商联动，形成覆盖医药研发—原料药—制剂—营销的全产业链综合生命健康服务中心。

2003～2007年石家庄的医药产业内涵增长率为11.44%，远低于全国20%的增速和上海16%的增速，随着石家庄产业转型的成功，石家庄医药产业有望重拾雄风，产业总产值增长率有望进入15%～18%，在"十二五"期间有望实现产值翻番。

二、食品产业定位

(一) 中日的饮食结构对比①

中国居民在主要食品消费量方面与先进国家的差距越来越小，消费量增长空间不断收窄，因此中国未来食品饮料消费以升级为主。但由于城乡居民主要食品消费数量还有1倍以上差距，因此食品消费量的增长依然存在，两项因素将推动中国食品饮料行业继续保持较快增长速度以及较好的增长质量。

日本与中国饮食习惯非常相似，都是以谷物和蔬菜为主，不同的是动物产品上，日本以鱼类消费为主，中国以肉类消费为主。第二次世界大战后，日本经济进入腾飞阶段，饮食结构也发生了巨大变化。1960～1997年，大约30年间，大米消费减少42%，豆类消费减少9%，而肉类消费增长5.9倍，奶制品

---

① 中信建投20100108研究报告——食品饮料行业深度配置报告——差异化布局，顺周期受益。

消费增长 4.2 倍，油脂消费增长 3.49 倍。①

日本食品消费历经了第二次世界大战后到 20 世纪 60 年代中期的"饱食时代"，到 70 年代中期的"营养充足时代"，以及到 90 年代中期进入"生活充足时代"。延续了一条从数量上满足到对质量和品质上的追求，再到多样化和个性化时代。

中国经过改革开放 30 多年，在饮食结构方面也发生与日本非常一致的改变。2008 年比照 20 世纪 80 年代初，米类消费减少 47%，肉蛋类、水产品、油脂和鲜奶消费分别增长了 2.05 倍、1.95 倍、2.13 倍和 6 倍。如果按照中国经济发展周期对应日本 1974 年时间段的话，我们可以看出，中国城镇居民与日本居民消费方面，大米消费要少，而蔬菜、水果、肉类和鸡蛋消费已经相差无几，但唯独牛奶消费水平低很多。而日本 20 世纪 70 年代之后到 90 年代末，日本人均蔬菜、水果和肉类鸡蛋的消费量几乎没有增长，但由于进入营养充足时代，牛奶的消费量仍保持了非常高的增长速度。这也为中国未来基础食品消费提供了增长路径，即消费量增长空间最大的还将是乳制品行业。②

但实际上中日对比采取的是中国城镇居民消费数据，而中国二元经济结构导致城镇居民和农村居民主要食品消费量上均有一倍以上的差距，未来农村消费的增长也将推动主要食品和饮料消费数量上持续增长。这就是中国元素对行业正常发展曲线的一种修正。这也会使中国食品工业未来发展比日本 20 世纪 70 年代以后发展上又增加数量上的增长，也就是说消费的升级与普及并存将使中国未来食品行业要比日本 70 年代之后发展得更好。

(二) 全球范围食品业方兴未艾，发展无止境

日本食品消费在 20 世纪 70 年代中期由饱食阶段发展到"营养充足"阶段，90 年代中期后，日本人对吃的追求再次升级到"生活充足"阶段。个性化和多样化是这个时期的特征。消费的不断升级带来新行业发展机会，也就促进行业持续增长。

2002 年，美国蒸馏烈酒行业连续第五年保持增长。烈酒总消费上升 1.8%，达到 1.53 亿箱（9 升）。葡萄酒消费增长 3.3%，达到 2.416 亿箱，连续第九年保持增长。消费最大的酒精饮料——啤酒则增长 1.8%，达到 28 亿箱（2.25 加仑），连续七年保持增长。饮料消费者在 2002 年表现得十分坚强。经济增长乏力，股市下跌，公司危机及战争的阴影都没能阻挡消费者对酒精的热情。而美

---

①② 中信建投 20100108 研究报告——食品饮料行业深度配置报告——差异化布局，顺周期受益。

第八章 石家庄产业选择

国葡萄酒消费直到 2005 年才达到最高峰,年消费总量达到 246.33 万千升,消费比重大幅度提高,原因是更多美国人认为饮用葡萄酒更健康。可见人们对生活尽善尽美的追求是无止境的,食品饮料行业每个发展阶段都有亮点出现。①

(三) 乳制品是中国发展空间最大的行业

在中国,乳制品是未来消费量增长空间最大的食品,其消费处于普及阶段的中期,中心城市则处于消费升级初期。随着城市化下沉到三四线城市,大型连锁超市在三四线城市的普及,液态奶消费量可能会打破两年来的阶段性滞胀,未来两年维持高于 10% 的增幅。而在中心城市,在奶酪还不普及时,高端液态奶和高端酸奶依然是未来两年增长最快的品类。

我国奶业已走出困境,奶牛养殖、乳品加工和消费的情况都好于预期。2009 年底全国乳制品消费量已经恢复到三聚氰胺事件的 95%。2009 年我国奶类产量 3650 万吨。生鲜乳价格虽然同比下降,但有所回升,已经连续 18 周稳定回升。另外,奶牛养殖效益每头有 140 元左右。养殖户亏损面从 2009 年初的 50% 下降到现在的 29.1%,连续 8 个月缩减②。上游养殖环节利润增加会鼓励奶牛存栏上升,增加原奶供应量,这对稳定原奶价格非常有利。

石家庄食品业现状:石家庄 2005 年奶牛存栏数达到 44 万头,在全国省会城市中排名第一,根据《河北省发展千万吨奶工程实施规划》,到 2015 年,石家庄奶类总产量要达到 1000 万吨,乳业仍然是石家庄最具发展潜力的产业。随着国内啤酒业整合力度的不断加大,石家庄啤酒业迎来新的发展机遇,青岛啤酒把石家庄作为华北重要的生产基地,新开工 40 万千升的新厂,其他啤酒巨头也纷纷在石家庄周边开厂设点。石家庄双鸽集团年屠宰生猪 150 万头、加工熟肉制品 6 万吨,年产值 10 亿元,产品销往国内大中城市及中国香港、东南亚、欧盟等国家和地区。果品蔬菜是石家庄市的特色优势产业,截至 2009 年底,石家庄市干鲜果总面积达到 312 万亩、产量 45 亿斤,果品业总产值达到 45 亿元。③

(四) 石家庄食品业定位

依托石家庄丰富的农业资源,大力发展农产品深加工和食品制造业,在乳品、酒类、肉制品、果蔬食品等方面形成突破,成为华北"乳业中心"和

---

① ② 中信建投 20100108 研究报告——食品饮料行业深度配置报告——差异化布局,顺周期受益。
③ 石家庄市"十一五"规划资料。

"食品之都",在京津冀都市圈中发挥"米袋子"和"菜篮子"的作用。

石家庄地处中国北部最大的消费中心的优势使得石家庄的食品产业有很大的上升潜力,2003~2007年,石家庄的食品业(包含农产品加工和食品)内涵增长率达到26.36%,"十二五"期间石家庄有望继续保持高增长态势,增长速度应可以保持在22%~26%,食品业总产值有望实现翻两番目标。

三、纺织皮革业产业定位

(一) 中国纺织品现状

我国化纤、纱、布、呢绒、丝织品、服装的产量均居世界首位,是世界最大纺织品和服装生产国,也是世界纺织品和服装第一出口大国。纺织品出口约占全球纺织品服装出口总额的30%。我国虽然是纺织品出口大国,但是国内高档纺织品市场需求潜力也很大。据统计,目前我国每年需进口近200亿美元高档纺织品。其中需进口60亿美元的服装面料用于出口服装的加工。

我国纺织工业主要集中在浙江、江苏、山东、广东、上海、福建六大省份,出口额占全国80%左右。广东主要出口中国香港;浙江的出口产品附加值不高;江苏、山东以棉制品为主,利润较高;上海是主要的出口口岸;福建以针织、机织服装成衣为主。当然这六大省市也存在分化,上海的发展明显已经减速,江浙两省填补了上海留下的大量空白。山东纺织业在环渤海经济圈已显示出强大的领头作用,其纺织业的发展具有很强的发展潜力。广东纺织业的增速不很理想,一方面是由于该地区纯加工贸易的模式存在弊端;另一方面,该地区也逐渐有选择地退出传统行业而专注于新兴产业。

(二) 石家庄纺织业优势

河北是纺织原料的重要产区和重要集散地。石家庄是河北纺织业最发达的地区,北靠京津燕冀,东临齐鲁纺织大区,西通三晋大地,南连中原豫鄂连向南方纺织贸易大区,又是国务院批准实行沿海开放政策的新型工业城市,具有吸引纺织业复合型人才,开拓国内外两个市场,充分利用两种资源,实现跨越式发展的优势条件。

(三) 中国皮革业的现状

2007年,中国皮革行业受到国际贸易摩擦、国内相关政策调整、环保和标准压力以及企业成本增加等内忧外患，中国皮革产业积极进行结构调整，增强企业自主创新能力，推动名牌战略，加快皮革行业"二次创业"步伐，使皮革行业在2007年得以持续稳步健康发展。经过调整中国皮革行业的产业新格局日益完善、名牌战略效果明显，东鞋西进、特色区域建设成效显著，国际交流、"走出去"战略初见成效，中国皮革行业基本实现了由快速发展向健康平稳发展的转变。据统计，从2002年到2007年底，中国皮革、毛皮制品行业规模以上企业数量、从业人员、工业总产值、销售收入、利税总额和进出口均有大幅度增长。截至2007年，全国皮革行业具有一定规模的企业约1.6万个，直接从业人员550多万人。成为世界第一大皮革、毛皮制品出口国。①

（四）辛集皮革业的优势

辛集皮革业是传统的支柱产业，拥有皮革企业1105家，从业人员6万余人。已形成制衣、制革两大工业区。辛集生产的皮革服装和羊皮服装销往全国各地，并出口欧美、中亚等40多个国家和地区。2001年辛集市被中国轻工业联合会、中国皮革协会授予"中国皮革皮衣之都"。辛集已培养29个品牌获"中国真皮标志"、4个品牌获"中国真皮标志生态皮革"，"束兰"牌获"中国名牌产品"和"中国裘皮衣王"，"佰立特"、"伊鹿奇"牌获"国家免检产品"，"西曼"牌获"中国十大真皮衣王"，"雪媚"牌获"中国真皮名装"。②

（五）石家庄纺织皮革业定位

纺织业要发挥石家庄的特色和优势，瞄准国际先进水平，提高产品门类和品级，积极开发和生产功能纤维、环保型、高科技纤维等无差别纤维，做大做强服装产业，积极发展家纺织产品。

皮革业融入国际服装市场，积极培育优秀企业品牌，打造成系列品牌链，在强化皮革皮衣优势的基础上，拓展产品宽度，向综合性皮革基地方向发展。

纺织皮革业要发展清洁生产，改进环保工艺，积极承接珠三角、长三角纺织业转移，推动县域纺织皮革业与市区纺织皮革业的联动发展，打造城乡一体化的纺织产业带。

石家庄皮革业在2003~2007年产值内涵增长率为27.68%，在国内皮革业正处在规模扩张阶段，未来仍有较高增长速度的空间，预计"十二五"期间

---

① 中国产业经济信息网。
② 石家庄"十一五"规划资料。

皮革业可保持年产值增长率25%~30%，产值规模有望翻两番。石家庄纺织业属于传统优势产业，2003~2007年产值内涵增长率为27.95%，预计"十二五"期间皮革业可保持年产值增长率20%~25%，产值规模有望翻番。

四、化工业定位

(一) 全球石化行业周期性特征

石油化工行业是典型的周期性行业，其发展过程与宏观经济周期类似，每隔8~10年左右时间，就经历一次从低谷到顶峰的周期性变化。1975年至今，全球石油化工行业共经历了4次景气周期，分别在1979年、1989年、1995年和2004年，景气度上升时间持续2~4年，下降时间持续4~5年。①

(二) 己内酰胺全球主要产能②

据统计，巴斯夫是世界最大的己内酰胺生产商，其次是霍尼韦尔和帝斯曼。2009年巴斯夫己内酰胺产能为72.5万t/a，霍尼韦尔为40.0万t/a，帝斯曼为37.5万t/a。中国石化己内酰胺产能位居世界第四，为31万t/a。

我国己内酰胺主要用于生产锦纶6纤维和锦纶6工程塑料，随着汽车、电子、包装等行业的快速发展，工程塑料的巨大需求将成为拉动己内酰胺消费增长的主要因素。

2009年我国己内酰胺产量为32.0万吨，进口量60.1万吨，表观消费量90.1万吨。近年国内己内酰胺需求旺盛，增长迅猛，表观消费量从1994年的13.93万吨增长到2005年的70.32万吨，进而增长到2007年的80.84万吨，2009年突破90万吨。同时己内酰胺进口量不断增加，2001年以来年净进口量都在30万吨以上，而且随着下游锦纶市场的扩大，有可能还会增长，国内市场需求依靠进口的局面短期内难以改变。

尽管近年来我国己内酰胺产能不断增加，产量也有一定的增长，但仍不能满足下游行业快速发展的需求，每年均需大量进口。2010年我国己内酰胺产能没有明显增长，市场缺口达到60万吨左右。

---

①② 广发证券20120510研究报告——化学纤维行业：己内酰胺，2年内有望完成进口替代，行业盈利缓慢下滑——深度分析报告。

(三) 国内己内酰胺生产面临挑战

由于己内酰胺生产过程复杂、技术含量高，决定了国内企业只有依靠科技进步、提高产品质量、降低生产成本、提高核心竞争力，才能把握市场发展的主动权。虽然近年来国内工程塑料行业发展迅猛，对己内酰胺需求的年均增速超过10%，但由于该行业高端领域基本被国外进口产品把持，国内企业缺乏必要的技术开发和投入，技术严重依赖从国外引进，装置规模偏小，竞争力差，无法满足市场日益增长的需求。因此，国内己内酰胺产业发展之路还较漫长。

不过，经过多年的实践和积累，国内己内酰胺产业已面临重要的发展机遇，尤其是国产化技术取得实质性突破。

中石化在巴陵分公司苯法己内酰胺技术的基础上，成功开发了环己酮氨肟化制备环己酮肟等技术，缩短了工艺路线，降低了操作难度，减少了环境污染，并大大降低了生产成本；在石家庄化纤公司甲苯法己内酰胺技术的基础上，开发了己内酰胺加氢精制新技术，大大降低了生产成本。另外，基于无硫铵副产的气相重排技术、甲苯法反应优化技术、非均相肟化技术等都面临技术突破，将提高我国成套己内酰胺技术的竞争优势（见表8-10）。

表8-10 国内己内酰胺主要生产企业产能

生产企业	原料	2009年产能
中国帝斯曼南京化学	环己酮	16.0万吨/年
中国石化巴陵公司	环己酮	14.0万吨/年
石家庄化纤	甲苯	16.0万吨/年
浙江巨化集团	环己酮	2.0万吨/年

资料来源：广发证券20120510研究报告——化学纤维行业：己内酰胺，2年内有望完成进口替代，行业盈利缓慢下滑——深度分析报告。

国内己内酰胺产业也面临很多挑战：一是原材料成本居高不下，市场竞争加剧。二是节能、环保压力加大。近年来，部分国外己内酰胺生产装置已经永久性关闭，应引起国内产业的高度重视。国内企业应主动适应节能环保的要求，提前消除环保方面的隐患。三是产业链下游处于低端领域，产品附加值较低。在我国己内酰胺的消费结构中，纤维占85%、工程塑料占15%（包括薄膜），工程塑料占比较低。

城市产业成长与治理结构变革

（四）石家庄化工业定位

依托石家庄及周边的资源优势，不断改进生产工艺和装备水平，保持国内规模领先的位置，积极发展循环经济，不断提高环保处理能力，拓宽现有产品链，大力发展医药中间体，形成上下游一体化的石油化工、煤化工、盐化工、有机基础原料等为代表的化工产业集群。

石家庄化工业在2003~2007年产值内涵增长率达到30%，"十二五"期间石家庄主要着力提升化工业的产品层次，发展循环经济，产值的增长率将略为放缓，预计保持发展速度在年产值增长率15%~20%之间，总产值规模在"十二五"期间实现翻番。

五、装备制造产业定位

（一）全球装备制造业现状

装备制造业是工业化或后工业化国家的主导产业，装备制造业与一国国力密切相关，在西方发达国家机械装备业产值远远超出其他工业产业，占工业总产值接近一半，如美国为41.9%，日本为43.6%，德国为46.4%。机械装备业对一国经济至关重要，因而在西方工业化国家的发展早期都曾经采取措施保护装备制造业的发展。

（二）中国装备制造业分布

装备制造业在我国区域分布。我国装备制造业在发展过程中，由于其地理条件、基础设施、经济、人才、资金以及文化观念等的差异，形成了发展中的地域差异。在地域分布上，呈现出以下特点：长江三角洲装备制造业集聚地——以"汽车零部件"为特色，成为"全球装备工业加工制造中心"和"全国装备工业制造中心"；珠江三角洲装备制造业集聚地——以"电脑资讯产业"为特色，成为"国际性加工制造业基地"；环渤海地区装备制造业集聚地——以"重大成套装备"为特色，成为"东北亚地区装备制造中心"和"全国重大装备制造基地"；中部地区装备制造业集聚地——以若干"综合性装备工业基地"、"专业化装备工业基地"为特色，成为"承接东部产业转移的基地"和"辐射西部的前哨"；西南地区装备制造业集聚地——依托重庆，促成"全球机械加工制造中心"和"以工业IT为核心，以自动化控制系统及仪器仪表为主体,以电子信息元器件、电子功能材料为两翼"产品结构模式的"中国工业IT产业化基地"。

(三) 石家庄装备制造业特点

石家庄位于环渤海经济圈最核心的京津冀都市圈范围内,拥有发展装备制造业的区位优势,石家庄在内燃机零部件、专业泵、中小型电机、内燃机车、冶金轧机成套设备等产品拥有一定基础,但石家庄没有生产成套装备的能力,产品以传统产品、大路产品、初级产品较多,高新技术、高附加值、高创汇产品较少;企业规模小,带动能力差,发展缓慢,没有形成有效的产业链;产品技术水平低,工艺装备落后,技术创新能力薄弱,独立研发能力差。

(四) 石家庄装备制造业定位

1. 全国装备制造关键零部件基地

以现有的内燃机零部件为基础,加强技术攻关,适应未来的汽车排放标准,在内燃机核心部件上取得技术突破,并渐次向内燃机整机,内燃机车、冶金矿山成套设备方向发展。

2. 京津冀特色装备制造基地

集合现有机械装备制造资源,积极承接珠三角、长三角以及京津的产业转移,培育以民用航空器、商务汽车、专用运输车、特种专用工具、核电特种阀门设备等为代表的特色装备产品。

石家庄在2003~2007年装备制造业产值内涵增长率达到37%,但行业的总规模并不大,未来仍有较大发展空间,"十二五"期间,石家庄通过承接京津以及珠三角和长三角产业转移,装备制造业有望保持高速发展势头,预计产值年增长率可达到30%~35%,总产值规模有望实现翻三番。

六、电子信息产业定位

(一) 中国电子信息产业现状

改革开放30多年来,我国电子信息产业取得了巨大的成就。2007年与1977年相比,30年中产业规模翻了12番多,年均复合增长近30%,增长速度居国内工业部门首位。我国电子信息产业已初步建成了专业门类相对齐全、产业链基本完善、产业基础扎实雄厚、产业结构不断优化、创新能力有所提升、行业规制科学规范的产业体系,国际竞争力明显增强。目前我国已成为电子信息产业大国,电子制造业规模列全球第二。

电子制造业中无论是半导体、电子元器件、电子中间部件,抑或是终端电子产品,国内生产商大多以低端产品为主。由于核心技术的缺乏,投入不足导致创新能力不够,难以保持持续创新,大多数产品的生命周期难以长久维持,低端产能过剩。

(二) 石家庄电子信息产业定位

石家庄电子信息产业依托中国电子科技集团,从高端切入通信设备产业,石家庄应积极发挥邻近京津的区位优势,与国家级科研院所、中央直属企业紧密合作,通过龙头企业吸引整个产业链的转移,快速做大电子信息产业,成为京津冀新兴电子信息产业高地。

石家庄电子信息制造业在2003~2007年由于处于产品研发试制阶段,总产值规模出现很大波动,只有2007年实现正增长,"十二五"期间在产品相对较为成熟的前提下,可保持年产值增长率15%以上,"十二五"期间实现产值翻番目标。

七、石家庄现代服务业定位

(一) 郑州发展模式

郑州与石家庄区位相似,自然资源、要素禀赋接近,但郑州近年来发展速度较快,在26个省会城市中GDP增速排名前四,而石家庄则发展速度较慢,和作为西部省会的兰州、昆明等发展速度相当。

郑州GDP本来小于石家庄,但郑州经济增速快,与石家庄的差距逐步缩小,最终超过石家庄。郑州的发展主要得益于良好的市场环境,发达的商贸流通产业,以及装备制造业等先进制造业的快速发展(见图8-24)。

郑州现代服务业较为发达(见图8-25),郑州商品交易所是经中国国务院批准的首家期货市场试点单位,全国三家期货交易所之一,占全国市场总的持仓份额近30%,根据美国《期货》杂志(2007年第11/12期)第四季度的统计:2007年前三季度郑商所位居全球期货交易所交易量增幅排名第三位。是国际市场核心价格指导价之一,并已经与印度、美国等交易所达成合作协议。郑州是中国商战的发源地。20世纪90年代初,以亚细亚为代表的大型商场曾引领

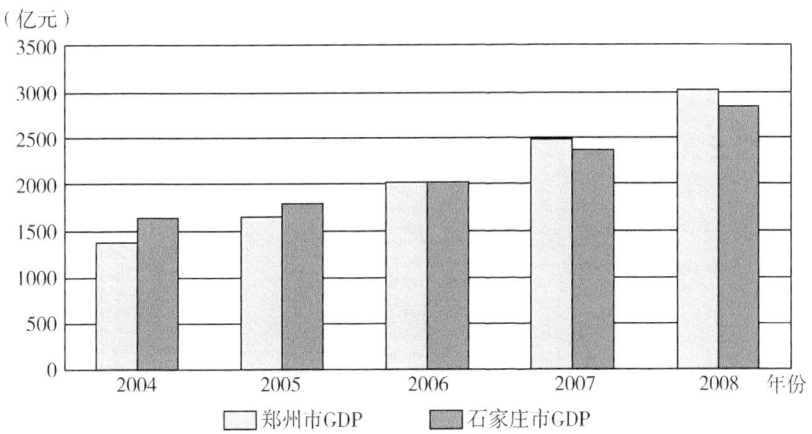

图 8-24　石家庄和郑州 2004~2008 年 GDP 对比

资料来源：石家庄及郑州统计年鉴（2005~2009）。

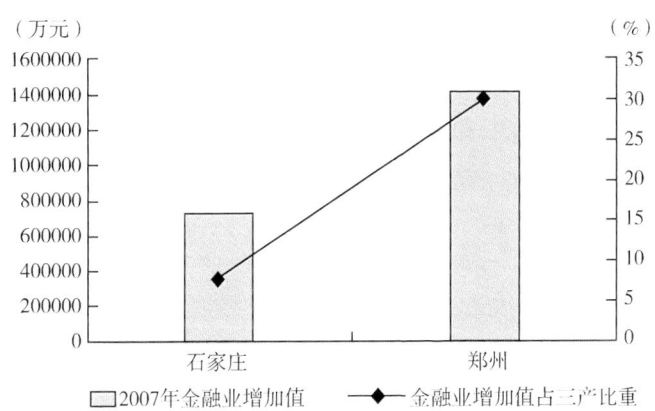

图 8-25　石家庄与郑州金融业增加值和三产比重比较

资料来源：石家庄及郑州统计年鉴（2008）。

了中国新的商业模式。随着国际商家进入，原有的商业模式得到升级，以丹尼斯等为领航的新的购物中心成为郑州商业的中心。目前郑州的大型购物中心数量已经超过杭州、西安等城市，位于国内前列。除零售业外，郑州凭借其地理优势成为南北方的重要物流中心，华南商品通过郑州输往华北、东北、西北等地。以郑州火车站商业圈为代表的郑州国际小商品城等批发市场，是中国承接南北货物流通的重要窗口，以郑州陈寨为核心的农产品和花卉物流中心，其价格直接影响中国北方区域相关产品价格。

发达的现代服务业帮助郑州建立体系完整的工业体系。郑州是有色冶金工业基地、食品工业基地、大客车生产基地、煤炭工业基地、建筑和耐火材料基地以及纺织工业基地,氧化铝产量占全国一半左右;拥有亚洲最大的磨料模具企业白鸽集团;郑州宇通客车股份有限公司是亚洲规模最大、工艺最先进的客车生产企业,2002年被世界客车联盟授予"最佳客车制造商"称号;郑州日产也已成为全国汽车行业的新锐力量。郑州工业经过十几年的调整发展,形成了汽车制造、工程机械、电子及通信设备制造、食品加工、烟草加工等为主导的生产体系,进一步提升了郑州市工业的竞争力。郑州市的主要工业产业区位商也较高,拥有一定的比较优势,而且主要集中在采矿、有色冶金、电力和装备制造等行业。

(二) 石家庄的现代服务业现状

石家庄的服务业总体上还是以传统的商贸零售为主,批发零售住宿餐饮业、交通运输邮电通信业两大传统行业实现增加值占全部服务业增加值近一半,比重偏高。依托电子信息等高技术和现代管理理念、经营方式和组织形式而发展起来的现代服务业则发展严重不足,作为省会城市,石家庄没有一家金融保险企业总部,省级以上分支机构数量也屈指可数,在全球日益围绕金融市场来组织分配资源的今天,远离金融市场意味着远离资源配置中心,企业的发展很难得到足够的支撑。

石家庄生产性服务业发展严重不足,产前、产中、产后的专业化服务薄弱;生产要素市场发育程度低,专业化分工协作关系未能建立。

石家庄的信息传输和计算机软件业同样发展滞后,由于临近北京,总体收入水平低,石家庄的软件人才基本上流向北京,在石家庄生存的都是中小公司。

石家庄房地产业滞后于城市发展,作为拥有1.58万平方公里土地、980万人口的省会城市,年房产开发量还不及常州的1/2,房产价格不到北京的1/3,甚至远远低于常州等地级市。

石家庄拥有丰富的旅游资源,但旅游人次多,收入少,景点缺乏深层次、整体开发,没有发挥自然人文景观的优势。

(三) 石家庄的现代服务业定位

石家庄应建立与省会城市相适应的现代服务业,要发挥京津门户的作用,必须大力发展投射性服务业。石家庄要积极推动集聚效应强的生产性服务业的发展,提高产前服务(如企业研发、工业设计等)、产中服务(包括以供应链管理为实质的物流服务等）和产后服务（如营销服务、金融服务）能力。石家庄要发挥地理优势，吸收全国资源，重点打造化工、医药制造、钢铁冶金、纺织服装等产业的产业链集成服务。吸引金融企业总部落户石家庄，积极推动金融保险业的快速发展，打造多层次资本市场，推动股权多元化改革。在城市发展的同时推动房地产等内生产业的发展，刺激居民消费和投资热情，推动社会消费品零售总额的快速增长。注意旅游资源与周边的统一规划和协作经营，形成系列品牌旅游线路，提高旅游资源的深度开发，改善城市面貌和品位。

石家庄第三产业在 2003~2007 年增加值内涵增长率为 15%，但金融业 2003~2007 年则增速较慢，为 11%；商务服务业 2005~2007 年增加值年增速只有 8%。2007 年金融保险业、商务服务业等各项现代服业增加值占第三产业增加值比例为 17%。随着石家庄确定大力发展现代服务业，现代服务业有望获得快速增长，"十二五"期间现代服务业增加值年增速可达 15%~20%，"十二五"期末第三产业增加值占 GDP 比重可望达到 50%，现代服务业占第三产业增加值比例可望达到 50% 以上。

八、石家庄农业定位

（一）石家庄农业特点及问题

石家庄农业基本形成东部平原农业带、中部山前农业带和西部山地农业带，形成了以梨果种植、高产粮食为特点的东部平原农业生产区，以奶牛养殖、红枣种植和食用菌培养为特点的西北丘陵特色产业区，以观光休闲、设施蔬菜为特点的中部都市型精致农业生产区，以设施蔬菜、核桃、红枣等多种农林作物综合发展的南部综合农业生产区。

石家庄农业存在的问题在于生产方式粗放，集约化生产尚未形成，未能推动大规模复制，特色农业总体呈现零散的"一县一品"的格局；农作物停留在粗加工阶段，缺乏深加工和品牌营销，产业链控制力弱。如食用菌种植等特色产品对自然地理并没有特殊要求，但至今只集中在灵寿一地，没有形成大面积推广。

（二）石家庄农业定位

石家庄应整合相同农业资源，广泛推广成功的规模化生产与经营模式，推动特色农产品集约化生产。重点打造都市休闲农业、现代高效有机农业、设施化蔬菜农业、多品种梨果农业以及多种农产品并头发展的特色化农业（如红枣、核桃、食用菌、牛奶、中药材等)。

石家庄应利用京津门户的地理优势,扩大沿边各县的农产品交易规模,协作发展周边各县市的农业发展,同时在各个农业生产片区设立农业服务中心,推广农副产品加工、集贸等多种产业协作发展。

石家庄应发挥农产品种类多、规模大的优势,积极发展农产品深加工和食品工业,形成完整的产业链,成为京津的"米袋子"和"菜篮子"。

九、石家庄总体产业定位

石家庄应立足京津门户的地理优势,以京津的智力资源和巨大产能为基础,通过产业链综合配套服务能力的增强,成为京津都市经济向外辐射的主要节点,把京津产业链扩散延伸到更广阔区域,发展投射型经济。

以先进制造业为方向,发展循环经济,推动医药产业向产业链两端发展,推动食品产业向深加工方向发展,积极承接装备制造、电子信息产业转移,打造绿色生态的现代产业集群,积极发展现代服务业,打造以金融、信息、软件创意及服务外包、现代物流业为代表的华北重要生产性服务基地。以红色旅游、历史人文与自然生态为一体的全国知名都市旅游胜地。以大宗工业品、皮革制品、小商品为特色的华北现代商贸服务基地。

打造绿色农产品基地。合理规划整合现有的农林牧产业资源,向规模化、上下游一体化方向发展。限制冶金、建材、化工等高污染产业在西部生态保护区生产并逐渐转移至南部循环经济带。依托石家庄丰富的农林牧资源,积极发展农产品深加工和食品业,在乳品业、酒类、果蔬加工等领域形成突破。

建设北方生物产业基地。在全球原料药中心的基础上向产业链下游拓展,成为化学制剂规模领先者,建设中国制剂重镇;与京津及国际生物制药研究机构密切合作,抢占生物制药研发高地,成为中国生物制药的先锋。大力拓展现代中药品种,探索中药新型给药途径,做现代中药领航者。

区域性纺织服装产业基地。塑造"中国皮革皮衣之都"系列品牌。融入国际市场,培育优秀皮革企业,打造高质产品,拓展产品链条,塑造系列企业品牌,建成华北地区皮革综合产业协作区。

建设首都经济圈重要的循环化工与能源产业基地。协作山西,充分利用晋煤通道,发展综合能源产业,建设"循环经济"示范区。集中布局高耗能、高污染产业,建立循环经济园区,发展循环经济。

首都经济圈重要的装备制造业基地。协作京津,建设全国装备制造关键零

第八章　石家庄产业选择

部件基地。承接京津产业转移，提升现有产品层级，突破核心技术，形成关键零部件生产能力。

区域性新材料产业基地。协作京津，依托京津国家级企业和研究机构，大力发展半导体照明材料、化工新材料，从产业链高端切入，抢占产业发展制高点。

第六节　石家庄产业发展战略

石家庄未来的发展必然要与京津冀都市圈的整体发展联系在一起，石家庄作为京津的门户型城市，对于京津具有重要的战略意义，产业上将产生紧密关联。石家庄相对于京津经济规模偏小，产业相对独立，但紧邻京津控制着京津向外的重要通道，未来随着京津经济规模的不断扩大，石家庄需要主动接受京津的产业转移和经济辐射，融入京津都会区的产业分工体系，增强综合服务能力，依靠地理上的门户位置，主动承担融汇都会区内外产业资源交流的作用，争取成为京津都会区产业向外辐射的重要节点，外部资源进入内部的渠道中枢，发展投射型经济。

投射型经济的立足点在于石家庄要具有承接京津产业资源的能力，要拥有相适应的生产力促进和工业服务能力，要具有足够的金融服务资源，能够满足产业发展的投融资需求，要有良好的生态环境和休闲娱乐的场所，能够吸引和留住人才。因此石家庄要发展投射型经济最重要的就是发展生产性服务业、金融服务业和旅游服务业。

一、积极发展高集聚效应的生产性服务业

全球市场的多样化、个性化特征越来越明显，服务业在价值链中的比重越来越大，这些都要求未来的制造模式要体现多品种、质量高、成本低、研发期短、服务至上、生产柔性、环境友好的特点。制造业的发展正从生产制造向服务制造转变，为制造产品提供从研发设计、物流配送、技术服务、贸易营销、数据支持、金融服务等环节的组合性增值服务是未来最有发展前途的产业，石家庄依托京津的综合人才和技术优势、发达的市场体系和资源集聚能力，具有发展生产性服务业的先天优势。

生产性服务业具有整合制造资源、引导资源投向、提高企业运行效率等作

用，是智力密集型产业，具有高度集聚、乘数效应大和辐射能力强等特点，是石家庄迫切需要发展的产业方向。

（一）发展目标

石家庄市现代服务业发展要围绕自身优势产业基础，以生产型服务业为抓手，推动医药、化工、冶金、纺织等综合配套服务能力的成长，成为工业集成服务中心、商务服务中心、大宗商品物流配送中心；利用京津门户的地理优势，吸引外围省市企业总部进驻，发展总部经济；积极鼓励官产学研结合，激发创新创业热情，发展创意产业；积极引进各类金融中介机构，推动各项金融资源集聚、整合、聚变，发展和壮大金融服务业；利用承南接北、承东启西的地理优势，发展商贸流通产业；利用工业品制造和商贸流通的基础，发展工业博览和会展经济；依托京津产研及市场力量，凝聚外部资源，体现门户特色，发展投射型经济。

（二）发展路径

1. 高科技服务外包

通过政策驱动、项目带动和引资推动，鼓励石家庄在医药、电子信息等领域积极发展科技服务，以科技服务外包带动科学技术的进一步创新发展。

以石家庄原料药生产技术为基础，大力发展医药研发和工艺创新，成为全球原料药研发和生产技术综合服务外包基地。

依托中国电子科技集团，石家庄利用在通信、计算机信息服务、软件与系统集成、动漫、光电子等领域形成的技术优势，为全球企业提供信息系统集成、电子渠道设计、软件等各项外包服务。

2. 产业链集成服务

通过引资策略，吸引央企在石家庄布局综合服务环节，打造石家庄工业集成服务产业。

以石家庄医药工商业为基础，发展新药研发、质量管理、药品包装、物流配送等综合一体化服务。

以石家庄现有化工产业为基础，依托京津高端化工研发制造技术，发展以化工研发、化工技术服务、化工工程服务、化工贸易以及化工环保技术服务为一体的化工产业链综合服务产业。

借助京津高端冶金技术和综合配套服务能力，以河北的巨大产能为依托，发展原材料供应、燃料供应、冶金技术、冶金工程服务、金融服务等综合服务产业。

依托石家庄纺织工业基础，借助京津高端纺织技术和服装设计，发展原材料供应、纺织技术服务、纺织品贸易、服装设计和服装贸易等综合一体化服务业。

3. 商务服务

通过政策引导，大力发展企业管理服务、法律服务、咨询与调查、广告业、职业中介服务等人力资本密集行业，为企业提供第三方服务，帮助企业提高运行效率。

4. 物流配送

大宗商品物流。通过与山西协作，利用石家庄门户位置，掌握煤炭需求资源，提高晋煤外运服务的效率，增加营销服务功能，提高市场交易规模和定价能力，扩大配送规模和半径，成为重要的煤炭交易、营销、配送基地。

以煤炭物流为基础，提高剪切、包装和分配能力，积极发展钢铁、化工、药品（原料药）等大宗商品的物流配送，成为全国性的专业物流配送中心。

小商品物流。利用石家庄全国性商品集贸市场的基础，进一步发展多品种、多批量灵活多样的物流服务，扩大物流配送规模，提升物流服务层次，形成厂家和商家直接对接的仓储、运输、包装、交易、信息发布的一站式服务。

农产品物流。利用石家庄沿边各县的农贸市场，进一步积聚周边农业资源，提升农产品加工服务层次，提升农产品仓储和运输专业化能力，形成农产品南北流通的重要节点。

（三）项目支撑

1. 高科技服务外包

石家庄科技中心作为石家庄科技企业的孵化基地，科技创新的服务平台，在推动科技服务外包业务发展上将发挥引领作用，中欧生物医药联合实验室的成立是科技服务外包发展的重大突破。实验室将为全球企业提供五个方面的技术支持服务：①指导和辅助制药企业质量模块的建设和完善；②帮助企业完成欧美高端市场的 COS/FDA 认证，提高医药产品的海外法规市场准入能力；③帮助中小医药企业完成新产品、新技术的研发与产业化，帮助国内制药企业提高技术与管理水平；④提供药物制剂中试生产技术服务，在制剂生产工艺、产品质量控制等环节上，做到科学化、规范化，与国际接轨；⑤提供实验室技术、设备、仪器的共享服务，在提高 QC、QA 质量体系的同时，增强制药新剂型的研发实力。

未来,石药集团、华药集团、以岭药业、神威药业等医药企业的研发中心和国外跨国药企联合设置的实验室将成为石家庄对外医药科技服务的最重要载体,国际一流技术和国内实际需求的结合将催生石家庄医药技术外包的快速发展,成为国际一流的医药研发中心。

以中国电子科技集团、河北半导体研究所等研究机构为基础,以石家庄信息产业基地为载体,进一步推动数字集群通信系统、3.5G固定无线接入系统、无线电监测系统、弱场通信系统、CDMA扩频通信系统、微波混合集成电路、微波通信模块等技术的研究和开发,推动石家庄成为企业信息系统、通信系统、监控系统软件设计等外包服务基地。

横须贺是日本神奈川县三浦半岛上的中心城市,距离东京1个多小时车程。在横须贺南端有一处占地面积达58.8公顷的信息通信技术科研园区,集中了日本邮政省通信综合研究所横须贺无线通信研究中心、NTTDoCoMo研究开发中心、松下通信YRP等研究所,以及NTT、松下、日立、三菱、富士通、佳能、摩托罗拉、诺基亚、爱立信、飞利浦等40多个信息通信技术研究单位。这种集中了通信行业政府和企业全部重要研究机构的地区在全球也是唯一的,横须贺成为日本的通信技术研发中心。

2. 产业链集成服务

石家庄有较好的物流运输基础,医药、化工的研发、制造技术和配套服务能力也较强,但石家庄欠缺独立的第三方的综合配套服务,石家庄企业主要依赖自身解决生产制造中各环节存在的问题,带来资源的浪费和效率的降低,石家庄可在石药集团和华药集团综合服务能力的基础上,增强与央企合作能力,扩大覆盖产业范围,借助央企的平台扩展综合服务能力。

	企业概况	发展战略	产业链服务
中化国际	中化国际是中国最早进入世界500强的企业——中国中化集团公司控股的上市公司(股票代码:600500),客户遍及全球100多个国家和地区	中化国际以物流、橡胶、农化、冶金能源、化工品分销五大业务板块为核心,致力于打造由资源、技术,到生产、品牌,再到营销服务的完整产业价值链	物流业务是亚洲市场领先的液体化工综合物流服务商。橡胶业务构建了从种植、加工到营销服务的完整产业链。农化事业建立了覆盖中国绝大部分农业主产区的营销网络及服务体系,并积极向产业链的上下游延伸

第八章 石家庄产业选择

续表

	企业概况	发展战略	产业链服务
中钢集团	国务院国资委直属企业，为钢铁生产工业和企业提供综合配套和系统服务的大型企业集团	为钢铁工业和钢铁生产企业提供一条完整的产业链服务	利用资源基地为行业提供资源配套服务的功能；利用专业化能力提供贸易物流、工程科技和设备制造安装服务，为行业提供产前、产中、产后的服务；为行业提供期货、保险等金融服务

3. 商务服务

石家庄原有商务服务业极其薄弱，需要政府在政策上重点倾斜，扶持和推动企业管理服务、咨询调查服务等知识型产业的快速发展；要通过引进外资和内资著名品牌企业，快速提升产业层级，以品牌企业吸引产业的快速集聚发展；要与石家庄的优势制造业相结合，培养富有特色的商务服务品牌，打造专业化咨询服务队伍。

	地区概况	发展战略	具体举措
北京市	北京的商务服务业是仅次于银行业、批发零售业、通信服务业之后的第四大服务业产业	抓住奥运契机，推进商务服务业的规模和层级，提升首都经济集聚能力	优先发展企业管理服务、会展服务、咨询调查服务、法律服务和广告及职业中介服务。形成与制造业、商贸流通产业等交互集群。坚持科技创新，打造世界级品牌。建立市场化运行机制。引进外资一流机构，发展总部经济
山东省	山东的商务服务业是仅次于金融业和信息传输、计算机服务和软件业的第三大支柱服务业	积极引导外资投向面向生产的服务业，大力发展新型服务业，提升改造传统服务业，促进现代制造业与服务业有机融合、互动发展。在商务服务领域，加快会计、审计、律师等外资商务服务业对外合作	通过引进外资，带动世界著名的会计师事务所、汽车金融服务、审计咨询等行业机构相继落户山东。依托现代新技术，借鉴国际服务方式和经营模式，发展知识密集型商务服务企业，引导一般性商务服务企业向专、精、特、新方向发展，扩大商务服务业的对外交流，提高执业水平，培育一批在全国有一定知名度的商务服务企业

4. 物流配送

大宗商品物流。石家庄利用晋煤外运通道已形成煤炭交易中心、煤炭物流中心、煤炭仓储中心等较为完整的煤炭物流配送体系；以煤炭物流为主体，向医药物流、化工品物流、钢铁物流、纺织服装等专业物流方向发展,石家庄内陆港物流项目是大宗商品专业化物流的平台,该项目以医药和纺织服装等支柱产业为服务重点,建设标准的集装箱中转站、保税监管库,发展国际集装箱多式联运、货物存储、运输、货物代办等物流业务,发挥内陆口岸功能,构建"大通关"模式,是河北省重点发展的物流中心项目。石家庄四药自动化物流项目和国大医药物流园项目是医药物流的重要平台。四药自动化物流项目开展制药原辅材料洽购、分拨、配送和医药成品智能化贮存、出库等物流业务;国大医药物流园建设电子商务交易、经药品经营质量管理标准(GSP)认证的医药仓库、配送中心、保健商品城、中药检测、药品分装等医药配送设施,完善医药流通服务网络,为医药生产企业和经销企业提供专业物流服务。

小商品物流则借助石家庄商业物流项目,依托新华集贸中心、南三条小商品市场和北方商业物流中心等物流载体,进一步扩大仓储、运输、包装、流通加工和配送等物流规模,实现仓储现代化、多式联运便利化、商品批发展示多样化。

农业物流则以藁城禽蛋市场、行唐红枣专业市场、辛集大型农副产品专业市场、承安花生米市场、新乐农贸市场、高邑蔬菜批发市场等为基础,进一步提高加工服务层级,集聚周边农产品贸易市场,构建农产品交易、加工、仓储、物流配送中心。

	地区概况	发展战略	业务类别
天津市	天津是我国北方物流中心城市,是中国北方工业原料的运进以及产成品的外销枢纽中心,"十一五"期间天津重点建设七大货运枢纽,实现商品的大集大散	以海港和空港为突破口,构筑运输、信息两大平台。增强以远洋运输、航空货运、国际中转、多式联运、配送、信息服务等为主体的物流枢纽地位,提高天津物流服务的辐射力,形成以港口为龙头、国际物流为重点、区域物流为基础,以城市配送物流为支撑的,以大型物流基地(园区)和各种综合性、专业性物流配送相互衔接的现代物流体系框架	国际物流依托天津港、天津空港、天津港保税区;工业物流帮助工业企业对原材料采购、库存、配送,产品的生产过程,产成品的库存、销售以及配送等过程进行优化设计和功能整合。 商业物流重点培育20个第三方物流企业及一批理货、采购、分拨、配送企业,加快建设生产资料、日用工业品、食品三大物流基地。 农业物流构建以农产品批发交易市场和农产品流通加工配送中心为主的农业物流体系

第八章 石家庄产业选择

续表

地区概况	发展战略	业务类别
郑州市	郑州农产品物流配送中心地处刘庄，现已成为国内南菜北运网链上（海南—长沙—武汉—郑州刘庄—保定—北京）的一个重要站点	贯通南北、承东启西，全国性、跨区域农产品流通的最佳集散地，以"公司（物流配送中心）+产、销地批发市场+中介组织+农产品经纪人+基地+农户"的经营管理模式，大力拓展市场	以蔬菜交易为主体，集各类农产品交易、加工、无公害检测、仓储、集散、物流配送于一体

二、提升发展都市旅游业

城市的发展离不开城市生态环境的改善、便利的服务设施和轻松愉悦的氛围，都市旅游业的发展一方面带来健康的产业形态，经济实力的增强；另一方面也改善城市的生态环境，提升了居住品质，提高了城市的集聚能力。石家庄拥有多层面的旅游资源，且与周边省市有着生态和文化上的多重联系，具有协作发展都市旅游业的良好条件。

（一）发展目标

都市休闲旅游。以石家庄快捷的航空和铁路资源为依托，大力发展以商务会展、时尚休闲、都市观光为主题的都市休闲旅游业。

农业生态旅游。借鉴美国、法国、波兰、匈牙利、瑞士、日本、新加坡、中国台湾等国家和地区的农业生态旅游经验，充分利用石家庄富集的农业资源，通过规划、设计、资源融合，把农业生产、科学管理、形象展示、艺术加工和游客参与融为一体，满足游客观光、休闲、度假、娱乐、购物、科考等多层次需求。

山水风光旅游。以石家庄的山水资源为基础，有效整合各景点资源，开辟以体育健身、休闲娱乐、科考文化等为主的特色鲜明的情趣旅游线路，满足游客多层次文化、健身和修养身心的需求。

历史文化旅游。凸显红色旅游概念，以西柏坡为中心串联大别山革命遗迹，发展教育和纪念缅怀相结合的革命文化旅游，打造"新中国从这里诞生"的主题旅游。挖掘古代历史文化内涵，整合以古城、古桥、古寺、古人遗迹为代表的古文化载体,加以有效串联提升,形成多个不同的古代历史人文主题旅游线路。

(二) 发展路径

都市休闲旅游以市区内的鹿泉山庄、滹沱河风光等旅游资源为基础发展观光旅游;以市区展览馆、高级酒店等资源为基础,发挥邻近京津的优势,发展商务旅游;以城市时尚娱乐、休闲设施为基础发展休闲旅游。

农业生态旅游以栾城、鹿泉、行唐的农家田园、商务休闲和生态健康旅游资源为基础,集合石家庄种植业资源、林业资源、牧业资源、渔业资源以及冀中南民风民俗、农业生产劳作方式、农业科技等多种元素为一体,以都市商务人士、工薪阶层和家庭为目标客户,结合石家庄的山水特色,发展农业生态休闲度假旅游。

山水风光旅游。依托湖泊、高山、峡谷、瀑布等自然旅游资源,与都市商务会议、休闲娱乐、体育锻炼等需求相结合,开发以度假旅游、探险旅游、生态旅游、体育康体、休闲旅游等为主的多种主题游乐活动,满足游客观光、休闲、度假、娱乐、购物、科考等多种需求。

历史文化旅游。整合以西柏坡为核心的革命历史遗迹资源,以太行山革命老区的丰富革命历史素材为基础,以大决战前、决战中和决战后为主线,还原革命领袖的工作和生活场景,教育和净化当代人。梳理石家庄历史人文特色,推出佛教文化、建筑文化、治国文化、儒家文化等多种文化元素体验,以丰富的历史文化元素为基础推出融合地域文化特点的多种不同主题旅游项目。

(三) 项目支撑

都市休闲旅游。利用石家庄国际会展中心、石家庄国际博览中心、河北国际商贸会展中心等会展资源,积极开展会展旅游服务,把石家庄打造成华北会展服务中心;利用石家庄民俗民情、鹿泉山庄、正定古城等历史文化资源打造都市休闲服务;利用市区商贸中心区和滹沱河两岸风光,打造都市观光旅游。

农业生态旅游。以东部赵县、高邑的设施蔬菜集聚协作区,辛集、赵县的梨果产业集聚协作区,北部灵寿的中药材产业集聚协作区,行唐的红枣产业集聚协作区,行唐的牛奶产业集聚协作区,灵寿的食用菌产业集聚协作区和新乐的观光采摘农业协作区等为基础,打造农业生态和采摘园区旅游。

山水风光旅游。以驼梁—五岳寨、苍岩山、嶂石岩、封龙山—蟠龙湖等优质自然景观为基础,融合先进的旅游规划设计理念,植入现代旅游服务模式,

第八章 石家庄产业选择

梳理出富有特色的多条旅游线路。

历史文化旅游。以西柏坡红色旅游为核心，联系太行山涉县—长治—晋城等革命历史遗迹，构建太行山脉红色旅游区。以正定古城、龙泉寺、赵州桥、柏林寺为基础构筑融合多种文化元素特色的古代文化旅游区。

	地区概况	发展战略	具体举措
北京市房山区青龙湖镇	青龙湖镇以往是一个资源型乡镇，主要以水泥、石灰等建材和城郊农业为主导产业。"十一五"后转变产业结构，建立以都市农业、生态旅游、都市工业和房地产业四大主导产业为主的新的产业体系	加强生态环境建设，关闭落后产业；着力发展都市农业，充分体现生态涵养区的功能；大力发展都市型旅游产业；积极运作融都市农业、生态旅游和文化创意产业于一体的聚集区；努力提高农民组织化程度	实施农业产业化工程，积极发展阳光温室大棚及配套设施，新建一批农业设施小区；大力发展食用菌产业，实施企业化管理；大力发展观光休闲农业，重点发展集观光、休闲、垂钓、餐饮、娱乐为一体的观光农业园和民俗旅游村建设
北京门头沟	门头沟区地处北京市西部郊区，以山水风光、文物古迹和民俗民情蜚声国内外	集农业生态、自然风光和宗教文化为一体的综合旅游	通过生态沟、名贵树木博物馆、冬枣林、百草园、动物苑构筑山地生态农业观光区；通过山地农居、农家四时、欢庆节令、民俗旅游构筑山地民俗风情观光区；通过野生林沟、自然景观线构筑自然景观游览区；通过观光农业、农业公园和休闲农场构筑生态园区景观；通过宗教和历史文化遗址构筑文化探源游览区
天津市	天津是中国北方大港，中国最早对外开放的口岸，都市旅游发展较快，旅游与经济相得益彰	加快推进都市观光、休闲度假、商务会展三大旅游体系建设，推进旅游产业转型升级	充分利用天津近代历史文化资源，精心打造"近代中国看天津"文化旅游品牌，同时依托海河两岸综合改造和滨海新区开发建设新成果，展示繁荣新天津。推进休闲产业发展，加大开发生态旅游、海洋旅游、康体旅游、温泉旅游等时尚休闲产品。发展环渤海、环黄海和越洋邮轮旅游，确立天津作为中国北方邮轮母港的中心地位。承揽国内外大型会展项目，形成市区和滨海新区两大商务会展旅游基地，促进本市天津商务会展及文化交流活动的开展

城市产业成长与治理结构变革

三、重点推进金融服务业

石家庄金融业发展可借助京津金融中心的优势，发展区域性产业金融，以银行融资为主体，引进创投、风险投资、股权投资基金等多种金融中介机构，积极发展生产要素交易市场和产权交易市场，打造多层次资本市场体系。积极拓展与京津区域金融合作，建立区域金融协调机制和信息交换平台，建立金融后援服务平台。

（一）发展目标

为区域内医药、化工、钢铁、纺织、机械制造、电子信息等行业企业提供专业化配套金融服务，为企业提供多层次投融资服务，为京津金融中心提供后援服务，建立区域性产业金融中心。

（二）发展路径

1. 金融前台服务

吸引金融机构和企业总部落户石家庄，在市区中心和滹沱新区建立金融产业集聚区，其中市区中心侧重金融前台服务，滹沱新区侧重金融后台服务。

通过引进信托投资公司、设立中小企业贷款公司等各类债权融资机构，建立多层次间接融资渠道。

设立政府引导基金，引入创投机构、风险投资公司、产投投资基金、天使投资基金和股权投资基金等各类金融投资机构，为企业搭建多层次直接融资渠道。

引入证券公司、保险公司、期货公司、会计师事务所、资产评估事务所、产权经纪人等各类中介，建立生产要素和产权交易市场，推动企业上市融资。

吸收外部资本，改善股权结构，建立多层次资本市场，推动股权多元化改革。

第八章 石家庄产业选择

	地区概况	发展战略	具体举措
杭州	杭州市金融实力已经跃居全国省会城市之首，杭州市连续两年被中国社会科学院金融研究所评为全国大中城市金融生态环境最佳城市	打造长三角南翼金融中心	优化金融生态环境，加快政府信用信息管理平台的建设，成立杭州金融仲裁院；推动企业上市融资；在全国较早建立了创投引导机制，建立创投服务中心；积极探索设立创投基金、产投基金、天使基金、债权基金、担保基金、种子基金和私募基金；在全国率先发行了中小企业信托债权基金"平湖秋月"
重庆市	设立金融核心区，引导主城区金融机构相对集中布局，并形成功能齐全、国际接轨、辐射力强的金融信息产业功能区、区域金融机构总部区、金融研发区、金融服务中介区、金融配套服务区等若干个金融功能区	把重庆打造成长江上游地区的金融服务中心、资金集散中心、金融信息中心和金融监控中心	较高层次的金融机构汇集，金融业集群趋势明显。 扩大金融市场规模，还要提高金融市场整体效率，促进对周边区县经济发展。 吸引国内外金融机构和大型企业总部入驻

2. 金融后台服务

通过政策驱动和大企业战略，全力配合工商银行建设后台中心，营造良好投资环境，吸引更多金融机构将全国或地区后台中心设置在石家庄。

以工商银行的后台中心（石家庄）项目为基础，积极推进信用卡电话服务和电子银行两大中心建设，积聚各方人才，在为工行信用卡客户提供业务咨询、投诉受理、代客服务、代客交易、催收追透、异常交易确认及信息泄露卡片呼出换卡等电话银行服务的基础上，争取向数据处理、灾难备份、产品开发、技术创新、科研培训等综合性金融服务外包方向发展。

以工商银行后台中心项目为基础，大力发展金融服务外包能力，吸引大型金融机构将系统应用管理维护、信息技术支持管理、银行后台服务、数据处理等业务环节独立设置在石家庄，把石家庄建设成为金融行业数据处理、灾难备份、产品开发、技术创新、科研培训的多功能基地。

	地区概况	发展战略	服务外包业务类别
昆山市	通过花桥国际商务城（省级服务外包示范区），昆山高新区的商贸物流园、清华科技园和现代产业服务园，以及昆山软件园为企业提供BPO、ITO服务外包	以政策增添动力。昆山先后出台《关于加快全市服务外包发展的若干意见（试行）》等多项政策。以项目增加产能。中创软件（昆山）分园为了提高软件开发质量和承接国际订单，将IBM测试平台引入园区，将其承接的澳洲投资银行等客户的外包业务承揽下来。以引资增强后劲。2009年上半年，昆山新增服务外包企业57家，其中外资25家，注册外资19884.9万美元，同比增长81.2%	金融BPO； 软件开发； 信息系统服务； 机械和电气技术改造； 电子设计方案； ITO软件服务
佛山市	南海千灯湖区域的广东金融高新区通过引进美国友邦保险亚太区后援中心、中国人保集团南方信息中心、香港新鸿基金融集团、日本富士通数据中心等30个项目，发展金融后台服务外包产业	通过大力引进智力密集型高端金融后台和私募创投等创新型金融机构落户，不断巩固国内知名金融后援产业的地位，大力实施金融创新计划，促进金融科技深度融合	系统应用管理维护； 信息技术支持管理； 银行后台服务； 数据处理； 金融产品研发

参考文献

[1] Krugman Paul R., Obstfeld Mallrice. International Economies: Theory and Policy [M]. Fourth Edition. Addison Wesley Publishing Company, 1997.

[2] M. Fujita, P. Krugman, A. Venables. The Spatial Economy [M]. Cities, Regions and International Trade, MIT Press, Cambridge, 1999

[3] Paul Krugman. The Increasing Returns Revolution in Trade and Geography [J]. American Economic Review, American Economic Association, 2009, 99 (3).

[4] Swarm G. M. P., Prevezer M., Stout D. The Dynamics of Industrial Clustering: International Comparisons in Computing and Biotechnology [M]. Oxford: Oxford University Press, 1998.

[5] Arthur W. B. Competing Technologies, Increasing Returns and Lock-in by Historical Events [J]. The Economic Journal, 1989.

[6] Young, A. The Razor's Edge: Distortions and Incremental Reform in the People's Republic of China [J]. Quarterly Journal of Economics, 2000, 115 (4).

[7] 迈克尔·波特. 国家竞争优势 [M]. 北京: 华夏出版社, 2002.

[8] 高汝熹, 张建华. 论上海大都市圈 [M]. 上海: 上海社科院出版社, 2004.

[9] 高汝熹, 吴晓隽. 上海大都市圈结构与功能体系研究 [M]. 上海: 上海三联书店, 2007.

[10] 高汝熹, 吴晓隽, 车春鹂. 中国都市圈评价报告 [M]. 上海: 致格出版社, 上海人民出版社, 2008.

[11] 张贵祥. "京津冀都市圈发展高层论坛"的新视角 [J]. 首都经济贸易大学学报, 2008 (2).

[12] 吕中行, 谢俊英. 京津冀区域经济一体化的发展前景与战略构想 [J]. 经济与管理, 2007 (8).

[13] 姜玲, 杨开忠. 日本都市圈经济区划及对中国的启示 [J]. 2007

(2).

[14] 邓砚丹,张永庆,齐闯.总部经济与都市圈联动发展研究——以东京为例[J].当代经济,2010 (1).

[15] 叶南客,丰志勇,倪振林.国内六大都市圈综合竞争力比较研究[J].江海学刊,2010 (3).

[16] 帅平,张宪平.京津冀都市圈生物技术产业竞争力分析——基于钻石理论[J].现代管理科学,2006 (12).

[17] 吕典玮,张琦.京津地区区域一体化程度分析[J].中国人口·资源与环境,2010 (3).

[18] 刘晓,杨洁,张慈.京津冀区域经济合作中产业协调发展[J].河北理工大学学报(社会科学版),2009 (3).

[19] 张子麟.京津冀地区产业协作存在的问题与发展方向[J].经济与管理,2007,21 (2).

[20] 张吉福.京津冀经济一体化瓶颈与未来发展路径选择[J].经济研究参考,2005 (1).

[21] 马彦琳,郝寿义.经济全球化背景下区域经济研究的若干趋势[J].华中科技大学学报(人文社会科学版),2002,16 (4).

[22] 雅克·佩克曼斯.欧洲一体化:方法与经济分析[M].北京:中国社会科学出版社,2006.

[23] 洪银兴等.长江三角洲地区经济发展的模式和机制[M].北京:清华大学出版社,2003.

[24] 陈建军.长江三角洲地区的产业同构及产业定位[J].中国工业经济,2004 (2).

[25] 陆铭,陈钊,严冀.收益递增、发展战略与区域经济的分割[J].经济研究,2004 (1).

[26] 范剑勇.长三角一体化、地区专业化与制造业空间转移[J].管理世界,2004 (12).

[27] 郑恒.长江三角洲地区产业同构根源剖析[J].嘉兴学院学报,2005 (1).

[28] 邱风,张国平,郑恒.对长三角地区产业结构问题的再认识[J].中国工业经济,2005 (4).

[29] 黄玖立,李坤望.对外贸易、地方保护和中国的产业布局[J].经济学(季刊),2006 (2).

[30] 陈艳华, 韦素琼. 海峡西岸经济区与长三角、珠三角经济区产业同构化的实证研究 [J]. 热带地理, 2007 (1).

[31] 李庆华, 王文平. 长三角地区产业同构"悖论"解析 [J]. 生产力研究, 2007 (10).

[32] 李娜. 江苏沿江地区制造业同构状况及合意性评判 [J]. 人文地理, 2009 (3).

[33] 周立群, 江霈. 京津冀与长三角产业同构成因及特点分析 [J]. 江海学刊, 2009 (1).

[34] 聂业, 赖朝安, 苏炜. 广东与浙江专业镇的发展模式与产业链构建对比研究 [J]. 广东科技, 2009 (4).

[35] 俞静, 徐维祥, 林文武, 张建华. 珠三角专业镇和城市化发展研究 [J]. 经济论坛, 2007 (12).

[36] 关爱萍. 产业同构测度的方法 [J]. 统计与决策, 2007 (19).

[37] 张震. 大都会型经济与上海国际金融中心建设 [J]. 新金融, 2004 (12).

[38] 谷海洪. 由"第三部门"主导的区域规划的成功范例——纽约大都市区规划 [J]. 国际城市规划, 2007 (10).

[39] 张强. 全球五大都市圈的特点、做法及经验 [J]. 城市观察, 2009 (2).

[40] 陈兵建, 徐长玉. 资源型城市培育新经济增长点的国际经验及启示 [J]. 重庆社会科学, 2011 (9).

[41] 钱勇. 国外资源型城市产业转型的实践、理论与启示 [J]. 财经问题研究, 2005 (12).

[42] 彭红斌. 小岛清的"边际产业扩张论"及其启示 [J]. 北京理工大学学报 (社会科学版), 2001 (3).

[43] 陈蕊, 熊必琳. 基于改进产业梯度系数的中国区域产业转移战略构想 [J]. 科技论坛, 2007 (3).

[44] 曾学文, 施发启, 赵少钦, 董晓宇. 中国市场化指数的测度与评价: 1978~2008 [J]. 中国延安干部学院学报, 2010 (7).

[45] 董晓宇, 郝灵艳. 中国市场化进程的定量研究——改革开放 30 多年市场化指数的测度 [J]. 当代经济管理, 2010 (6).

[46] 孙立娟, 王维鸿, 侯石柱. 石家庄与其他省会城市竞争力比较研究 [J]. 集团经济研究, 2007 (3).

[47] 吴同庆, 王九思. 充分发挥区域优势, 加速推进现代物流业发展 [J]. 中共石家庄市委党校学报, 2010 (2).

[48] 杨连云, 石亚碧. 京津冀区域协调发展的战略思考 [J]. 河北学刊, 2006 (7).

[49] 盛鸣. 石家庄城市产业功能定位研究 [J]. 山东师范大学学报（自然科学版）, 2005 (12).

[50] 王朝阳, 夏杰长. 制造业与服务业区域融合对京津冀地区的一项分析 [J]. 经济与管理研究, 2008 (10).

[51] 梁慧超, 李燕飞, 金浩. 京津冀都市圈经济与"长珠三角"之比较及其发展取向 [J]. 现代财经, 2007 (10).

[52] 陈春声. 近代华侨汇款与侨批业的经营——以潮汕地区的研究为中心 [J]. 中国社会经济史研究, 2000 (4).

[53] 何敏波. 简述侨批业发展过程中的潮商精神 [J]. 八桂侨刊, 2009 (3).

[54] 王炜中. 潮汕侨批史话 [J]. 世界潮商, 2010 (1).

[55] 陈训先. 清代潮帮侨批业对我国原始金融市场的贡献 [J]. 汕头大学学报, 2005 (5).

[56] 马海涛. 地方生产网络演化研究——以潮汕地区纺织服装行业为例 [D]. 中山大学博士学位论文, 2010.

后 记

在最近五年左右的时间里,我一直和同济大学经济与管理学院、南京大学建筑规划学院以及各规划研究院合作研究城市产业发展战略问题,在研究过程中我不断遭遇城市发展面临的各类相似问题,发现地方政府在解决这些问题时采取相似的操作方法,当然结果各不相同,很多城市在跟随和模仿中走向迷茫。这些问题促使我下决心编撰此书,希望可以为地方政府提供借鉴和参考,作为有志于产业经济研究同仁的参考。

在实际项目合作过程中,我得到了同济大学陈强教授,南京大学建筑规划学院王红扬教授、耿土锁教授以及深圳城市规划研究院杨潇所长的指导,书中很多观点也是多位专家学者共同的智慧结晶。

本书之所以能够付梓,依赖于戴天柱老师的鼎力相助,感谢经济管理出版社贾晓建主任对文稿的认真审核和宝贵的修改意见。

最后,还要感谢我的爱人王艳,她始终不渝地支持我到高校来工作,鼓励我做研究性工作,她的鼓励让我能安静地不断地学习和进步。

当然,这本书还只是沧海一粟,还有很多非常有意义的问题有待研究,我期待着能与经济管理出版社再度合作,把新的研究成果奉献给读者朋友。

作 者

2014 年 10 月 1 日于上海